Karin Pfolz

AutorInnen „Farbspiel“

Impressum:

www.karinaverlag.at
Texte © :
Karin Pfolz, AutorInnengruppe »Farbspiel«
Lektorat: Rosa Ananitschev
Layout, Textüberarbeitung © Karin Pfolz
Covergestaltung © Karin Pfolz, Nicole Bleck
© 2016, Karina Verlag, Vienna, Austria,
ISBN: 978-3-903056-91-6

Teil 3 der 9-teiligen Reihe»Farbspiel«

BECKER Renate, BELJA Artur, BERTRAM Sally, DELANEY Stella, BLECK Nicole, DELANEY Stella, DIEFENTHAL Werner, DUTZ Veronika M, EMS T.B., ERDIC Christine, FINGER Dagmar, FOLTIN Sandra Karin, FRÖHLICH Leopold, GÖRLITZER Sebastian, GÖTHLING Maria, GROSS Angelika, GROSS Sissy, GRÜNEWEG Verena, HANELT Marlies, HERTTIG Maria, JOVIC Marena, KAISER Michaela, KAISER Karin, KAUFMANN Bernadette Maria, KIDD Beate, KNISATSCHEK Florian, KOHLER Markus, KÖTZ-TINTELNOT Ursula, KRAEMER Katharina, KÜHNE Evelyn, LUCAS CF, MARQUARDT Peter, MOSER Roland, MÜLLER Dörte, NIKOLAI Sabrina, PANKOW Freimund, PEIN Luzie Irene, PENNA Ilona, PETZ Andreas, PFOLZ Karin, PULLETZ Sandra, RÈGNARD-MAYER Caroline, RÖTHLISBERGER Erich, SADEGHI Ansgar, SCHAEFER Marianne, SCHÖNBERG Michael, STEHLE Elfride, TEAR Asmondina, THIEKE Werner, TREIBER Rudi, URBAN Alexander, WEISE Petra, WIEGAND Tamara, ZAWREL Renate.

wie der Tod

Tango Argentino

Ilona Penna

Laut und rhythmisch klang der Tango Argentino aus einer kleinen Bar in der Nähe der alten Fabrikhalle.
Es war wieder so weit.
Er setzte sein schönstes, wenn auch boshaftes Lächeln auf und prüfte noch einmal, wie er im Spiegel aussah. Das Spiegelbild gefiel ihm – er war zufrieden.

Der Drang, seine Neigung und seinen Trieb zu stillen, war heute Nacht sehr groß.
Er spürte, ja, er roch ihn förmlich, den Duft der Frau in dieser Stadt, die sich nach ihm sehnte.
Der Tango – Auslöser seiner wirren Fantasie, lockte ihn geradezu in die gefühlsgeschwängerte Nacht, in die Bar, wo er sie zu treffen wusste, wo er die Farbe Rot sehen wollte … Roten Wein, rote Rosen, rote Kleider und Unterwäsche und nicht zuletzt rotes Blut. Denn das passte zu den heißen Klängen des Tangos, ebenso wie zu seiner feurigen Begierde dieser Nacht.
Sie saß allein an der Bar und nippte gedankenverloren an einem Cocktail. Sex on the Beach sollte es sein.
Sie lächelte – weder Sex noch Beach waren ihr in den letzten Monaten begegnet. Sie ließ ihre Gedanken schweifen. Eigenartig war ihr heute zumute. Irgendetwas trieb sie an diesem Samstagabend hinaus.
Nein, sie suchte keinen Mann fürs Leben, dafür war ihr Herz schon zu oft verletzt worden. Sie wollte Leidenschaft ohne Verpflichtung erleben.
Nach einem ausgiebigen Bad schlüpfte sie in eine Sünde von Dessous und streifte ihr feuerrotes Kleid über ihren makellosen Körper. Der Ausschnitt schien weder Anfang noch Ende zu haben. Ein Hauch von Make-up brachte ihren ebenmäßigen Teint zum Strahlen.

Ihr voller Mund leuchtete in einem Blutrot, das selbst den treusten Mann schwach werden lassen musste.
Das hüftlange, schwarze Haar steckte sie mit einer silbernen Spange auf einer Seite nach hinten. Mit ihren schlanken, langen Beinen schlüpfte sie in die High-Heels und drehte sich noch einmal vor dem Spiegel.
Die Frau war zufrieden – aus dem Spiegel sah ihr die pure rote Sünde entgegen. Ja, das war perfekt.
Gedankenverloren blickte sie jetzt zur Tür …
Ein Kerl wie aus dem Bilderbuch trat in die Bar ein und tauchte mit seinem Blick in ihre Gedanken. Seine Augen schienen tiefer als ein Bergsee zu sein.
‚Dieser oder keiner', dachte sie bei sich.
Lasziv warf sie ihr Haar nach hinten und fuhr sich einladend mit der Zunge über ihre vollen roten Lippen. Auch ihr Gegenüber war gebannt von der Schönheit dieser Unbekannten. Beide wollten einander besitzen, jetzt sofort.
Doch – das, was sie unter Besitz verstand, hatte nichts Gemeinsames mit dem, was er mit ihr vorhatte. ‚Nur ein Kuss', dachte sie, ‚und ich wäre glücklich.' Sie bebte am ganzen Körper vor sehnender Begierde. Noch nie im Leben geschahen solche verrückten Dinge mit ihr. Als hätte er eine magische Kraft auf sie ausgeübt.
Sie musterte ihn mit verlangenden Blicken.
Er war groß und hatte pechschwarzes Haar, das ihm wirr ins Gesicht hing. Seine schneeweißen Zähne blitzten durch den Raum, als er sie anlächelte. Sein rotes enges Hemd, das viel zu weit offen stand, ließ dem Spiel seines muskulösen Körpers freien Lauf. Das Rasierwasser, das er trug, forderte die Schmetterlinge auf, in ihrem Körper Tango zu tanzen.
Er war sich dessen bewusst, dass er sie an der Angel hatte.
Während sie vor Sehnsucht nach ihm dahinschmolz, nahm sein Plan in seiner Fantasie Form an.
Er ging auf sie zu und forderte sie zum Tanz auf. Aus der Musikbox peitschte der Tango Argentino und schwängerte die Luft mit Erotik.

Sie reichte ihm die Hand und ließ sich wie eine Schlange vom Barhocker gleiten. Der Cocktail, ihre Sehnsucht und diese animalische Musik raubten ihr die Sinne.
Eindringlich schaute er ihr beim Tanz in die Augen. Wie hypnotisiert ließ sie sich von ihm führen, als wäre sie alleine auf der Tanzfläche.
Er schien sie mit seinen Blicken zu durchdringen, sie konnte sich nicht dagegen wehren.
Doch er wollte seinen Durst auf seine Weise stillen. Gekonnt bog er sie nach hinten, dabei fasste er ihre Taille und verharrte einen Bruchteil von Sekunden, um sie dann wieder um ihre eigene Achse zu drehen. Schweißperlen rannen von ihrem Rücken, nicht der Anstrengung des Tanzes wegen, sondern weil es heftig zwischen den Beiden knisterte.
Mit beiden Händen fasste er in ihre lange, schwarze Mähne und drückte ihren Körper an seine harte Brust. Er fasste sie von hinten an der Taille und rieb sein Becken an ihrem Hinterteil.

Der Tango erreichte seinen Höhepunkt und alles, aber auch alles machte sie nur noch verrückter nach ihm.
Sein durchnässtes Hemd ließ das Spiel seines muskulösen Körpers wie kleine Feuerteufel in ihr wirken. Die eng sitzende Hose ließ keinen Zweifel an einer langen heißen Nacht aufkommen.
Als der letzte Schritt getan, der letzte Takt verklungen war, hatte sie schon keinen eigenen Willen mehr.
Er nahm sie bei der Hand und führte sie in die klare, kühle Nacht hinaus.
Ihre Erregung schien für sie fast unerträglich. Sie wollte nur noch Eines, die Erlösung ihrer unbändigen körperlichen Sehnsucht nach ihm.
Bereitwillig ging sie mit ihm in die alte Fabrik. Dort hatte er sich ein Zuhause geschaffen, das sein Ich wiederspiegelte.
Er reichte ihr ein Glas Rotwein und aus dem Lautsprecher erklang aufs Neue der Tango Argentino.

Endlich näherte er sich ihr und zog ihr langsam den Träger ihres Kleides von den Schultern.

Stöhnend ließ sie es geschehen und verschüttete aus Versehen den Rotwein über ihre Brust. Damit war ihr Schicksal endgültig besiegelt. Langsam leckte er die Rote Flüssigkeit von ihrem Körper. In diesem Moment war sie dem Himmel so nah. Sie ließ das Glas fallen und nahm sein Gesicht in ihre Hände.

Er sah sie an als wäre er schon längst dem Dasein entrückt.

Fordernd öffnete sie ihm ihre vollen roten Lippen entgegen und bemerkte nichts.

Hart und feucht stieß er seine Zunge in ihren Mund. Sie zerfloss wie Butter in der Sonne. Nackt, wie Gott sie schuf, stand sie vor ihm. Seine Hände umfassten sie rau, während er schmerzhaft an ihren Nippeln saugte.

Dann hob er sie hoch und trug sie langsam zum Bett. Er fesselte sie an Händen und Beinen. Sie bäumte sich auf und flehte ihn an, sie zu nehmen. Die Musik dröhnte immer lauter in ihren Ohren. Nur die Nacht sah, was dann geschah. Er konnte nicht anders, er musste seinen bösen Trieb an ihr stillen. Langsam fuhr er mit der Klinge eines Messers über ihre Brust. Für einen Moment las er Angst in ihren Augen.

Doch ihre Leidenschaft war größer. Als er sie endlich nahm, war sie mit jedem Stoß einer Ohnmacht nahe.

Seine Hände legten sich sanft um ihren Hals und drückten zu. Immer fester. Sie wollte sich nicht wehren, denn sie erlebte gerade den besten Sex, den sie jemals hatte. Mit ihrem Höhepunkt kam gleichzeitig auch der Tod.

Der letzte Takt des Tango Argentino setzte ein, als er ihren verstümmelten Körper zwischen den Mülltonnen in einer von Gott verlassenen Gegend ablegte. Das rot leuchtende Blut aus ihren Adern suchte zwischen Unrat und dem leise verklingenden Tango den Weg durch die Nacht. Noch immer pulsierend nach dem Rhythmus ihrer Leidenschaft.

Rotes Leben
Karin Pfolz

Ich muss gehen. Zwar gefällt mir der Gedanke daran nicht besonders, aber es wird mir keine Wahl bleiben.
Meine Knochen fühlen sich so kalt an, als ob sie aus Eis wären. Ich habe Panik davor, mich zu bewegen, damit sie nicht brechen. Zumindest denke ich, dass dies passieren könnte. Die Kälte verbreitet sich langsam weiter. Es ist ein unangenehmes Gefühl – obwohl ich auf meiner Haut die Wärme der Sonnenstrahlen spüren kann, macht sich das Eis in meinem Inneren immer mehr Platz.
Bewegungen sind mir nur sehr verlangsamt möglich. Mein Gehirn versucht zu steuern, will meine Hand zum Telefon bewegen, um den Notruf zu wählen, aber sie befolgt den Befehl nicht.
Was in meiner Umgebung ist, das nehmen meine Augen noch auf. Ich kann es erkennen. Schärfer und klarer als sonst. Vielleicht ist doch etwas Wahres daran, dass einzelne Sinne intensiver arbeiten, wenn andere ausgeschaltet sind.
Ich fühle keinen Schmerz, nichts. Es tut nicht weh, das Weggehen.

Ich sehe Rot. Sehr viel Rot. Es fließt an meinen Beinen hinunter, rinnt über die weißen Fliesen des Badezimmers. Es sieht aus, wie ein kleiner Strom, der sich den Weg zum Duschabfluss im Boden bahnt. Nur etwas dicker als Wasser und rot.
Der gesamte Boden ist voll mit Spritzern und Wischspuren.
Ich weiß, dass ich das war. Als ich ins Badezimmer ging, nachdem ich aus dem Schlaf aufschreckte, hatte ich gespürt, dass etwas an mir herunter rinnt. Warm und rot. Ich wollte alles wegwischen. Ich wollte keine Unordnung in dem Hotelzimmer hinterlassen. So etwas macht man einfach nicht. Aber es ging nicht, weil es immer mehr wurde.

Nun sitze ich am Boden, am weiß-roten Fliesenboden eines Hotelbadezimmers und kann mich nicht mehr bewegen.
Aber denken kann ich … An all die Dinge, die ich noch machen wollte … all die Stunden, die ich verschoben habe … all die Zeit, die ich nicht bekommen habe. An die verlorenen Sekunden eines verlorenen Lebens.

Wenn ich lachen könnte, dann würde ich es tun. Weil es so irrsinnig ist, so makaber.
Der Raum sieht aus, als ob ein Schwein hier abgestochen worden wäre. Aber es ist kein Schwein, es ist mein Leben, dass da in den Abfluss rinnt.

Kalt, so kalt ist mir. Das Eis hat nun meinen gesamten Körper durchzogen. Kann man bei plus 25 Grad einfrieren?
Ich sehe nur mehr das Rot, die Umgebung nehme ich nicht mehr wahr. Bloß die Gedanken … die funktionieren einwandfrei.

Ich merke, dass mein Körper umkippt. Aber ich weiß nicht, auf welche Seite, spüre keinen Aufprall.

Ich sehe Bilder in meinem Kopf. Es sind Bilder von Dingen, die ich versäumt habe. Gemischt mit guten Erinnerungen. Abwechselnd. Wie ein Trailer eines Lebens mit kurzer Bildfolge. Er wird immer schneller, aber auch blasser. Dann verschwindet alles, die Kälte ist nicht mehr spürbar, die Gedanken verstummen …

*

„Wir haben sie wieder!“
Ganz schwach höre ich diese Worte. Mein Körper zittert in einem krampfartigen Schüttelfrost. Aber mir ist nicht kalt. Ich versuche die Lider zu öffnen … so grell – das Licht.
Einige Decken liegen auf mir, eine Hand streichelt die meine. Es fühlt sich so sicher an.

Ich versuche, meine Finger zu bewegen, schicke den Befehl an sie, und es klappt. Meine Finger drücken die fremde Hand in meiner.

Was mache ich hier? Wie bin ich hierhergekommen? Ich erinnere mich nur daran, dass ich aufgewacht bin und ins Badezimmer gehen wollte.

Möchte schlafen ...

*

„Wir haben Sie wirklich im letzten Augenblick gefunden. Das Zimmermädchen im Hotel hörte ein seltsames Geräusch und ging ins Zimmer. Ein Glück, dass sie gerade vor Ihrer Tür stand, als Sie umkippten. Noch eine Minute ... und es wäre zu spät gewesen."

Ich mag Rot. Rot ist meine Lieblingsfarbe. Weil Rot das Leben für mich bedeutet.
Doch niemals wieder werde ich auch nur eine Minute Wohlfühlen hinausschieben. Ich werde niemals mehr warten, sondern um mein Glück kämpfen. Und ich werde meine Hände auch denen reichen, die Hilfe brauchen, die es allein nicht schaffen. Selbst ein winziger Augenblick in der Nähe eines geliebten Menschen ist mehr wert, als all das Geld und der Ruhm der Welt.

Das Grauen kommt rot daher

Marlies Hanelt

»Schaue sie dir an. Sind unsere Rosen dieses Jahr nicht besonders tiefrot?« Uwe blickt lüstern aus dem geöffneten Wohnzimmerfenster und kann sich eines diebischen Grinsens nicht erwehren. Jedes Mal, wenn in seinem kruden Gehirn böse Gedanken straucheln und sich einnisten wollen, streicht er sich genüsslich über die schwarze, geölte Haarpracht.

Er saugt den köstlichen, starken Duft der heißgeliebten Blumen durch die viel zu großen Nasenlöcher. Uwe befindet sich in seiner eigens für ihn aufgebauten Welt, die weder Liebe noch Zärtlichkeit kennt. Von Kindesbeinen an waren ihm nur Schläge, erhobene Finger mit dubiosen unmissverständlichen Ansagen seiner, ihm bis heute verhassten Eltern, zuteil geworden. Wen wundert es, dass er die perfiden Fantasien herauslässt, egal wann und mit wem.

Erika ist somit die perfekte Lebensgefährtin, die ihm bis aufs Blut ergeben ist. Devot wäre hier das richtige Wort. Kennengelernt hat er sie über eine Zeitungsannonce. Zwei Menschen, die unterschiedlicher nicht sein können, ziehen sich an … Ab und zu auch einmal aus ... Erika trägt dann ein feuerrotes, enganliegendes, kurzes Kleid, das ihre zierliche Gestalt besonders betont. Über und über mit knallroten Rosen bestickt, aus denen der lange hellgelbe Blütenstempel geil herausragt. Sich förmlich steil aufrichtet.

Erika hängt währenddessen in der Küche ab und genehmigt sich ein Knackwürstchen mit reichlich Ketchup darauf. Dazu trinkt sie trockenen Rotwein aus einem mundgeblasenen, mit ziseliertem Feinschliff angefertigten, Weinrömer, in dem die Flüssigkeit nur so funkelt und strahlt.

Durch die kleine, modern gestylte Küche wabert ein herbes Aroma, verwirrt die Sinne und lässt diese den Olymp erklimmen. Sie befinden sich am Rande des Wahnsinns und wollen noch höher steigen, bis dass das Ziel erreicht ist. Das ist eben Erikas spezielle Welt, die sie sich ab und zu einfach genießerisch gönnen muss. Wäre da nicht Uwe, würde sie diese tagtäglich sowohl ausleben, als auch auskosten. Im wahrsten Sinne des Wortes. Einerseits eingezwängt in dieses geliebte, devote Gefühlskorsett, dümpelt andererseits die übermächtige Frau in ihrem tiefsten Inneren herum und will heraus. Sie bäumt sich auf, bis dass ihre Seele schreit und zu ersticken droht. Niemand ist da, der dieses grausame Wimmern und Kreischen hören kann. Schon gar nicht Uwe. Denn der ist mit seinen roten, extra gezüchteten Rosen so beschäftigt, dass er Erika kaum mehr wahr nimmt.

»Eeeerikaaaaa!«, blökt Uwe mit seiner unwahrscheinlich tiefen sonoren Stimme, die dem Brunftschrei eines Vierenders gleichkommt. »Bewege dein Hinterteil. Mach schon. Du musst das sehen.«

Erika nimmt sein Gekreische erst nicht wirklich wahr, sondern träumt weiter in ihrer Fantasiewelt.

»Verdammt! Muss ich dich erst holen?« Eigentlich erwartet er nicht wirklich eine Antwort auf diese Frage und verweilt am Fenster. Er ist fasziniert von den dunkelroten Rosen, die genau dieselbe Farbe haben wie Erikas Monte Pulciano D'abruzzo. »Meine ganz spezielle Züchtung. Wachsen fast minütlich. Man kann förmlich zusehen, wie sie an Größe gewinnen. Extra für dich, meine liebe Erika. Sie duften herrlich, und ihr Blütenstempel tut es ihnen gleich. Einfach monsterhaft. Ja fast schon teuflisch«. Uwe verdreht entzückt die Augen, seine Iris verschwindet langsam nach oben und ist nicht mehr zu sehen. Sie macht der Lederhaut gänzlich Platz.

Sekundenschnell wandelt sich die glänzende weiße Oberfläche in ein tiefes Rot, aus dem der blanke Hass starrt. Seine Augen fokussieren sich auf die prachtvollen Rosen, die jetzt alles überragen. Psychokinetische Befehle dringen von Uwes Gehirn bis tief in die Blütenstempel ein und lassen diese zu mächtigen Phallen mutieren. Ohrenbetäubendes und fast schon unheimliches Knistern geht von ihnen aus. Sie reden ihre eigene Sprache, die nun an Erikas Ohren dringt. In einer Intensität, dass sie es einfach nicht überhören kann. Schwerfällig, aber dennoch erfrischt, erhebt sich Erika langsam vom Küchenstuhl. Sie schwankt wie ferngesteuert in Richtung Wohnzimmer, stellt sich neben Uwe und schaut dem abgefahrensten Treiben zu, was sie so noch nie gesehen hat. In ihrem Gesicht verzerrt sich kein Muskel. Ihre Mimik ist starr. Nirgends kann man auch nur ein Fünkchen Angst darin entdecken. Blässe weicht einer stetig und ständig wachsenden Röte, die Erika irgendwie erotisch wirken lässt. Sie fühlt sich angezogen, jedoch gleichzeitig abgestoßen von diesem tierischen Spektakel, das ROT daher kommt, verspürt den irdischen Drang, mit diesen Riesenphallen eine innere Liaison einzugehen, sich mit ihnen gierig zu vereinen. Sie schmachtet nach diesen, wie ein Mensch, dem es nach langer Zeit der Abstinenz nach frischem rotem Fleisch gelüstet. Immer mehr steigern sich sowohl Erika als auch Uwe in eine andere Welt hinein, die sich in magischen Momenten reichlich offenbart. Selbst der intensive Duft der roten Rosen nimmt die tiefrote Farbe der Blätter an und schwebt engelsgleich durch die Örtlichkeit ihres karg eingerichteten Wohnzimmers.

Das rote Paradies, aus dem es schier kein Entrinnen gibt. Wie ein monströses rotes Tuch giert es nach beider Körper. Umfängt und streichelt sie. Reibt an ihnen, bis die Lust aus ihnen weicht. Drückt zu und wird immer enger. Schnürt ihre Gelüste ein, bis aus ihnen der rote Lebenssaft fließt. In diesem Moment der wahrhaften Vereinigung biegen sich die dicken dornigen Stiele der Rosen und neigen ihre Köpfe weit durch das Fenster. Die erigierten Stempel geifern und öffnen die nassen, tropfenden, sabbernden Münder. Verschlingen Erika und Uwe. Saugen genussvoll ihr Blut in sich hinein. Ziehen sich zurück. Werden wieder klein. Vögel flattern in des Sommers Gluthitze zwitschernd über sie hinweg, und niemand wird die beiden je vermissen. Immer noch steht das Fenster offen. Zwei Vögel, die sich silbrig rot gefärbt haben, sitzen nebeneinander auf dem Fenstersims und ergötzen sich der roten Rosenpracht mit einem Lächeln in ihren winzigen Augen. Erika und Uwe haben letztendlich einen Weg gefunden, den sie für immer und ewig vereint beschreiten dürfen. Keiner ist da, der die beiden zu trennen vermag. Gevatter Tod sieht dem wohlwollend zu und lächelt.

Der Fall Simon Rot

Werner Thieke

Das Steak roch fantastisch, Esmeralda platzierte es genau vor meine Nase, stelle ein großes Bier dazu und lächelte mich vielversprechend an. Sie war ein Rasseweib, durch und durch Mexikanerin mit rabenschwarzem Haar und feurig blitzenden Augen. Ihre Kurven waren so weiblich, wie weibliche Kurven nur sein können. Der dritte Knopf von oben an ihrer Bluse war zur Schwerstarbeit verdammt, doch er schien angeschweißt zu sein, sonst wüsste ich nicht, was ihn noch halten könnte, außer das Gefühl, nahe ihrem Herzen zu sein.
Ein Blick von ihr und sämtliche Männerherzen zerschmolzen, ja ließen ihre Träume unaussprechlich werden.
Conchita, wie sie hier jeder rief, war die gute Seele in Sids Inn und niemand konnte sich den kleinen drahtigen Sid McLeary ohne seine Conchita vorstellen. Die beiden waren ein unschlagbares Team, aber wer jetzt denkt, sie wären ein Paar, der irrt sich. Sids sexuelle Neigungen entsprachen nicht unbedingt den Neigungen, die man einem normalen Mann zuschreiben würde. Nein, ganz im Gegenteil, Sid sah eher einem gut gebauten Guy hinterher, als einer kurvenreichen Lady. Um es genauer zu formulieren, Sid war stockschwul, doch gerade das war vielleicht der Grund, warum sich dieses ungleiche Pärchen so blendend verstand.
Im zarten Alter von drei Jahren immigrierten Sids Eltern in die USA. Erinnerungen an seine wunderschöne Heimat hatte der kleine Schotte keine mehr. Nicht an die immergrünen Wiesen, deren würziger Duft an die Frische von herzhaften Kräutern erinnert, nicht an die Berge der Highlands, die ihre Kuppen bis in die tiefhängenden Regenwolken bohrten, nicht an die unergründlichen Lochs, denen die nie endenden Legenden von Seeungeheuern vorauseilen und nicht an die versteckt liegenden Wasserfälle, die mit Hilfe des Windes ihre Gischt in die umliegenden Gegenden versprühten und diese

zu mystisch angehauchte Märchenlandschaften werden ließen.

Nur sein feuerrotes Haar und eine Vielzahl von Sommersprossen verrieten Sidneys, so sein voller Vorname, wahre Herkunft.

Der kleine Highlander war als begnadeter Koch bekannt, das merkte man sofort beim betreten seines Restaurants. Mittags schnell mal etwas zu sich nehmen war so gut wie unmöglich, fast alle Plätze waren reserviert, sein Lokal lebte ausschließlich von den Stammkunden der umliegenden Büros.

Dieses Steak, was mir Esmeralda serviert hatte war so riesig, dass es an den Seiten über den Tellerrand hing. Mit den geschmorten Zwiebeln, den Champignons, dem Schuss schottischen Whiskey in der Soße, dem Toast und dem gemischten Salat, verursachte das Ganze einen übermäßigen Wasserstau in meinem Mund. Ich war bemüht nicht zu sabbern.

Im Augenblick sah ich die Welt, jedenfalls das Stück Welt, dass mir bekannt war, durch eine rosa Brille. Frohgelaunt und mit dem Stimmungsbarometer auf dem Höchststand, schaufelte ich das Steak in mich hinein. Irgendwie fand ich, dass ich auch allen Grund hatte, mich zu freuen, denn auf meinem Konto waren vor einer halben Stunde glatte 30.000 Bucks von mir deponiert worden. Nach Abzug aller Verbindlichkeiten, blieben mir noch satte 26.765 Dollar und ein paar Cents über und das bei meiner sonst notorischen Kontoebbe.

Mein großer Gönner in diesem Fall hieß Simon Rot, von Rot & Rot Fruit Company. Der Mann war deutscher Herkunft, darum hieß er auch hier in den Staaten Rot und nicht Red.

Ein ehemaliger Mitarbeiter war ausgetickt, er hatte seine Frau entführt und den Boss um eine Million Dollar erpresst. Der Anruf von Mr. Rot war kurz und knapp, er nannte seinen Namen und fragte nach meinem, bevor er zu mir wortwörtlich sagte: »Mister Diamond, meine Frau wurde entführt! Finden Sie diesen Mistkerl und bringen Sie sie mir zurück. Kommen Sie heute Abend Punkt 20 Uhr in meine Villa nach

Jersey, Springfield Road 127, dort gibt es Einzelheiten. Es springen 30.000 Bucks für Sie dabei heraus.«
Am gleichen Abend um fünf vor acht, fand ich mich unter der angegebenen Adresse ein, aber unter einer Villa verstand ich etwas ganz anderes. Was sich hinter der schmiedeeisernen, mit kunstvollen Goldornamenten verzierten Toreinfahrt und der vier Meter hohen Mauer in der Springfield Road 127 entpuppte, war ein riesiges Anwesen. Erst über eine mehrfach gewundene, nicht einsehbare Kiesauffahrt, gelangte ich zum eigentlichen Haupthaus, das rechts und links von je einem kleineren Nebengebäude flankiert wurde. Hinter dem linken Nebengebäude lag, verdeckt von weit ausladenden Rhododendrensträuchern, ein Tennisplatz mit Flutlichtanlage. Die an der Rückseite des Gebäudes gelegenen Stallungen gingen über in eine Pferdekoppel, die an der Nordseite ein ausgedehntes Kiefernwäldchen begrenzte. Ich schätzte das gesamte Grundstück auf gut 3 Morgen, wenn das mal reichte.
Das Gespräch mit meinem Auftraggeber Mr. Rot, einem muskelbepackten, grobschlächtigen Bodybuilding-Typ, ohne jeglichen Anflug von Sympathie, dauerte im Höchstfall 5 Minuten. Er gab mir ein paar Eckdaten und Fakten über den Entführer und damit war unser Gespräch bereits beendet.
Der Auftrag beleidigte fast meine Intelligenz, ich brauchte keine 3 Tage, um einen gewissen Duffy de Lorenzo – Italo-Amerikaner mit nicht unerheblichem Vorstrafenregister – aufzuspüren und zur Strecke zu bringen. Ich konnte nicht sagen, warum, aber irgendetwas gefiel mir an dieser Sache nicht. Der Auftrag, die Hinweise des Auftraggebers, das reibungslose auffinden des Täters und letztendlich sein Tod – das alles ging mir viel zu glatt.
Wofür brauchte dieser Mr. Rot einen Privatdetektiv? Bei der Organisation, die er als Großunternehmer im Rücken hatte, und seinem zusätzlichen Wissen über den Entführer, hätte er sich die mir gezahlten Piepen auch sparen können.
Es bedurfte keines großartigen Scharfsinns, de Lorenzo in seinem Unterschlupf, einer insolventen Verpackungsfabrik in

der Bronx, aufzustöbern. Dass der Keller, in dem er sein Quartier bezogen hatte, noch eine angrenzende Garage hatte, die wiederum auf die Straße hinaus führte, war eben Pech. Ich konnte auch nicht verstehen, warum ein Bursche seines Schlages derart die Nerven verliert und wie von Furien gehetzt blindlings über den Fahrdamm genau in ein Fahrzeug hineinrennt … De Lorenzo war auf der Stelle tot.

Es war mir klar, dass Simon Rot keine Träne vergoss. Er übergab mir einen Scheck und damit war der Fall für ihn erledigt. Mir sollte es nur recht sein, so schnell hatte ich noch nie ein so fettes Honorar kassiert!

Esmeralda kam an meinen Tisch und räumte ab, ich war satt bis an die Mandeln. Nach zwei Minuten erschien sie wieder und kassierte; ich gab ihr ein fettes Trinkgeld, leerte mein Bierglas, warf Sid, der zu tun hatte, einen Abschiedsgruß zu und verließ sein Restaurant.

Auf dem Weg zu meinen Wagen fingerte ich mir eine ‚Lucky' aus der Packung und schob sie mir zwischen die Lippen. Mit der anderen Hand ließ ich mein mit rotem Chinalack verarbeitetes Dupont Feuerzeug aufschnappen und zündete die Zigarette an. Ich sog den Rauch tief ein und überlegte, was ich mit diesem angebrochenen Tag noch anfangen könnte.

Drei Atemzüge später klemmte ich mich hinter das Lenkrad meiner ganz in Rot lackierten 59er C1 Corvette und fädelte mich in den laufenden Verkehr ein.

Der Wagen hat es in sich. Klar, er ist schnell – das weiß jeder – doch wie schnell, konnte nicht einmal der vermuten, der das Model kannte, nämlich mein lieber Freund Lukas Pauli. Er kam aus Deutschland, aus dem hessischen Stuttgart, arbeitete dort als Kfz-Meister und hatte die deutscheste aller deutschen Nobelmarken vor der Nase. Sein Herz jedoch hing an den amerikanischen Straßenkreuzern und so siedelte er, als er die Gelegenheit dazu bekam, in die Vereinigten Staaten über. Vor knapp sieben Monaten hatte er meine Corvette ein wenig aufgefrischt, wie Luke zu sagen pflegte. Und jetzt, ja jetzt nahm das gute Stück es fast schon mit einem Formel 1 Boliden auf. Luke war ein Tüftler vor dem Herren, Tuning gehörte zu seinem Leben wie das Atmen. Was man seinen Händen anvertraute, wurde auf ‚Teufel komm raus' gepimpt, o auch meine C1 Corvette.

»Sieh mal einer an«, meinte er ironisch. »ein neues Wägelchen. Was hältst du davon, wenn ich dir das Teil ein wenig aufpoliere, mein Freund?« In solchen Momenten ist er nicht mehr er selbst, es grenzt schon an Sucht. Zu meinem eigenen Glück ließ ich mich breitschlagen und war am Ende begeistert, was dieser Mann innerhalb von zwei Wochen, unter die sprichwörtliche Motorhaube gezaubert hatte.

Es begann mit der modernsten Antriebstechnik, die ihm derzeitig auf dem Markt zur Verfügung stand. Da sich die Triebwerke in der Rush Hour, besonders im Sommer, stark erwärmten, bekam mein Chevy einen größeren Wasserkühler und ein verbessertes Lüfterrad, eine leistungsfähigere Wasserpumpe mit einem Thermostat, das im geöffnetem Zustand mehr Kühlflüssigkeit durchlässt.

»Mit deinen 5,75 Litern Schmierstoff ist der Ölkreislauf deines Achtzylinders auch nicht gerade überdimensioniert«, ließ er verlauten und verpasste meinem Wägelchen noch einen Ölkühler.

Das war erst der Anfang, als nächstes baute Luke ein Zweikreisbremssystem mit Scheibenbremsen an Vorder- und Hinterachse ein, zum Nutzen der schnelleren Gangart. Er verfeinerte das Fahrwerk des C1 durch Einstellung der Vorderachsgeometrie und den Einsatz von Gürtelreifen. Schließlich gab er meinem Baby bessere Stoßdämpfer, dickere Querstabilisatoren und rüstete um auf eine längere Hinterachse. Es kamen noch tausend und ein Teil dazu, eine schlappe Stunde lang erklärte er mir die wichtigsten Veränderungen, doch mein Interesse verschwand in den mir erklärten Kleinteilen.

Ich – und das war für mich das Wichtigste – ich erfreute mich an dem neuen Sound, den mein umgerüsteter C1 Chevy jetzt von sich gab. Jedes Durchtreten des Gaspedals kam dem Aufschrei eines Tigers gleich, der auf samtweichen Pfoten

den Asphalt überflog, oder sich kraftvoll in den schwarzen Straßenbelag krallte. Es ging mir nicht darum, in sinnloser Raserei über den Highway zu hetzen, Rasen war sowieso nicht mein Ding. Ich zog ein gemächliches Dahingleiten jeglicher Schnelligkeit vor. Manchmal lässt es sich nicht vermeiden, ein so genanntes schwarzes Schaf wieder auf den rechten Weg zu führen, aber die fahren heutzutage auch schnelle Autos und aus diesem Grund wollte ich gut gerüstet sein.
Im Augenblick lenkte ich meinen Wagen die Upper Bay runter in Richtung Finanz Viertel. Nach dem schrecklichen Ereignis vom 11. September hatte ich mein Büro in diese Gegend verlegt und hoffte, dass sich mein Geschäft aufgrund des touristischen Zulaufs ein wenig beleben würde. Drei lukrative Aufträge hatte ich seitdem schon im Sack, die natürlich nichts waren im Vergleich zu dem, was mir der heutige Auftrag gerade beschert hatte.
Normalerweise wendet sich diese Art von Klientel an eine der großen renommierten Detekteien, deren Namen, in Gold, Messing oder Marmor geschnitten, in der Eingangshalle eines imposanten Skyscrapers zu finden sind. Diese Nobelbüros findet man für gewöhnlich auf der Fives Avenue, der Wall Street oder dem Broadway. Mir war das einerlei. Ich fühlte mich recht wohl in meinem kleinen Büro. Mir waren die Protzkanzleien zuwider, in denen meist eine Heerschar von superschlauen Westentaschen-Detektiven herumliefen, die möglichst jeden Fall am Schreibtisch zu lösen gedachten.
Ich lenkte meinen kleinen motorbetriebenen Tiger hinunter in die Tiefgarage und begab mich in den ersten Stock, in dem sich mein Büro mit Blick auf den River befand.
»Hallo Lenny, du bist ja schon zurück. Hat es nicht geklappt mit diesem Mr. Rot«, fragte mich Chelsea, als ich das Büro betrat.
»Im Gegenteil, mein Goldengel. Du wirst staunen, ich habe gerade dreißig Lappen auf unser Konto eingezahlt. Na, was sagst du, Babe, da bleibt dir die Spucke weg«, erwiderte ich mit stolz geschwellter Brust.

»Sag bloß, der Typ hat wirklich und wahrhaftig gezahlt. Das halt ich ja im Kopf nicht aus. Heute scheint unser Glückstag zu sein. Dreißig Riesen, ich kann es nicht fassen! Und ich hatte schon den Verdacht, dass uns der Knilch verarscht«, entfuhr es meiner wasserstoffblonden Sekretärin.

»Warum sollen wir nicht auch mal Glück haben«, sagte ich, obwohl es mir bei dieser Aussage nicht ganz geheuer war; ich hätte nicht einmal beschreiben können, warum. Denn genau genommen begleitete uns das Glück seit dem Moment, als wir in dieses Büro zogen. Nie zuvor wurde meinem Gewerbe so viel Aufmerksamkeit zuteil; auf meinem Schreibtisch stapelte sich die Post und das Telefon stand an manchen Tagen kaum still.

Nun war ich bereit für den nächsten Fall.

Das geheimnisvolle Rosenhaus

Ilona Penna

Cornwall besitzt noch den Zauber wie vor etlichen hundert Jahren.

Die atemberaubenden Sonnenaufgänge sind das Markenzeichen dieser unberührten Natur, wo der Massentourismus noch keinen Einzug hielt, und ebenso gehörte dazu die Heart-Palpitation von Debbie Rose.

Debbie Rose war eine alte zierliche Frau, die in Cornwall ein kleines Haus besaß. Seit über sechzig Jahren wohnte sie in dieser herrlichen Gegend, die als schönstes Fleckchen in England galt. Man nannte sie liebevoll Old Rose, weil sie die edelsten Rosen weit und breit züchtete. In aller Welt wird ihre Kostbarkeit, die rote Heart Palpitation geliebt und gekauft. Keiner kannte das kleine Geheimnis der alten Lady. Immer wurde seitens der Industrie nachgefragt, ob sie ihr Patent veräußern wolle, da die Farbe der Heart Palpitation noch niemals Nachahmer gefunden hatte. Es war nicht möglich, das Rot dieser Rose zu imitieren. Debbie allein kannte das Geheimnis und wollte es für sich behalten. Kein Angebot konnte sie locken, Debbie blieb hart. Sie hatte genügend Geld durch den Verkauf ihrer Rosen und war somit nicht darauf angewiesen, ihr dunkles Geheimnis zu lüften. Hätte man damals geahnt, woraus die Seele dieser Rose bestand, wäre so mancher Mann in Cornwall noch am Leben.

Nein, es war nicht so, wie man vielleicht jetzt vermutet, dass sich einige Herren der Schöpfung an den Dornen stachen und ihr Leben lassen mussten. Oh nein! Es war alles ganz anders. Doch ich erzähle euch die grausame Wahrheit von Anbeginn.

Debbie Rose war meine über alle Maßen geliebte Tante. Ich hatte niemanden mehr auf dieser Welt. Meine Eltern lernte ich nie kennen. Mutter war die ungeliebte Schwester meiner Tante, die sich an deren Ehemann in schamloser Art und

Weise bediente. Als sie von ihm schwanger wurde, war dieses Thema auf der Insel Gesprächsstoff ‚number one.'

Meine Eltern ließen mich nach der Geburt bei meiner Tante und wurden fortan nicht mehr gesehen. Man munkelte im Dorf, dass sich beide die Klippen hinunter gestürzt hätten. Es wurden niemals die Leichen der Beiden gefunden.

Seit diesem Tag widmete meine Tante ihre Zeit der Rosenzüchtung.

Nie durfte ich nur einen Fuß in ihr Heiligtum setzen. Stundenlang verbrachte sie in der kleinen Steinhütte hinterm Haus, um zu experimentieren.

Ich wuchs wohlbehütet auf und verließ Cornwall, um in Deutschland zu studieren.

Ab und zu bekam ich Post von meinem Tantchen, in der sie mir mitteilte, was es Neues in Cornwall gab. Oft waren es Todesnachrichten von Männern in ihrer Nachbarschaft. Ich musste immer schmunzeln, weil es mich nicht interessierte, wer wieder mal an Altersschwäche starb. Nur Tantchen schien das außergewöhnlich wichtig zu sein.

Die Jahre zogen ins Land und ich fand eines Tages eine Zeitungsmeldung, in der folgendes stand:

»Debbie Rose und das außergewöhnliche Rosenhaus.«, Es klang wie die Überschrift eines Romans und ich las weiter: »Gestern errang im Verlauf eines Wettbewerbes mit dem Thema ‚Das schönste Haus in Cornwall', Debbie Roses kleines Schmuckstück den ersten Preis! Die alte Dame hatte aufgrund ihrer kostbaren Rosenzucht, die sich um ihr Haus rankte, die Zuwendung aller Teilnehmenden ergattert. Somit wurde ihr ein Scheck in Höhe von 20.000 Euro überreicht.«

Ich war baff! Ständig schickte sie mir Todesanzeigen von irgendwelchen alten Herren, aber dass sie den ersten Preis mit ihrem Häuschen gewann, verschwieg sie mir. Ich griff zum Telefonhörer und rief sie an.

Zaghaft und leise klang ihre Stimme.

»Tantchen«, sagte ich, schön, dass ich aus der Zeitung erfahren muss, dass du mit deinem Haus, besser gesagt, mit deinen geheimnisvollen roten Rosen 20.000 Euro gewonnen hast!«
Tantchen räusperte sich und versuchte nicht, lange um den heißen Brei herum zu reden, sondern befahl mir, sofort nach Cornwall zu kommen.
Zwei Tage später traf ich ein und erfuhr Dinge von ihr, die mir das Blut in den Adern gefrieren ließen.
Tante lag schwach und blass in ihrem Bett. Wie sie mir mitteilte, ging es ihr seit dem gewonnenen Wettbewerb nicht gut.
»Liebling«, sagte sie zu mir, »meine Zeit ist gekommen, ich werde nicht mehr viel davon übrig haben und du sollst wissen, dass ich schwere Schuld auf mich geladen habe.« Sie machte die Augen zu und rang um Erklärung.
»Lass es, Tante, so schlimm wird es nicht sein, du sollst dich ausruhen. Ich rufe einen Arzt und wenn es dir besser geht, reden wir.«
Ich wollte aufstehen, aber sie hielt mich mit einer solchen Kraft zurück, dass ich erschrak. Bestimmend sagte sie:»Hör zu, ich habe keine Zeit mehr, ich beschwöre dich, mein Kind, es geht um die Rosen! Du musst!« Mit diesen zwei Worten sank Tantchen in ihr Kissen zurück und schloss die Augen.
Ich deckte sie liebevoll zu und rief ihren Hausarzt an. Nach einer halben Stunde war dieser zur Stelle und gab ihr ein aufbauendes Medikament, das jedoch nicht den vor der Tür stehenden Tod wegschicken konnte.
Ich ging nachdenklich in die Küche und brühte mir eine Tasse Tee. Grübelnd über die Andeutung meiner Tante schlief ich am Küchentisch ein. Ein lautes Poltern von oben ließ mich erschrocken aufspringen. Ich lief hinauf und da lag sie neben ihrem Bett. Ich hatte große Mühe, sie ins Selbige zurück zu bringen. Wieder begann sie ganz aufgeregt:
»Liebes, höre doch, es ist wichtig, du musst damit beginnen, meine Rosenzucht zu zerstören. Hörst du? Sofort! Es geht um dein Erbe, sie werden es dir streitig machen, wenn herauskommt, was die Rosen am Leben erhält.«

Zuerst musste ich lachen, als ich jedoch bemerkte, dass es ihr ernst war, bohrte ich so lange, bis sie mir die Grausamkeit erzählte.
»Es fing damit an, dass dein Vater, also mein Ehemann mit meiner Schwester ein Verhältnis begann, aus dem du hervorgingst.« Sie lächelte matt. »Du warst das einzig Gute, was er zustande gebracht hatte. Ich wollte immer eine Tochter wie dich! Er sagte zu mir, dass in seinem Leben kein Platz für Kinder wäre. Ich gab mich traurig und im Geheimen sehnend seinen Wünschen hin und brachte ein Opfer, das mich im Herzen ein klein wenig sterben ließ. Dann kam meine schöne Schwester zu Besuch und somit fing der Verrat an mir erst richtig an. Sie hintergingen mich gemeinsam auf das Schändlichste. Oh, du fragst dich jetzt, ob ich nichts bemerkt habe? Das habe ich wohl! Als ich die Beiden darauf ansprach, lachten sie mich aus und ließen es mir frei, mein eigenes Haus zu verlassen. Ich wusste zu diesem Zeitpunkt noch nicht, dass noch viel Ärger auf mich zukommen würde. Jede Nacht die Geräusche ihrer Liebesspiele waren für mich schlimmer als der grausamste Tod. Eines Tages haben sie mir eröffnet, dass sie ein Kind erwarten und es besser wäre, wenn ich mein Haus verlassen würde. Doch zu dieser Zeit lief schon mein Plan. Ich hatte begonnen, Rosen zu züchten, um meinen Schmerz zu betäuben und hatte auch ein gutes Händchen dafür. Welch eine Freude mich überkam, wenn die Rosen blühten, die aus meinem Herzen Leben erhielten, kann ich nicht beschreiben. Gerade dieser Gedanke reifte orkanschnell in mir heran. ‚Aus meinem Herzen Leben erhalten‘, das war das Stichwort für meinen Plan. Ich musste die nächsten neun Monate freundlich sein und es fiel mir nicht schwer. Längst war meine Enttäuschung dem inneren Hass gewichen. Ich musste warten, bis du, mein Liebling, das Licht der Welt erblicktest.
In der Zwischenzeit bediente ich meinen Mann und meine Schwester, wie sie es mir auftrugen. Dies kam mir gerade recht! Dadurch schürten sie, ohne es zu ahnen, meinen Hass.

Die Monate vergingen wie im Flug. Es blieb wenig Zeit, um die notwendigen Vorbereitungen zu treffen. So verbrachte ich die Stunden damit, in meiner Hütte hinter dem Haus, meiner Rosenzucht Leben einzuhauchen. Ja, mein liebes Kind, ich habe lange Jahre einen Beruf ausgeübt, der zur damaligen Zeit noch ein Männerberuf war.«
Tantchen kicherte kindlich in sich hinein. Als ich sie fragen wollte, um welchen Beruf es sich handele, schnitt sie mir das Wort ab und redete ohne Punkt und Komma weiter. Sie schien entrückt zu sein. Ihre Augen schweiften in weite Fernen, während ihre zarten Hände zitternd in den Meinen lagen.
»Ja!«, sagte sie plötzlich laut und kraftvoll Als würde sie mit einer dritten Person im Raum ein Gespräch beginnen.»Ja, ich war es, ich habe euch und vielen anderen Ehebrechern das Leben genommen. Ihr habt es nicht besser verdient!«
«Tantchen«, sagte ich, entsetzt um mich blickend.»Mit wem um Gottes Willen redest du da?«
Sie schien mich nicht wahrzunehmen und sprach weiter. »Ach, ihr seid gekommen um mich zu holen? Ihr habt kein Recht dazu. So geht doch! Geht, ich will euch nicht sehen!«
Ich streichelte ihr übers Gesicht, weil ich mir anders nicht zu helfen wusste. Langsam beruhigte sie sich und bekam Farbe auf ihren fahl wirkenden Wangen.
»Du hast mich zu Tode erschreckt, Tante Debbie! Weißt du das? Nun ist Schluss mit deinen Schauermärchen! Ich möchte sie nicht mehr hören! Ich mache dir eine heiße Milch mit Honig, dann wirst du schlafen.«
Tantchen ließ nicht ab von mir. Mit angstvollen Augen beschwor sie mich, bei ihr zu bleiben. »Kind, um Gottes Willen, bleibe hier und hör mir zu!«
Da es ihr größter Wunsch zu sein schien, setzte ich mich auf ihr Bett und lauschte ihrer Geschichte.
»Ja, mein Kind«, sagte sie leise , »dann war es endlich soweit. Die Wehen setzten ein und deine Mutter brachte ein wunderschönes Mädchen zur Welt. Ich nahm dich an mich und gab

deiner Mutter eine selbst hergestellte, wunderbar leuchtende, rote Flüssigkeit, die ihr das Atmen erschwerte.«

Tante Debbie schweifte zurück in ihre Welt von Einst und erzählte weiter: »Ha, wie sie da lag und sich nicht mehr rühren konnte, geschweige denn, sich mitzuteilen. Hilflos war sie mir ausgeliefert! Genauso, wie ich ihr zuvor. Als mein werter Gatte nach ihr verlangte, sagte ich ihm erst, er solle sich setzen und einen Schluck von dem selbst Gebrannten trinken, weil er den Anblick seines Kindes nicht ertragen würde.«

»Hi-hi«, lachte sie in sich hinein. »Dieser Vollidiot glaubte mir aufs Wort und schüttete sich mein rotes Zauberwässerchen eifrig in die Kehle. Es war nicht schwer für mich, ihn in meine Hütte zu bekommen. Ich hatte schon vorgesorgt. Sachte glitt er ziemlich atemlos in den Schubkarren, der schon bereit stand. Wie er mich erbärmlich anbettelte, ihm zu helfen. Nach Luft ringend, saß dieser Dreckskerl in dem Schubkarren und konnte sich nicht mehr bewegen. Langsam schob ich ihn zur Steinhütte und legte ihn in das vorgesehene Bett.« Tantchen lachte hämisch.

»Nun ging ich zu meiner hübschen Schwester und brachte sie ebenfalls zur Hütte. Wie sie da lagen, man konnte meinen, der Prinz wollte sein Dornröschen retten und hat es nicht geschafft. Ein hundertjähriger Schlaf – das war das richtige für die Beiden. Doch damit war es natürlich noch nicht getan. Ich legte ihnen Kanülen in ihre verdorbenen Adern und schloss sie mit Schläuchen an die Nahrungsversorgung meiner edlen Rosen an. Noch ein kleiner Klick mit dem Schalter und die Absauganlage, begann ihre vortreffliche Arbeit zu leisten. Nun wurden die Beiden von Tag zu Tag etwas blasser und meine Rosen immer schöner. Sie bekamen durch das frische Blut eine unbeschreiblich rote Farbe. Ich wusste, dass meine Rosen lebten. Sie lebten vom Blut all der Ehebrecher von Cornwall. Niemals kam nur ein einziger Bewohner der Insel auf mein grausames Geheimnis. Du fragst dich jetzt, was mit den ausgesaugten Leichen passierte? Weißt du, Liebes, wenn man einen zerschmetterten Menschen von den

Klippen kratzen muss, fragt man nicht mehr, wie viel Blut er noch in sich trägt.«

Ich saß wie fest geklebt auf dem Bett meiner geliebten Tante und wusste nicht, was ich sagen sollte. Dann vernahm Ich ein leises Summen. Tantchen befahl mir, sofort in die Hütte zu laufen und die Pumpe auszuschalten. Als ich mich weigerte, bäumte sie sich auf und sank anschließend leblos in ihre Kissen. Ich bekam Panik und lief in die Hütte. Als ich sie öffnete, stockte mir der Atem. In einem mit Rosen geschmückten Bett lag der Polizeibeamte aus der Stadt, der seit einer Woche vermisst wurde … Schneeweiß und völlig ausgesaugt.

Was dann geschah, kam einem Wunder gleich. Denn heute noch, fünfzehn Jahre später, verkaufe ich die unnachahmlichen, die rotesten Rosen »Heart-Palpitations« meiner Tante Debbie …

Wieso Rot?

Dagmar Finger

Wieso Rot?
Mausetot.
Wieso weshalb warum ?

Das Messer, es liegt da,
mir gefährlich nah.
Drum hab ich es benutzt.
Es dann nicht abgeputzt.

Die Wunde ist sehr groß
Es tropft mir in den Schoss.
Hat gar nicht weh getan,
wenn man es richtig kann.

Will sowieso nicht leben.
Nur eines will ich geben,
das fließt und in mir ist,
von dem was an mir frisst.

Sehr scharf und blitzeblank,
liegt immer auf dem Schrank.
Dort kann ich es dann sehen,
in Zeiten, die mich quälen.

Ihr wundert euch, weswegen?
Habt ihr sie denn gegeben?
Die Liebe, die ich suchte,
grad als ich euch verfluchte?

Ich habe kein Vertrauen.
Auf euch kann ich nicht bauen.
Der Schmerz stellt sich jetzt ein,
jetzt kann ich wieder sein.

Wieso Rot?
Mausetot.
Wieso weshalb warum,
wer nicht fragt, bleibt stumm!

Die Fehleinschätzung

Michael Schönberg

»Frau Jonson, in Anbetracht, dass Sie heute Geburtstag haben, können Sie früher Schluss und sich einen schönen Nachmittag machen.«

»Oh, vielen Dank, Herr Smith. Das ist sehr nett. Da wird sich mein Mann sicherlich freuen.«

Mary nahm ihre Jacke und fuhr nach Hause. Das war aber gar nicht so einfach, wie es sich anhört.

Bill und Mary konnten sich kein Auto leisten, da er nur eine kleine Unfallrente bekam und sie nur eine Angestellte war, mit kleinem Gehalt. Aber für das normale Leben reichte es. Für ein Auto leider nicht. Deshalb fuhr sie jeden Morgen mit dem Bus, mit der U-Bahn und dann wieder mit dem Bus zur Arbeit.

Fast eine Stunde war sie so für jede Strecke unterwegs. Mit einem Auto würde Mary sie in nur zwanzig Minuten schaffen. Doch sie war froh, diesen Job zu haben. Wer stellt schon eine fast Fünfzigjährige ein, die 20 Jahre aus dem Beruf war? Mister Smith tat es. Er hatte erkannt, dass sie noch sehr dynamisch war, arbeiten wollte und auch musste, um die Familie zu ernähren. Und er hatte es nicht bereut – ihre Logik und ihr Fleiß machten sie zu einer unentbehrlichen Buchhalterin.

Als Mary an diesem Tag heimkam – es war so gegen 13.00 Uhr – sah sie ein Auto vor ihrem Haus. Diesen Kleinwagen hatte sie hier noch nie gesehen. Das Kennzeichen war zwar aus dem Ort, aber sie kannte es nicht.

Unbehagen kam in ihr auf.

Ihr Haus stand etwas abgeschieden von den anderen. Die Nachbarn hatten zwar Autos, parkten sie aber vor den eigenen Häusern oder in der eigenen Garage – wegen der vielen Autodiebstähle in der Gegend. Außerdem hatten sie große Limousinen oder Sportwagen.

»Wem gehört dieser Wagen?«, fragte sich Mary, als sie die Haustür aufschloss.
Die Tür war wie immer nur eingeschnappt, es bedurfte nur einer kleinen Umdrehung des Schlüssels und sie ging auf.
Wie gewohnt hing Mary im Flur ihre Jacke an den Garderobenständer. Dann ging sie weiter in das Wohnzimmer.
Normalerweise wurde sie hier von Bill empfangen. Doch er war nicht da, saß nicht in seinem Sessel und der Fernseher war aus.
Es war ungewöhnlich, denn Bill sah fast immer fern, seitdem er seine Arbeit verloren hatte. Etwas älter als sie, hatte er auf dem Arbeitsmarkt nicht so viel Glück. Wer will einen 55jährigen Dachdecker einstellen, der nicht mehr alles machen kann? Niemand.
Diese Erfahrung hatte er nun schon so viele Male gemacht, dass er es aufgegeben hatte, nach Arbeit zu suchen.
Sie fragte sich gerade, wo er denn sein könnte, als sie seine Hausschuhe an der Treppe sah, die nach oben führte.
»Bill, bist du oben?«, fragte sie mit zaghafter Stimme, da sie es nicht gewohnt war, laut nach ihm zu rufen.
Sie bekam aber keine Antwort.
Auf der dritten Stufe der Treppe sah sie nun seine Hose liegen, so als ob er sie hastig ausgezogen habe.
Weiter oben sah sie seine zerknüllten Socken.
Langsam näherte sie sich der Treppe.
Töne drangen an ihr Ohr. Töne, die sie kannte …Marys Herz schlug hart und schnell und sie hatte das Gefühl, das es gleich aus ihr herausspringe. Wie in Trance nahm sie das Gewehr von der Wand und ging langsam die Treppe rauf. Sie sah das Hemd ihres Mannes, das leicht zerrissen auf dem Boden in der oberen Etage lag.
Vor der Schlafzimmertür blieb sie stehen.
Sie hörte die Geräusche, die sie schon unten wahrgenommen hatte, nun deutlicher ... Stöhnen und kleine Lustschreie ... Im Hintergrund lief Musik. Wahrscheinlich um die Lustgeräusche zu übertönen, überlegte sie, als sie den Hahn spannte.

Langsam öffnete Mary die Tür des Schlafzimmers und sah hinein.
Sie entdeckte Bill. Er saß im Bett und hatte ein Sektglas in der Hand. Dann sah sie noch eine weitere Hand, die auch ein Sektglas hielt.

Durch den Knall des Gewehres wurde sie wieder in das Leben zurückgerufen.
Sie sah Bill, der im Bett zusammengesackt war und sie mit großen, toten Augen ansah. Sie sah die zweite Betthälfte, die leer war. Nur die Hand von Bill, die immer noch das zweite Glas Sekt festhielt, lag auf dem Kissen.
Über dem Bett, das sich langsam rot färbte, sah sie eine Tafel und las:
»Liebste Mary. Alles Gute zu deinem Geburtstag! Wir werden heute zwei Spritztouren machen: Zuerst die eine in unserem Bett und dann die andere mit deinem Wagen, der vor der Tür steht.«
Darunter hing an einem Haken seine Unterhose. Am zweiten Haken daneben war ein Schildchen angebracht. Darauf stand: Marys Slip! Und an einem weiteren Haken hing ein Autoschlüssel.
Der CD-Player spielte immer noch das Lied: »Je t'aime«.
Mary richtete das Gewehr gegen sich und drückte ab.

Das rote Tuch

Dörte Müller

Wieder einmal ein grauer Tag. Alles sieht so trist aus. Ich fühle mich miserabel, habe trübe Gedanken. Wo bin ich eigentlich? Was wollen alle diese Leute? Sie johlen und grölen und scheinen ganz aufgeregt zu sein. Wegen mir? Ich sehe mich um. Eine graue Masse blickt mich an, leere Gesichter, völlig ausdruckslos.

Doch irgendwie habe ich das Gefühl, dass gleich etwas passieren wird. Eine Spannung liegt in der Luft. Plötzlich höre ich Musik. Schöne Musik. Sie fährt mir in die Glieder, ich bewege mich dazu. Herrlich.

Da, eine Tür geht auf. Ein kleines Männchen kommt auf mich zu. Es hat einen merkwürdigen grauen Lappen in der Hand. Will es mich putzen? Doch es wedelt den Lappen hin und her. Warum bloß? Will es mir frische Luft fächeln?

Langsam regt mich das Ganze auf. Ich werde wütend. Sehr wütend. Der Mann soll damit aufhören! Aufhören! Doch er hört nicht auf. Jetzt ruft er auch noch etwas. Die Musik wird lauter, ist nicht mehr schön. Er blickt mir direkt in die Augen. Seine Augen sind starr und schwarz, ich sehe viel Hass in ihnen. Ich spüre, der Mann will mir nichts Gutes tun, will mir keine frische Luft zufächeln. Im Gegenteil – das Männchen will mir schaden. Dann wedelt es wieder. Jetzt reicht es! Ich renne auf den Mann zu. Oder auf den Lappen? Der Mann springt hin und her, wedelt und wedelt, die Menge ruft laut. Jetzt kommen zwei Männer auf Pferden. Sie haben Lanzen in der Hand, ich spüre Schmerzen, sehe mein Blut, wie es läuft und läuft. Wieso tun sie das?

»Mami, warum hat der Torero ausgerechnet ein rotes Tuch?«
»Stiere mögen das Rot nicht. Es macht sie ganz verrückt!«

Rotschwäche
CF Lucas

Im Grunde genommen hätte Jasper Christus Cole ein zufriedener Mensch sein müssen. Er war der Vertriebschef eines florierenden Modelabels, das er zusammen mit seiner Frau Suzanne führte, und dort auch gleichzeitig für die Finanzen verantwortlich. Sie hatte ihn unmittelbar nach der Hochzeit zum Teilhaber in ihrem kleinen, aber durchaus delikaten Unternehmen gemacht, und zusammen hatten sie viel Schweiß und reichlich Tränen investiert, bevor sie nun, knapp 25 Jahre später, die Früchte ihrer harten Arbeit ernten konnten.
Ihr Konto wies einen hohen, zweistelligen Millionenbetrag auf, sie besaßen ein nobles Penthouse auf der Fifth Avenue, zwei Ferienhäuser nannten sie ihr eigen, dazu waren sie gerngesehene Gäste auf den Modeshows der großen weiten Welt und auch in den Klatschspalten meist positiv porträtiert.
Er musste einräumen, dass es eher der Verdienst seiner Partnerin war, schließlich war sie der kreative Motor der Zusammenarbeit, aber wenigstens trug das Unternehmen seine Initialen. Genau genommen handelte es sich dabei zwar nur um den ersten Buchstaben seines Nachnamens, den er mit in die Ehe gebracht hatte, aber wenn man es nicht so ganz genau nahm, war auch der erste Buchstaben seines mittleren Namens vertreten, schließlich fängt Christiana ja ebenfalls mit C an. SCC, also immerhin zwei von drei. Aber er war nun ein Zahlenmensch und drei von drei hätten ihm besser gestanden, auch wenn er zugeben musste, dass die Zahlen, die den materiellen Erfolg ihres Joint Ventures belegten, mehr den scheinbar endlos aus Suzannes Kopf sprudelnden Ideen und weniger seinem vertrieblichen Geschick oder seinen Rechenkünsten zuzuschreiben waren.
Dennoch hatte er keinen Grund gehabt, ein unzufriedener Mensch zu sein. Er war gesund. Sehr gesund. Ein Zustand, der in seinem Alter eher etwas Ungewöhnliches darstellte, aber die letzte gründliche Untersuchung bei seinem Hausarzt

hatte ergeben, dass es ihm an nichts mangelte. Kein Herzleiden im Anmarsch, kein Krebs in Sicht und auch die Potenz hatte ihn bis hierhin nicht verlassen, im Gegenteil.

Seine Frau liebte ihn, oder hatte ihn zumindest geliebt. Sie war ihm eine treue Ehefrau gewesen, hatte ihm zwei Kinder geschenkt – eine nicht ganz so helle Ballkönigin und einen nicht ganz so hellen Footballer. Darüber hinaus ließ sie ihn niemals spüren, dass er eigentlich ein jämmerlicher Versager war und sie ihn beinahe die komplette Zeit ihrer Beziehung hatte durchschleppen müssen. Er hatte sich an der Börse probiert, doch am neuen Markt große Summen verzockt. Sie hatte ihm nicht nur verziehen, sondern auch dafür gesorgt, dass er sich trotz hinterzogener Gelder weiterhin als Finanzchef verdingen durfte, und die Firma als Grundlage ihrer Existenz neben allen anderen Aufgaben auch zum wirtschaftlichen Erfolg zurückgeführt und dabei den Anschein erweckt, dass sei einzig sein Verdienst gewesen.

Jetzt, da er eingeklemmt und gefangen in seinem roten Ferrari Cabriolet saß und die Sirenen der herbeieilenden Retter dumpf an sein Ohr drangen, versuchte er zu verstehen, warum er eigentlich vor einer guten Stunde als unzufriedener Mensch in das Auto gestiegen war, das jetzt zu seinem Grab werden sollte.

Pilot hatte er immer werden wollen. Erst Kampfpilot, dann Kapitän einer großen Fluggesellschaft. So wie es sein Großvater war, der hochdekoriert aus den Luftschlachten über dem Pazifik heimgekehrt war und erzählt hatte, wie man bloß mit den Fingern schnippen musste und einem schon alle Frauen zu Füssen lagen, wenn man nur die Uniform eines Luftwaffenoffiziers spazieren führte und dass sich das auch in den 50ern nicht änderte, als er das Cockpit eines Jägers mit dem einer Passagiermaschine tauschte. Ob es nun erstrebenswert war einem Großvater nachzueifern, der vereinsamt und alleine mit einer Flasche Spiritus in der Hand auf einer Parkbank in New Jersey verstarb und bereits 16 Stunden tot dort lag, bevor ihn die Polizei aufsammelte, wollte er nicht

einmal sich selbst gegenüber kommentieren, aber Pilot hatte er dennoch immer werden wollen. Bei der medizinischen Aufnahme zum Militär hatte man jedoch eine Rotschwäche entdeckt und ihm erklärt, dass er damit auf gar keinen Fall Kampfpilot werden könnte, aber es sei immerhin ein Plätzchen frei bei der Marineinfanterie. Durch den Schlamm robben empfand er jedoch als nicht so erstrebenswert und da er weder das Zeug zu einem guten Anwalt hatte, noch zu einem Arzt, verfolgte er eine kaufmännische Karriere, bis er als Chefeinkäufer einer Modekette Suzi über den Weg lief.
War etwa auch diese Rotschwäche dafür verantwortlich, dass er die rote Ampel und den von rechts heran fliegenden Lkw übersehen hatte, der sie genau mittig erwischte, dabei das Auto auseinander riss, und den Teil, in dem sie gesessen hatten, mehrfach Saltos schlugen ließ, bevor dieser dann krachend auf dem Kopf etwa dreißig Meter abseits der Straße aufschlug? Wahrscheinlicher war es jedoch, dass er durch die Tatsache abgelenkt war, dass Jenna ihr Versprechen wahr gemacht hatte, dass wenn er seine Frau verließ und mit ihr danach in ein neues Leben verschwinden würde, er nicht bis zum Hotel warten müsste, bevor sie ihr berühmtes Zungenspiel bei ihm anwendete. Der Höhepunkt schlug in Form eines 40 Tonnen schweren Monsters aus Stahl ein und ließ ihn vibrieren wie niemals je zuvor.
Wo war Jenna überhaupt? Er versuchte, seinen Kopf zu bewegen, merkte aber, dass dies ein aussichtsloses Vorhaben war. Das verbliebene Teilstück des Autos lag mit den Rädern nach oben und er hing in dem Sicherheitsgurt kopfüber nach unten. Die Windschutzscheibe war zersprungen, aber irgendwie hatte die linke Strebe den Aufprall überstanden und ihn davor bewahrt, vom Gewicht des Wagens zerquetscht zu werden. Der Außenspiegel war ebenfalls intakt und trotz der Dämmerung konnte er, Dank der in einiger Entfernung aufgeregt zuckenden Blitze der Blaulichter, immer wieder für Sekundenbruchteile sein Gesicht erkennen.

Er betrachtete sich und grübelte. Was wäre gewesen, wenn er keine Rotschwäche gehabt hätte? Wäre er vielleicht irgendwo über Kuwait abgeschossen worden? Hätte er ein erfolgreiches Leben an der Seite einer erfolglosen Frau gelebt und nicht das jämmerliche Dasein eines Anhängsels gefristet? Vielleicht wäre er in Europa gelandet oder in Asien und nicht in New York, was er als jemand aus Tennessee nie wirklich hatte ausstehen können. Es war nie seine Welt gewesen, die Welt der asexuellen, transsexuellen, metrosexuellen, Kokain schnupfenden Modemenschen, bei denen ein Ja ein Nein und ein Nein ein Ja sein konnte und man schon diese Sprache perfekt beherrschen musste, um dazuzugehören, um ein Teil von ihnen zu sein. Er hatte nie ein Teil von ihnen sein wollen. Er hatte immer Pilot sein wollen.
Rotschwäche! Rotschwäche? Er hatte erkennen können, dass er einen roten Ferrari fuhr, nur deshalb hatte er einen gekauft und nicht etwa einen silbernen Porsche, der ihm viel besser gefiel. Suzi hatte ein rotes Kleid bei ihrem ersten Rendezvous an und Jenna war nicht seine erste Geliebte, die er extra mit roten Dessous ausstaffiert hatte, um zu beweisen, dass er nicht an einer Rotschwäche litt.
Türen schlugen irgendwo, hektisches Stimmengewirr kam auf, ein Scheinwerfer leuchtete kurz auf, erfasste ihn, verschwand und kam wieder.
»Da liegt was! Hierher!«, rief jemand aufgeregt. Stiefelsohlen trommelten auf dem Asphalt und Licht schlug nun hell in seine Richtung. Er war überrascht, dass er überhaupt etwas hören konnte, denn er erkannte eine dicke sämige Flüssigkeit, die aus seinen Ohren und dem Mund lief.
»Eine Frau, eine tote. Wir haben hier eine tote Frau«, schrie jemand. War das Jenna? Oder meinten sie Suzi? Sein Gedächtnis verließ ihn. Konnten sie seine Frau schon gefunden haben? Unsinn! Für einen letzten Augenblick schafften es die Sehnerven, sich auf ‚scharf' zu stellen und er betrachtete sich. Blut war schwarz. Sein Blut war schwarz. Oder war es in Wirklichkeit rot? Rotschwäche? Aber auch das Blut von Suzi

war doch schwarz aus ihrem Kopf gequollen, so wie es sonst nur ihre Ideen taten. Er hatte ihr den Schädel eingeschlagen. Eingeschlagen mit irgendeinem massiven Messing-Mitbringsel aus der afrikanischen Steppe oder sonst woher, sofort nachdem sie ihm gesagt hatte, dass jetzt endgültig Schluss, genug eben genug sei und er sie und die Firma auf der Stelle zu verlassen hätte. Und als das Leben sich aus seinem Körper zwängte, lächelte er, denn als sie ihm den endgültig letzten Befehl ins Gesicht geschrien hatte, hatte er klar und deutlich Rot gesehen.

Roter Samt

Christine Erdiç

Careen stand vor dem großen alten Haus im viktorianischen Baustil. Düster wirkte es, fast ein wenig bedrohlich, mit den beiden Gargoyles neben dem Eingang. Zaghaft betätigte sie den Türklopfer aus Messing, der die grüngestrichene Holztür schmückte. Es schien gar keine Klingel zu geben. Schlurfende Schritte, dann öffnete sich knarrend die Tür, und ein alter gebeugter Mann in einem dunklen Anzug erschien im Rahmen.

»Ja bitte?«, fragte er mit heiserer Stimme.

»Ich möchte zu Sir Bodween«, Careens Stimme zitterte ein wenig. Sollte sie nicht lieber …?

»Folgen Sie mir.« Als der Butler sich umdrehte, sah sie, warum er so eine schlechte Haltung hatte. Zwischen seinen Schultern befand sich ein riesiger unförmiger Buckel.

Die junge Frau schwankte zwischen Unbehagen und Mitleid. Für eine Umkehr war es längst zu spät, auch wenn ihre innere Stimme sie unaufhörlich warnte. Zögernd ging sie weiter.

Die riesige Wohnhalle war von Kerzen erleuchtet. Womöglich gab es hier nicht einmal Strom und fließendes Wasser.

Ein schlanker Mann erhob sich aus einem im Raum stehenden Sofa und entließ den Butler mit einem Kopfnicken. »Danke, Edward«, seine dunkle Stimme war wie Samt.

»Willkommen in meinem Haus, Miss …?«

»Careen Smith, ich heiße Careen Smith.« Careen räusperte sich verlegen und strich sich durch das glänzende schwarze Haar. Dieser Mann sah unbeschreiblich gut aus mit seinen leicht angegrauten Schläfen und den dunklen Augen. Sie fühlte, wie ihr die Hitze in die Wangen stieg.

»Careen«, Sir Bodween zeigte strahlend weiße Zähne beim Lächeln und beugte sich elegant hinunter zum Handkuss. Careen fühlte sich zurückversetzt in eine andere Zeit. Norma-

lerweise hätte sie das albern gefunden, aber es passte irgendwie in diese schlossartige Halle und zu diesem Mann.
Plötzlich wurden Stimmen laut, und ein kleiner Junge kam unter dem Tisch hervorgeschossen. Er bekam gerade noch die Kurve, sonst hätte er den Gast umgerissen.»Billy!«, rügte Sir Bodween.
»Sie ist hinter mir her«, kreischte das Kind, und bevor Careen nachfragen konnte, kam ein etwas größeres Mädchen um die Ecke gerannt und griff dem Kleinen grob in das dunkle Haar.»Ich krieg‘ dich ja doch, ich krieg‘ dich immer«, triumphierte sie und lachte gehässig.
Sir Bodween seufzte:»Careen, darf ich Ihnen meine Kinder vorstellen? Billy und Cassandra.« Dann wandte er sich an die Kleinen.»Das ist Careen, euer neues Kindermädchen. Ich möchte, dass ihr euch von eurer besten Seite zeigt.«
Die Kinder sahen auf, und Careen gefror das Lächeln auf den Lippen, denn die Augen der beiden waren tiefschwarz und … böse.
»Unsinn!«, rief sie sich innerlich zur Ordnung. Wie konnten Kinderaugen böse sein?! Es lag sicher nur am Kerzenschein.
»Wir kommen bestimmt gut miteinander aus, nicht wahr? Aber solltet ihr nicht längst im Bett sein?« Ihre Stimme bebte verdächtig.
Sir Bodween lächelte: »Ach wissen Sie, unser Rhythmus ist ein wenig anders. Wir stehen recht spät auf. Ich schätze, Sie müssen sich umstellen, Careen. Billy ist vier Jahre alt und Cassandra fünf. Ich will Ihnen nichts vormachen. Sie werden keinen leichten Stand haben. Ihre Vorgängerin hat uns leider vor kurzem verlassen. Sie war der Sache nicht mehr gewachsen.«
Die Kinder verschwanden so plötzlich wie sie gekommen waren.
»Möchten Sie sich erst frisch machen? Auf Ihrem Bett liegt ein Kleid. Bitte tragen Sie es heute Abend für mich. Nachher würde ich gern noch ganz in Ruhe ein Glas Wein mit Ihnen trinken. Edward wird Sie in Ihr Zimmer geleiten.«

Der Butler stand plötzlich hinter ihr und sie zuckte erschrocken zusammen. Sie hatte ihn gar nicht kommen hören. Ein seltsames Haus und unheimliche Bewohner. Es wäre besser … Wie unter einem Zwang folgte sie Edward.
Wenig später hatte sie geduscht und das bereitgelegte Kleid aus dunkelrotem Samt angezogen. Komischerweise fühlte sie, eher der Hosentyp, sich ganz wohl darin, fast wie neu geboren. Sie drehte sich prüfend vor dem Spiegel und sah sich dann aufmerksam um. Das Zimmer war freundlich eingerichtet, auch wenn das Blümchenmuster der Tapete nicht unbedingt ihren Geschmack traf.
Doch die Kinder machten ihr Sorgen. Sie wurde nicht warm mit ihnen, schlimmer noch, sie hatte Angst. Sie nahm sich vor, mit Sir Bodween zu sprechen. Dies war einfach nicht der richtige Job für sie, das musste er einsehen. Morgen würde sie sich dann verabschieden, heute war es bereits zu spät.
Sir Bodween stand mit dem Rücken zu ihr, dem Kamin zugewandt. Langsam drehte er sich um und sah ihr tief in die Augen. In jeder Hand hielt er ein Glas mit Wein. Die Flüssigkeit funkelte blutrot im Licht der Kerzen.
»Ich liebe die Farbe Rot«, flüsterte er dicht an ihrem Ohr, »und Sie, Careen, sind wunderschön.« Der Wein stieg ihr in den Kopf, dazu noch die Hitze des Kamins, seine Worte … Ihre Lippen verschmolzen, bevor ihr die Sinne schwanden und sie sich einfach in seine Arme fallen ließ.
»Sie trägt Mamas Kleid, das rote aus Samt«, flüsterte Billy und zog seine Schwester kräftig am Zopf.
»Psst«, zischte die, »Sie tragen alle Mamas Kleid, bevor Edward sie irgendwann wegschafft. Denn keine von ihnen kann Mama ersetzen.«
»Mama ist tot«, sagte Billy und schaute Cassandra böse an.
»Ja, sie ist tot«, antwortete das Mädchen und kicherte leise.

Sir Francis von Scotland Yard schüttelte bedauernd den Kopf.»Zu spät. Sie ist qualvoll erstickt, im Todeskampf hat sie sich das ganze Gesicht zerkratzt. Sehen Sie nur! Das ist nun schon das vierte Opfer in diesem Jahr. Alle auf die gleiche Art umgekommen. Der Verrückte hat wieder zugeschlagen. Wenn wir nur einen Anhaltspunkt hätten, Fingerabdrücke oder irgendeine andere Spur.« Er stand mit zwei Kollegen vor dem mit rotem Samt ausgelegten schwarzlackierten Sarg und betrachtete die tote Frau mit den kunstvoll aufgesteckten silberblonden Haaren. Mit aller Kraft unterdrückte er den aufsteigenden Brechreiz und presste ein Taschentuch vor seinen Mund. Manchmal hasste er seinen Job.

Zunächst einmal musste die Identität der Leiche festgestellt werden. Bei den anderen drei Opfern hatte man keine Angehörigen ausfindig machen können und wahrscheinlich würde auch diesmal niemand die Tote vermissen.

Aber irgendwann würde der Täter einen Fehler machen. Früher oder später machten sie alle einen Fehler, redete sich der Inspektor ein. Er wollte nicht an all' die ungelösten Fälle, all' die Akten, die beiseitegelegt wurden, denken. Nicht heute.

Nach einem letzten Blick auf den Sarg wandte er sich um und stapfte durch den stinkenden Unrat der Mülldeponie zurück zum Weg.

Die rote Tür

Michaela Kaiser

Nachdenklich betrachtete er die Tür. Sie war aus Holz, mit kunstvollen Schnitzereien versehen und blutrot. Das Rot war von solch tiefer Intensität, dass es ihn allein vom Anschauen schauderte. Aber dann, so dachte er, war sie nur passend, diese Farbe.

So stand er nun vor dieser Tür, durch die er gehen musste. Es kam ihm so vor, als sei sein ganzes, bisheriges Leben nur auf diesen einen Punkt hinaus gelaufen. Diese Tür vor ihm; er hatte es sich geschworen und er würde hindurch gehen. Dann würde sein Leben wieder einen Sinn haben, auch wenn nichts mehr so sein würde wie vorher. Nichts.

Er drehte sein Gesicht zur Sonne, die ihm warm und freundlich in den Nacken schien. Ein leichter Wind wehte und in den nahen Bäumen raschelten die Blätter. Ein vorwitziges Eichhörnchen streckte seine Nase zwischen den Zweigen einer Eiche hervor und zwei verliebte Kohlmeisen tanzten einen wilden Tanz über dem dicken Ast. Etwas weiter entfernt konnte er Kindergeschrei hören, es klang wie bei einem Fußballspiel und noch weiter entfernt sangen die Reifen von Dutzenden Autos auf dem heißen Asphalt einer Autobahn.

Der Garten war weitläufig, gepflegt und von sauber geharkten Wegen durchzogen. Er konnte Teile davon rechts und links vom Haus erkennen, obwohl der Großteil hinter dem Gebäude lag. An den Garten konnte er sich in allen Einzelheiten erinnern, aber nicht an diese Tür. War sie immer schon in diesem intensiven Rot gewesen? Wieder betrachtete er sie. Massiv und trutzig, eine Festung, Widersachern und Eindringlingen trotzend, stark und abwehrend. Aber nicht für ihn, er war ja eingeladen, irgendwie … für ihn würde diese Tür sich öffnen.

Rechts und links dieser trutzigen, massiven, roten Tür wuchsen Rosenranken und machten aus dem einfachen Durchgang so etwas wie ein Kunstwerk. Die Rosen waren weiß und blassrosa, sie verströmten einen intensiven Duft. Auch auf den Schnitzereien der Tür kamen Rosen vor, so schien es ihm, Rosen und geometrische Formen. Die Formen schienen ineinander zu fließen, sich zu bewegen, zu wogen. Die Schatten der Rosenblätter taten ihr Übriges, um den in Ewigkeit erstarrten Schnitzereien Leben einzuhauchen. Manche der Formen schienen zu atmen, leise zu beben, in der Sonne zu erzittern. Das Rot der Tür wurde intensiver, je länger er darauf starrte. Die Tür selber schien zum Leben zu erwachen, wollte ihn einladen, durch sie hindurch zu treten.

Er schaute auf die Armbanduhr, die Zeit war noch nicht gekommen, noch nicht, jetzt noch nicht. Er schauderte ein wenig vor Vorfreude und eine Gänsehaut überzog seine Arme. Er ließ den Blick die Fassade empor schweifen. Die Fenster waren geschlossen und spiegelten den blauen Himmel wider. Ganz oben rechts glaubte er, eine Bewegung der Gardine zu erkennen, aber es konnte auch eine Spiegelung gewesen sein. Wenn alles nach Plan verlief, sollten sich alle Hausbewohner jetzt im vorderen Salon aufhalten. Um dorthin zu gelangen, musste er nur durch diese rote Tür gehen, schräg links durch die Eingangshalle und dann durch die zweite Tür.

Da waren sie, der Hausherr und seine Frau, die beiden Söhne, die Frauen der Söhne, der Anwalt des Verstorbenen, die beiden Notare und natürlich auch … ja, sie auch.

Auf ihr Gesicht freute er sich besonders. Und auf den Moment, wenn sie die Wahrheit erkannte, wenn sie alle die Wahrheit erkannten. Alle würden um den großen Tisch sitzen und schweigen. Warteten sie auf ihn? Bestimmt warteten sie, sie hatten ihn ja eingeladen, irgendwie ...

Er wusste nicht, ob es in dem Haus jetzt Hunde gab – das war beunruhigend. Er mochte keine Hunde. Hunde waren widerliche, schmutzige Monster, sie ließen ihre Hinterlassenschaften überall herumliegen, sie sabberten und, was am Schlimmsten war, sie hatten eine ausgesprochen gute Nase. Sie rochen ihn schon von weitem, sie rochen seine Angst und er meinte, sie würden auch seine Pläne riechen können. Dann bleckten sie ihre widerlichen, scharfen Zähne, knurrten und näherten sich ihm in eindeutig feindlicher Absicht. Nein, er mochte keine Hunde, ganz und gar nicht.

Mit einem erneuten Blick auf die Uhr stellte er fest, dass es an der Zeit war. Er tat einen tiefen Atemzug, dann schritt er die zwei verbleibenden Stufen hinauf und legte seine Hand auf den schweren Türknauf aus Messing. Er hatte die Form eines kleinen Delfins. Ein Delfin im roten Meer der Tür … Er musste lächeln, als dieser Gedanke ihn streifte. Flüchtig überlegte er, ob es im roten Meer überhaupt Delfine gab? Doch dann richtete sich seine Konzentration wieder auf die nächsten Minuten, auf seine Aufgabe; er durfte sich nicht ablenken lassen. Man hatte ihm versichert, dass die Tür unverschlossen sein würde, und er drückte sie probehalber etwas nach innen. Richtig, ohne ein Geräusch schwang sie auf und gab den Blick auf die Eingangshalle frei. Dort herrschte Dämmerlicht, fast schienen die Möbel, die Teppiche zu blinzeln, als das helle Sonnenlicht auf sie fiel. Er verharrte einen Moment auf der Schwelle und ließ seine Augen sich an die veränderten Lichtverhältnisse gewöhnen. Dann fiel die massive, blutrote Tür hinter ihm ins Schloss und er stand im Haus.

Mit drei schnellen Schritten war er an der Tür zum vorderen Salon, riss sie auf und trat ins Zimmer. Tatsächlich, dort saßen sie alle um den großen Tisch, gerade so, wie er es vorausgesehen hatte.

Auf dem am weitesten entfernten Stuhl saß sein verhasster Bruder, der Idiot, dem sein verblödeter Vater alles vermacht hatte. Bittere Galle stieg ihm in die Kehle, als er an die letzten Worte des Alten dachte. Auch noch auf dem Sterbebett hatte er ihn verhöhnt ...

Und die Schlampe, die er seine Schwägerin nennen musste, saß zuckersüß lächelnd neben dem Idioten. Dann die beiden Söhne, dummerweise nicht seine Söhne, sondern die seines Bruders. Damit hatte alles angefangen … und geendet; natürlich, damit hatte es geendet. Dass er und seine Frau keine

Nachkommen produzieren konnten. Sein Bruder hatte die geforderten Erben gezeugt, noch dazu zwei männliche Erben. Die waren in der Zwischenzeit auch nicht untätig gewesen, wie der geschwollene Bauch der einen Schlampe zeigte, welche der Älteste seine Frau nannte. Schlampen, alles Schlampen!

Verächtlich streifte sein Blick über die Gesellschaft und blieb schließlich an *ihr* hängen. Sie saß auf dem Stuhl, der ihm am nächsten stand. Sie hatte sich umgedreht, erschrocken zuerst, dann hieß sie ihn mit einem zaghaften Lächeln willkommen. Sie öffnete den Mund, als wollte sie ihn begrüßen. Aber auch sie hatte ihn verraten, sterile Schlampe, die sie war.

Sein Bruder, der Idiot, erhob sich und setzte zu einer Rede an, wollte wahrscheinlich ‚Hallo' sagen oder etwas ähnlich Verblödetes. Bevor ihm aber ein Wort über die Lippen kam, hatte er, der Eingetretene, seinen Mantel zurückgeschlagen, das Maschinengewehr in Anschlag gebracht und mit wenigen Feuerstößen die Gesellschaft niedergemäht. Dann drehte er sich um und schritt durch die blutrote Tür wieder hinaus ins Sonnenlicht.

Wenn Liebe erstickt

Ansgar Sadeghi

Wieder quengelt er. Zum dritten Mal. Seine Windel ist voll.
Im Badezimmer zieht sie ihn aus und wäscht ihn.
„Was machst du?", sagt er. „Du tust mir weh!"
Seine Stimme kommt von irgendwo. Sie möchte ihn schlagen. Sie liebt ihn immer noch, aber immer öfter umhüllt Hass diese Liebe wie eine erstickende Wolke aus Ruß. Er spürt das. In solchen Momenten will er sterben, damit die Liebe überlebt. Er schämt sich, obwohl es keine Schuld zu verteilen gibt. Sie kann nicht mehr. Trägt ihn zum Bett. Er ist leicht wie ein Kind. Steif wie Holz.

Später. Das Kissen liegt noch auf seinem Gesicht. Sie sitzt neben dem Bett und ritzt blutige Linien in ihre Haut. Der letzte Schnitt geht tief. Nichts tut mehr weh. Rot ist die Liebe, denkt sie. Und die Liebe tropft rot auf den Boden.

Blut

Maria Hertting

Sein Blick trifft mich wie ein spitzes Messer. Ich kann seine Gedanken lesen: Du bedauernswerte Kreatur. Jetzt geht's zu Ende mit dir. Wut und Trauer verschatten sein Gesicht. Das Haar fällt strohig bis auf seine Schultern herab und starrt vor Schmutz. Er ist wahrhaftig keine Zierde seiner Spezies, kein angenehmer Anblick, abgemagert und von schwerer Arbeit gezeichnet. Ein abgrundtiefer Hass spiegelt sich in seinen Augen und gibt diesem Mann übermenschliche Kräfte. Ich rieche warmes Blut, sehe, wie es seine rechte Wade herabläuft. Er nimmt kaum Notiz von dieser kleinen Verletzung, die er sich eben selbst zugefügt hat. Seine Rache ist das Einzige, was ihn interessiert.

Zuerst will ich seinem Schlag ausweichen, wenigstens für den Bruchteil einer Sekunde kommt mir der Gedanke. Die Reflexe dafür sind mir gegeben. Wenn ich wollte, könnte ich mir diesen Kerl zum Sklaven machen. Die Macht dazu habe ich. Doch ich zögere. Für einen winzigen Augenblick steht die Zeit still. Ich schließe die Augen. Da löst sich ein Schrei aus der Kehle des Fremden, ein Schrei, so furchtbar, dass er mir schlagartig die Tragik meines jämmerlichen Daseins bewusst macht.

Ich bin ein Niemand, ein Henker, ein Tier, nicht fähig zu lieben, habe kein Mitgefühl, bringe nur Leid und Tod. Und obwohl ich mich nach Wärme, nach Licht, nach Sonne sehne, muss ich im Dunkeln vegetieren. Es ist nur gerecht, dass ich endlich meinen verdienten Lohn bekomme. In der Tochter dieses Menschen hatte ich mein Gegenstück gefunden. Sie war diejenige, die ich schon seit Jahrhunderten suchte und wäre eine würdige Gefährtin für mich gewesen. Während ich mich über sie beugte und von ihrem Blut trank, erwischte er uns. Ich hörte ihn gar nicht kommen, weil der Blutrausch meine Sinne betäubte. Als ich mich umblickte, war es zu spät. Nicht für mich, sondern für sie.

Nun habe ich alles verloren und kann nur noch warten, bis das Beil, das der Verzweifelte vom Boden aufhebt, meinen Kopf vom Rumpf trennt. Ich kann und will nicht mehr. Ich schließe die Augen und denke zurück.

Mitten hinein in den Dreißigjährigen Krieg, in all das Leid und die Verzweiflung, wurde ich geboren. Das Jahr 1639 war zur Hälfte vergangen, da erblickte ich in einem Bauernhaus in Sachsen das Licht der Welt. Das Grauen sollte noch weitere neun Jahre andauern. Die Menschen litten unter Entbehrungen, Krankheiten und Hungersnöten.
Ich war kein fröhliches Kind. Meine Eltern starben früh und so wuchs ich bei meiner Tante und meinem Onkel auf. Harte Arbeit war mein Brot. Schon im Alter von sechs Jahren musste ich die Tiere füttern, den Stall ausmisten und das Haus sauber halten. Mein Tag begann gegen sechs Uhr früh und endete um acht Uhr am Abend. Während der Arbeit überfiel mich die Müdigkeit oft so dramatisch, dass ich mich im Stall in eine Ecke verkroch und im Heu einschlief. Doch meine Tante fand mich jedes Mal und schlug erbarmungslos auf mich ein. Den ersten Schmerz betäubte der Schlaf. Nach dem Erwachen trafen mich ihre Schläge dann umso heftiger.
Als ich neun Jahre alt geworden war, beendete endlich der Westfälische Friede diesen unseligen Krieg. Das Land atmete auf und leckte seine Wunden. Für mich war das Martyrium noch lange nicht zu Ende. Erst vier Jahre später fand ich eine günstige Gelegenheit zur Flucht und schloss mich einem Wanderzirkus an. Die Gaukler behandelten mich gut. Ich musste zwar hart arbeiten, aber das war ich ja gewohnt, im Gegenzug bekam ich Unterkunft und Verpflegung. Und niemals mehr wurde ich geschlagen. Doch auch hier fand ich nicht die erhoffte Geborgenheit. Die Idylle dauerte ganze sieben Jahre und endete jäh, als der Clown des Zirkus´ mich eines Tages völlig zu Unrecht beschuldigte, seine goldene Kette gestohlen zu haben. In Würzburg, das auf unserem Wege lag, warf man mich in den Kerker. Man hätte mich dort

wohl vergessen, wenn ich nicht Monate später von einem Schattenwesen befreit worden wäre.
Miranda hatte eine geradezu animalische Anziehungskraft auf Männer. Sie spielte mit meinen Wächtern wie eine Katze mit ihrer Beute. Diese folgten ihr wie junge Hunde überall hin, auch nach draußen. Was dort geschah, entzog sich meinen Blicken. Das Einzige, was ich vernahm, waren Todesschreie. Dann war es still.
Ich glaubte schon, ein Trugbild hätte mich genarrt, als sie plötzlich vor meiner Zellentüre stand. Süß wie Honig tropfte ihre Stimme in mein Ohr:
»Ich will dich.«
Während sie das sagte, löste sich eine Locke ihres schulterlangen Haares und fiel bis auf ihre Stirn herab. Genervt pustete sie die vorwitzige Strähne zurück auf den feurigen Teppich aus weichen Locken, der ihren ganzen Kopf bedeckte, und lächelte. Ihr Gesicht war so rein und klar, wie ich noch keines gesehen hatte. Ihr Mund öffnete sich - er ähnelte einer feuerroten Rose - und flüsterte zum zweiten Mal die Worte: »Ich will dich«, dieses Mal energischer als beim ersten Mal.
Ich schloss die Augen, inhalierte den Rosenduft, der sich aus ihrem Körper befreite und konnte an nichts anderes mehr denken, als sie zu besitzen. Alles an ihr war Verführung. Sie war so schön, dass selbst die Blutspuren, die ich in ihren Mundwinkeln entdeckte, mir keine Angst einjagten. Mit einem überirdischen Lächeln öffnete sie meine Zellentür.
Ich war ein Jüngling von gerade mal 21 Jahren, der noch nichts von Frauen wusste. Als ihre Schulter meinen Arm streifte, bebte mein Körper wie eine Götterspeise. Ich fühlte, wie die Hitze mein Gesicht mit einer purpurroten Patina überzog. In Mirandas Augen sah ich die reine Wollust aufblitzen. Ich hatte das Gefühl, dass meine Unerfahrenheit sie erregte. Ohne ein weiteres Wort zu sagen, führte sie mich hinaus in die Nacht.
Was dann geschah, kann ich nur bruchstückhaft wiedergeben. Es liegt im Nebel. Auf einem freien Feld fiel sie über mich

her. Im fahlen Mondlicht konnte ich ihre langen Eckzähne erkennen, die sich in meinen Hals gruben. Ich schrie und wehrte mich heftig, jedoch nur anfangs, dann fand ich Gefallen daran und ließ es geschehen. Ein Verlangen, mich ganz ihr hinzugeben, und eine heiße Sehnsucht nach dem Tode überkamen mich.

Ich erwachte in totaler Finsternis. Es schien mir so, als wäre ich lebendig begraben worden. Ein Geruch nach feuchter Erde und Moder umgab mich. Als ich die Hand ausstreckte, spürte ich, dass ich in einer engen Kiste lag. Ich schrie und strampelte so lange, bis die schöne Miranda mich daraus befreite.

Sie legte ihren Zeigefinger an den Mund und sah mich durchdringend an. Auf einmal verstand ich sie, ohne dass wir miteinander redeten. Ich konnte ihre Gedanken lesen.

Sie machte mich zu ihrem Geliebten und lehrte mich, wie ich meinen Durst nach Blut zügeln konnte, um nicht aufzufallen. Sie wies mich in die Menschenjagd ein. Mit jedem Blutstropfen, den ich trank, spürte ich, wie meine Kräfte wuchsen. Eine Energie, die mir zu Lebzeiten versagt gewesen war, bemächtigte sich meiner.

Die ersten Jahre genoss ich meine Überlegenheit. Meine Sinne waren denen der Menschen weit überlegen. Ich war stark, roch Blut kilometerweit, sah nachts schärfer als eine Eule, bewegte mich schneller als ein Gepard, konnte Gedanken lesen und die Schönheit meines Körpers machte mich unwiderstehlich für jedes menschliche Wesen. Es bereitete mir Spaß, meine Beute zu jagen und mit ihr zu spielen. Oft hob ich mir meine Opfer bis zur letzten Minute auf. Es erregte mich, wenn ich meine Zähne in ihre Hälse bohrte, während ihre Schreie Multiorgasmen bei mir auslösten.

Dann aber kam der Tag, an dem ich spürte, dass ich lebendig begraben war. Ich war tot und doch wieder nicht. Nie konnte ich mehr die Sonne sehen, eine Blüte betrachten, all die Farben erkennen, die der Tag mit sich brachte. Das Leben, das

ich führte, war keines. Das fahle Mondlicht und die Geschöpfe der Nacht umgaben mich wie ein Fluch.
Tage wurden zu Wochen, Wochen zu Monaten, Monate zu Jahren, Jahre zu Jahrzehnten. Es war die Zeit der großen Hexenprozesse. Miranda, meine Gefährtin, wurde gefasst und den Flammen des Feuers übergeben. Vor ihr und nach ihr sah ich viele Menschen sterben. Doch nie hat ein Tod mich so berührt wie der ihre.
Weil ich nicht allein bleiben wollte, suchte ich verzweifelt nach einer neuen Gefährtin. Doch keine war so schön und grausam wie Miranda. Ruhelos durchstreifte ich das ganze Land. Manchmal dachte ich: Das ist sie. Dann aber störte mich eine Kleinigkeit, und ich blieb allein. Keine Sterbliche empfand ich für würdig, Miranda zu ersetzen. Also verbrachte ich meine Nächte einsam: die vielen, vielen Nächte.
Darüber vergingen 300 Jahre.
Heute sah ich sie endlich, die, die meinem kritischen Auge standhielt. Sie allein konnte Mirandas Stelle einnehmen.
Der Tag neigte sich seinem Ende zu. Gelangweilt ging ich durch die Straßen des kleinen Ortes an der Ostsee. Es war wieder einmal Krieg, doch hier auf dem Lande merkte man noch nichts davon. Sie saß vor ihrer Haustür und sang. Ihre Stimme war so klar und rein wie der Morgentau. Ihr Geruch erinnerte mich an weiße Lilien, und wie eine Lilie so weiß war ihre Haut. Benommen versteckte ich mich hinter einem Gebüsch und lauschte ihrem Gesang fast eine viertel Stunde lang. Inzwischen war es dunkel geworden, und sie begab sich ins Haus.
Vorsichtig ging ich ihr nach. Als sie mich gewahrte, weiteten sich ihre sternklaren Augen, und sie wich zurück. Sofort setzte ich meine hypnotische Kraft ein und sie flog in meine Arme, so als hätte sie nur auf mich gewartet. Im Schlafzimmer ließ sie sich lautlos aufs Bett fallen. Wie sie so dalag, lasziv sich räkelnd, wusste ich, dass sie reif zum Pflücken war. Durch ihre dünne Bluse vernahm ich ihren wilden Herzschlag. Mein Blick wanderte nach oben. Das Pulsieren ihrer

Halsschlagader erregte mich so stark, dass ich in einen regelrechten Rausch verfiel. Doch es war nicht nur Gier, die mich antrieb, nein, da war noch etwas anderes: Ein Gefühl, sie beschützen zu wollen, sie nie wieder herzugeben, bemächtigte sich meiner. Zuletzt kam es mir so vor, als wäre nicht sie mir, sondern ich ihr hörig. Wir lagen nebeneinander wie zwei Kreaturen, die durch eine unsichtbare Mauer voneinander getrennt sind – zum Greifen nah und doch Lichtjahre voneinander entfernt. Ich neidete ihr ihre Sterblichkeit und genoss ihre Anwesenheit. Es fühlte sich gut an. Ich hatte das Gefühl, dass ihre Menschlichkeit mich besiegte, dass sie stärker war als all meine Kräfte.

Ohne meine Macht einzusetzen, ließ ich mir Zeit, fast bis zum Morgen, dann nahm ich sie. Ihre Gegenwehr war nur schwach. Schließlich ließ sie sich fallen und empfing meine Zähne, die sich in ihren Hals gruben, mit einem leisen Stöhnen. Im Gegenzug dazu machte sie mir ihr Blut zum Geschenk. Bald tränkte es das weiße Betttuch, auf dem sie lag. Ich musste dafür sorgen, dass sie nicht starb. Also gab ich - wie ein blutsaugendes Insekt - ein wenig von meinem Gift in ihre Blutbahn. Das sollte sie wieder zum Leben erwecken, nachdem sie gestorben war.

Auf einmal tauchte ihr Vater auf. Wütend warf er sich auf mich, dabei stolperte er und verletzte sich am Bein. Das Beil, das er in der Hand hielt und mir galt, entglitt ihm, flog durch die Luft und trennte seiner lieblichen Tochter, die sich benommen aufgerichtet hatte, den Kopf ab.

Er schrie! Ich schrie, während der Kopf meiner Geliebten unter das Bett rollte.

Das geschah vor wenigen Sekunden. Nun schauen wir uns beide blind vor Wut in die Augen. Jeder macht den anderen verantwortlich dafür, ihm das Beste im Leben genommen zu haben.

Fassungslos stehen wir uns gegenüber, können es nicht glauben, was eben geschehen ist. Ich lese in seinen Gedanken,

dass er liebend gern mit ihr getauscht hätte. Und obwohl es ein Unfall war, gibt er mir die Schuld daran.
Jetzt wäre der richtige Zeitpunkt, mich auf ihn zu stürzen, doch ich bin nicht imstande dazu. Mein Zögern ist seine Chance. Der Schrei, der aus seiner Kehle kommt, ist das Letzte, was ich höre.
Das Beil fliegt durch die Luft. Mit voller Wucht trifft es mich. Ich spüre keinen Schmerz. Mein Kopf fällt auf den Boden und hält erst inne, als er an das Gesicht meiner Geliebten stößt. Unsere Lippen berühren sich zu einem letzten Kuss, dann wird es dunkel um mich herum.
Ich bin erlöst.

Erinnerungen: Rot wie die Liebe und schwarz wie der Tod

Tamara Wiegand

Zurück in ihrer Heimatstadt Bochum, erinnerte sie sich an Thomas und ihre Zeit zusammen: Als sie sich kennen lernten, lebte sie hier. Er war auf einer Geschäftsreise, als sie sich in dem zu der Zeit beliebtesten Café der Stadt zum ersten Mal sahen. Obwohl einige Tische nicht belegt waren, fragte er höflich, ob er sich zu ihr setzen dürfe. Sie sah ihn an und hatte nichts dagegen.
Er bestellte ebenfalls einen Kaffee und sie kamen ins Gespräch. Ihr Gegenüber war ein durchaus attraktiver und stattlicher Mann. Sie wusste, dass sie selbst auch hübsch war und viele Männerblicke auf sich zog. Im Moment hatte sie keinen festen Freund und war nicht abgeneigt, einen neuen Freund zu bekommen. Altersmäßig, so schätzte sie, war er wahrscheinlich etwas älter als sie.
Er stellte sich vor: „Mein Name ist Thomas Loger, ich wohne in der Nähe von Emden."
Sie erwiderte, sie hieße Sabine Hansen und sei hier in Bochum zuhause. Im Laufe des Gespräches erfuhr sie, dass er geschäftlich in Bochum zu tun hatte. Er arbeitete als Ingenieur in einer Firma, der Windkraftanlagen baute. Sie erfuhr, dass in Norddeutschland schon viele dieser Anlagen in Betrieb seien. Diese neue umweltfreundliche Energiequelle sollte demnächst überall eingesetzt werden. Er sagte, dass er leitender Ingenieur seiner Firma sei und Verhandlungen mit den Kommunen führe.
„Frau Hansen, ich bin noch eine Woche hier in Bochum. Ich wohne im Hotel Ibis und möchte sie gerne wiedersehen. Kann ich da hoffen?"
„Herr Loger, ich hätte nichts dagegen; ich arbeite bis siebzehn Uhr. Über ein Wiedersehen würde ich mich ebenfalls freuen."

Mittlerweile war es schon 19.30 Uhr, und das Café schloss. Sie verabschiedeten sich. Sabine wollte noch etwas einkaufen und dann nachhause fahren. Ihren roten Opel hatte sie vor dem Café parken können. Es war nicht sehr weit bis zu ihrer Wohnung. Sie war freudig erregt und stellte das Radio an. Leise sang sie die Melodie mit. ‚Der Mann gefällt mir', dachte sie. Als sie nach dem Einkaufen zuhause ankam, rief sie ihre Freundin Ingrid an und erzählte ihr von der Bekanntschaft.
Am nächsten Morgen wachte sie mit guter Laune auf. Lange hatte sie sich nicht mehr so wohl gefühlt. Sie zog sich diesmal besonders chic an, weil sie nach ihrem Feierabend pünktlich im Café sein wollte. Ihre Kolleginnen und Kollegen bewunderten ihr Outfit und auch der Chef fand, dass sie heute sehr gut aussehe. Sie hatte ihr neues, mohnfahrbenes Kostüm angezogen, das ihre Figur betonte, und dazu High Heels in der gleichen Farbe, die ihre schönen Beine noch länger erschienen ließen. Die langen, schwarzen Haare trug sie offen und ihre tiefbraunen Augen leuchteten.
Sie ging sofort zum Angriff über und fragte ihren Chef: "Herr Münch, kann ich sie gleich einmal sprechen? Es ist eine private Angelegenheit."
„Natürlich Frau Hansen, sie können gleich um neun Uhr kommen. Da habe ich Zeit für sie."
„Danke Herr Münch, nett von ihnen."
Ihre beste Kollegin Karin fragte sie, ob sie etwas Besonders vorhatte. Sabine bat sie, noch etwas abzuwarten. Sie würde es ihr später erzählen.
Punkt neun Uhr klopfte sie bei ihrem Chef an und wurde hineingebeten.
„Herr Münch, ich habe eine Frage. Wenn ich nach Norddeutschland gehe, kann ich damit rechnen, dass ich bei der dortigen Sparkasse einen Arbeitsplatz bekomme? Es besteht die Möglichkeit, dass ich heiraten werde und dann in die Nähe von Emden ziehen muss. Ich arbeite schon seit meiner Lehrzeit in der Sparkasse. Ich wäre ihnen sehr verbunden, wenn sie dies mit dem Herrn Direktor klären könnten."

„Frau Hansen, erst einmal meinen herzlichen Glückwunsch zur anstehenden Vermählung. Natürlich werde ich die Angelegenheit klären. Aber ich bedauere, dass sie uns verlassen werden."
„Ich danke ihnen sehr, Herr Münch. Ich hoffe auf einen positiven Bescheid."
Nun hatte sie Zeit, Karin die ganze Geschichte zu erzählen. Diese freute sich für Sabine zweifelte jedoch, ob sie nicht zu überstürzt gehandelt habe, da sie Thomas ja erst seit gestern kenne.
Der Tag zog sich hin und trotz vieler Arbeit hatte Sabine das Gefühl, dass die Zeit langsamer verginge. Doch dann war endlich siebzehn Uhr und sie hatten alle Feierabend. Sie warf allen ein fröhliches ‚Bis morgen allerseits' zu und fuhr auf dem schnellsten Weg zu dem Café. Dort erwartete sie schon Thomas mit einem großen Strauß roter Rosen.
„Hallo, liebste Sabine, ich bin so froh, Sie zu sehen. Sie sehen bezaubernd aus. Der Tag wollte gar nicht zu Ende gehen. Aber nun sind wir hier. Kennen sie ein nettes Lokal, wo wir gemütlich etwas essen können?"
„Aber natürlich, ich kenne einen Italiener mit einem sehr guten Essen. Mögen sie denn die italienische Küche?"
„Perfekt. Das ist genau das Richtige. Dann trinken wir hier noch einen Kaffee und vielleicht mögen sie noch ein Stück Kuchen? Ich würde mich freuen, wenn ich noch kurz ins Hotel gehen könnte, um mich frisch zu machen."
„Ja, ein wenig Kuchen wäre gut. Ich werde dann auch noch zuhause vorbeifahren und mich umziehen und vor allen Dingen die wunderschönen Rosen versorgen. Wenn es ihnen um zwanzig Uhr passen würde, werde ich da sein."
„Sehr gut, ich freue mich schon jetzt auf unseren Abend."
Sabine fuhr nach ihrer Verabschiedung mit dem besten Gefühl nach Hause. Sie war sich sicher, dass es heute zu einer Entscheidung kommen würde. Sie machte sich frisch und schminkte sich ein wenig mehr. Dann schaute sie in den Spiegel und dachte: ‚so werde ich ihm bestimmt gefallen.'

Sabine ließ ihren Wagen zu Hause und nahm ein Taxi. In der Hotelhalle sah sie Thomas, der sofort auf sie zukam.
„Sabine, sie sehen wunderschön aus. Wenn sie mögen, kann ich gleich ein Taxi bestellen und ich muss gestehen, dass ich tatsächlich Appetit auf etwas Warmes habe."
„Das ist mir recht und ich garantiere ihnen, Thomas, dass ihnen das Essen schmecken wird."
Zehn Minuten später waren sie schon am Restaurant. Er zahlte und begleitete sie dann zum Eingang, hielt ihr höflich die Tür auf und der Kellner geleitete sie an einen besonders gut platzierten Tisch. Er brachte ihnen die Speisekarte und empfahl ihnen einen besonders guten italienischen Rotwein."
„Sabine, möchten sie ein Glas Rotwein?"
Sie nickte zustimmend.
Der Kellner den Wein und Thomas kostete ihn. Es war eine gute Empfehlung. Als die Gläser gefüllt waren, bestellten sie ihr Essen. und reichte ihnen die Speisekarten. Unabhängig voneinander entschieden sie sich für einen Grillteller. Davor bekamen sie erst einmal einen wohlschmeckenden Salat.
„Das ist ja toll, wir haben sogar den gleichen Geschmack", lachte Thomas. Er nahm ihre Hand, hauchte einen Handkuss darauf und sagte: „Liebe Sabine, können wir das förmliche Sie nicht vergessen?"
Ihr Kopf war sehr nahe und er umfasste sie und gab ihr einen leidenschaftlichen Kuss, den sie ebenso leidenschaftlich erwiderte.
Thomas erhob sein Glas. „Auf meine Sabine!", sagte er und leerte es.
Das Essen war köstlich. Thomas bestellte noch eine Flasche von dem Wein und ein Dessert.
Sabine erfuhr, dass er achtunddreißig Jahre und alleinstehend war. Sie sagte ihm, dass sie vierunddreißig Jahre alt und ebenfalls alleinstehend sei. An eine Heirat habe sie noch nie gedacht. Sie liebe ihren Beruf und die Freiheit. Sie habe ihre Eltern durch einen Verkehrsunfall verloren und war somit eigentlich schon früh auf sich allein gestellt. Nähere Ver-

wandte habe sie nicht hier in der Nähe. Die einzige Schwester ihrer Mutter wohne in New York und sei dort eine bekannte Designerin. Väterlicherseits kenne sie keine Angehörige, da ihr Vater ein Einzelkind war und die Großeltern ebenfalls verstorben seien. Sie habe eine gute Freundin, die allerdings nächsten Monat heiraten und nach Hannover ziehen wird.
Thomas hörte ihr interessiert und mit einem Lächeln im Gesicht zu. Er nahm ihre Hand und sagte: "Liebste Sabine, ich will dich nicht überfallen, aber kannst du dir vorstellen, mit mir nach Emden zu kommen und meine Frau zu werden? Ich liebe dich und es ist mir ernst. Du musst bei mir nicht arbeiten gehen. Ich kann gut für uns alleine sorgen. Eine Frau wie du ist mir noch nie begegnet. Bei dir bin ich mir so sicher, dass du für mich die richtige Frau bist, mit der ich glücklich sein werde."
Sabine schaute ihn liebevoll an und sagte: „Thomas, ich fühle genauso wie du und ich liebe dich ebenfalls. Ich glaube, ich werde mit dir glücklich sein. Es gibt nichts, was mich hier in Bochum hält."
Voller Freude nahm er ihre beiden Hände und küsste jeden einzelnen Finger. Sein Gesicht strahlte.
An diesem Abend fuhr Thomas mit Sabine in ihre Wohnung. Beide konnten den Moment ihrer Liebe kaum erwarten. Es war, als würden sie sich schon immer kennen, so nah waren sie sich. Eine Liebe auf den ersten Blick … Sabine war noch nie so glücklich. Die Nacht war nur für sie Zwei da. Gegen Morgen schliefen sie endlich ein.
Der Wecker weckte sie beide um sieben Uhr. Sie waren überhaupt nicht müde. Sabine deckte den Frühstückstisch, während Thomas im Bad war. Sie begrüßte ihn mit einem fröhlichen Lachen: „Guten Morgen, mein Liebster." Thomas nahm sie in die Arme und erwiderte:
"Guten Morgen!, Was hast du denn schon alles gezaubert! Es sieht vorzüglich aus."
Thomas und Sabine kamen überein, dass er die Woche nicht mehr im Hotel bleiben würde, sondern bei Sabine wohnte.

Gleich nachmittags wollten sie diesen Umzug vollziehen. Sabine fuhr ihn vor der Arbeit zum Hotel. Sie hatte noch etwas Zeit und rief ihre Freundin Ingrid an. Diese war natürlich gespannt und wollte wissen, wie der Abend mit Thomas gewesen war. Sabine sagte nur, es sei der Mann, für den sie ihn gehalten habe. „Wir sind beide sehr glücklich und er hat mich gebeten, seine Frau zu werden.
„Was willst du nun machen?“, fragte Ingrid
„Ich habe Ja gesagt und ich möchte, so schnell es geht, zu ihm ziehen. Eine Woche wird er in meiner Wohnung wohnen. Alles Weitere werden wir heute Abend noch besprechen. Nun muss ich aber Schluss machen, sonst komme ich noch zu spät zur Arbeit. Ich melde mich, okay?“
Fröhlich kam sie mit einem „Guten Morgen allerseits!“ in die Bank.
Karin, ihre beste Kollegin, fragte, wie es war.
„Alles bestens, ich werde nach Norddeutschland ziehen. In der Mittagspause erzähle ich dir mehr.“
Mittlerweile kam auch der Chef und begrüßte seine Mitarbeiter. Dann wandte er sich Sabine zu: „Frau Hansen, können sie gegen zehn Uhr in mein Büro kommen.“
„Natürlich, Herr Münch, sehr gerne.“
Sabine überlegte, ob er womöglich jetzt schon etwas über eine Versetzung nach Norddeutschland in Erfahrung gebracht haben könnte. Sie konzentrierte sich aber erst mal ganz auf ihre Arbeit und dachte nicht mehr an die bevorstehende Veränderung in ihrem Leben. Trotzdem hatte sie das Gefühl, auf rosaroten Wolken zu gehen und freute sich wahnsinnig auf den Nachmittag. Um halb sechs wird sie Thomas vom Hotel abholen und mit ihm in ihre Wohnung fahren.
Pünktlich um zehn Uhr klopfte sie bei ihrem Chef an und wurde hineingebeten.
„Hallo, Frau Hansen, ich hatte gestern Abend Gelegenheit mit Herrn Direktor Kuhn über ihre Versetzung zu sprechen. Er hat mir versichert, dass sie sehr wohl in Emden bei der

Sparkasse arbeiten können. Er bedauert es ebenso wie ich, dass wir sie hier verlieren werden, doch ihr Glück liegt ihm ebenfalls am Herzen."

„Ganz lieben Dank, Herr Münch", lachte Sabine befreit auf. „Ich werde mich bei Herrn Kuhn noch bedanken. Ich möchte in zwei Monaten umziehen."

„Kein Problem, in drei Monaten geht eine Mitarbeiterin in den Ruhestand. Die Filiale befindet sich in Aurich, einem schönen Städtchen in der Nähe von Emden. Bis dahin haben sie sicher ihre Angelegenheiten geregelt und ich bin mir sicher, sie werden sich dort wohlfühlen."

In der Mittagspause erzählte Sabine ihrer Kollegin, wie gut alles gelaufen war. Diese freute sich für sie. Nur ein Problem machte Sabine zu schaffen. Thomas wollte nicht, dass sie arbeiten geht.

„Ach Karin, das wird er sicher noch einsehen. Er weiß ja, dass ich ohne Arbeit nicht sein kann."

„Wenn er dich wirklich so liebt, wird er schon keine Schwierigkeiten machen", meinte Karin.

Die Arbeitszeit verging diesmal wie im Flug. Um siebzehn Uhr fuhr Sabine zum Hotel, um Thomas abzuholen. Er hatte schon alles Gepäck bereitgestellt und ausgecheckt. In Sabines Wohnung angekommen, fielen sie sich in die Arme, und Thomas fragte Sabine:

„Gehen wir beim Italiener etwas essen, was denkst du?"

„Gerne, ich finde das Lokal sehr gemütlich und das Essen ist auch vorzüglich."

„Aber mit einem Taxi. Mir ist nach Feiern zu Mute."

„Okay, ich feiere gerne mit", lachte Sabine.

Sie machten sich frisch und Sabine holte sich ein besonders schönes Kleid aus dem Schrank. Thomas war wie immer super angezogen.

„Wow, du siehst fantastisch aus. Ich habe die schönste Frau der Welt!" Thomas nahm Sabine in die Arme „Ich habe dir etwas mitgebracht. Schließe bitte deine Augen." Dann streifte er etwas Kühles über den Finger ihrer linken Hand. Sabine öffnete die Augen und sah einen Ring, der traumhaft schön war. Ein Brillant war umgeben mit einem Kranz dunkelroter Rubine.

„Ich möchte, dass du ihn trägst; er soll dich daran erinnern, dass du zu mir gehörst. Ich hoffe, dass du einverstanden bist."

„Thomas, der ist wunderschön. Auf der Arbeit werden sicher alle staunen." Sie küsste ihn zärtlich und sagte ihm, wie glücklich sie sei.

Das Taxi kam gegen einundzwanzig Uhr und sie fuhren zum Italiener. Der Kellner erkannte sie und brachte sie wieder an einen sehr gemütlichen Tisch. Der Wein war schnell ausgesucht, das Essen ebenso. Und das Paar war. Das konnte jeder sehen.

Thomas fragte Sabine, wie ihr Tag gewesen sei. Sie erzählte ihm alles und bat ihn zu verstehen, dass sie noch arbeiten wolle.

„Du wirst es nicht glauben, meine Liebste, ich wohne in Aurich. Dort habe ich eine Eigentumswohnung. Wir können es ja erst einmal versuchen, dass du arbeiten gehst. Ich bin natürlich beruflich auch immer viel unterwegs. Wir heiraten nächsten Monat, und können den Umzug vorbereiten.

„Da fällt mir aber ein Stein vom Herzen, ich dachte, du wärest darüber ärgerlich, dass ich arbeiten möchte."

„Nein, beginnen wir unsere Ehe eben so, alles Weitere wird sich finden. Ich habe dir noch nicht gesagt, dass ich eigentlich ohne Verwandtschaft bin. Meine Eltern sind geschieden und ich bin bei den Großeltern in Leipzig aufgewachsen. Schon vor der Wende kam ich nach Deutschland. Mit Vater und Mutter habe ich keinerlei Kontakte. Geschwister gibt es ebenfalls keine. Ich denke, es passt alles gut zueinander."

Als sie wieder zuhause waren … So war Sabine noch nie geliebt worden …

Die erste Woche verging und Thomas musste zurück nach Emden.

Sabine hatte noch eine Woche Urlaub und so konnte sie sich von ihren Kolleginnen und Kollegen verabschieden. Sie lud alle zum Essen beim Italiener ein und es wurde ein schöner Abschiedsabend. Der Chef überreichte ihr einen herrlichen Strauß roter Rosen und wünschte ihr für die Zukunft alles Glück dieser Welt. Sie freute sich, denn ihr war bewusst, dass sie sehr beliebt war und er es ehrlich meinte. Stolz trug sie ihren Verlobungsring, der immer wieder bewundert wurde.
Am Wochenende war Thomas dann wieder in Bochum und sie bereiteten ihren Umzug vor. Schon jetzt erlebten sie ihre Flitterwochen. Sie gingen natürlich zusammen zur Hochzeit ihrer besten Freundin Ingrid. Ingrid und ihr Mann Peter verstanden sich auf Anhieb.
Sabine und Thomas wollten in Aurich heiraten und Ingrid und ihr Mann würden Trauzeugen sein.
Die Hochzeitsreise musste um ein halbes Jahr verschoben werden, da Thomas beruflich sehr eingespannt war. Sie würde aber im Winter nachgeholt werden. Thomas konnte dann Urlaub bekommen und Sabine sicher auch. Sie würden auf die Bahamas fliegen. Beide liebten die Sonne und das Meer.
Am neuen Arbeitsplatz fühlte sich Sabine sofort wohl. Die neuen Kolleginnen und Kollegen waren alle sehr nett. An die Sprache musste sie sich noch gewöhnen. Das würde ihr jedoch nicht schwerfallen. So kam langsam Rhythmus in ihre Ehe. Thomas war am Wochenende in der Regel zuhause. Er brachte ihr immer einen großen Strauß roter Rosen mit. Die beiden unternahmen viel. Sie besuchten mit der Fähre die naheliegenden Nordseeinseln. Borkum gefiel Sabine besonders gut. So waren die Wochenenden wie kleine Urlaube. Emden war zwar nicht groß, doch man konnte dort auch sehr gut ausgehen. Beide tanzten gerne und es war, als hätten sie schon immer gemeinsam getanzt.
Alles war perfekt, doch Sabine bekam oft ein nicht erklärbares Gefühl. Darüber sprach sie mit niemanden. Sie versuchte, diese Gedanken immer wegzuschieben.

Aurich war viel kleiner, doch auch hier fühlte sie sich wohl. Durch ihren Beruf lernte sie viele Leute kennen. Die meisten Einwohner hatten ihre Konten bei der Sparkasse.
Ein Freund von Thomas besaß ein Boot und sie fuhren mit ihm bis nach Groningen in Holland. Dort konnte man in den Boutiquen gut einkaufen. Björn Reiser Freund war nicht verheiratet und arbeitete in der Firma als Ingenieur, genau wie Thomas. Er war mit Rolf liiert, mit dem sich Sabine ebenfalls gut verstand. Die Homosexualität der beiden machte ihr nichts aus. Björn war ein passionierter Bootsfahrer und werkelte viel an seinem Boot. Er hatte alle Patente und fuhr mit Rolf bis Südfrankreich in Urlaub.
So erlebte Sabine eine glückliche und angenehme Zeit. Den Schritt, Thomas zu heiraten, hatte sie nie bereut. Ihre Freundin kam mindestens zweimal im Jahr mit ihrem Mann Peter zu Besuch. Björn freute sich jedes Mal, ihnen allen mit seinem Boot die Inseln zu zeigen. Thomas und Sabine hatten ein erfülltes Eheleben. Sie hatte nun alles, Liebe, Sonne und das Meer.
Sie waren schon fünfzehn Jahre verheiratet, als das Unglück passierte. Thomas war auf einer Geschäftsreise und hatte einen schweren Verkehrsunfall, den er nicht überlebte. Sabine fiel in eine tiefe Depression und konnte ihren Beruf vorerst nicht mehr ausüben. Sie kam immer wieder in die Klinik und man versuchte alles, um ihr zu helfen. Doch sie konnte sich nicht fangen. Ihr war es unmöglich, in Aurich zu bleiben, wo sie so viel an Thomas erinnerte.
Finanziell war Sabine durch Thomas abgesichert. Doch alle hofften, dass sie wieder nach einer gewissen Erholungszeit arbeiten könnte. Sie musste täglich Medikamente gegen ihre Depressionen nehmen. Sie dachte immer nur, das Leben mit Thomas war zu wunderbar und es musste einfach zu diesem schrecklichen Ende kommen. So viel Glück zu haben, ließe das Schicksal nicht zu. Ihr gemeinsamer Freund Björn gab sich alle Mühe, sie von dieser fixen Idee zu befreien. Sabine

hatte ihr Selbstbewusstsein verloren. Die Psychologen und Neurologen waren ratlos. Sie wollte nur noch weg.
Ingrid und Peter halfen Sabine, die Wohnung in Aurich aufzulösen. Sie standen ihr auch zur Seite bei der Suche einer Wohnung in ihrer Heimatstadt Bochum. Sie wollte alles mit neuem Mobiliar einrichten. Sie glaubte, dass das für sie das Beste wäre. Sabine erhoffte sich dort eine Heilung ihrer Depression. Es gab in Bochum sehr gute und auch bekannte Psychologen und Kliniken. Sie war immer noch eine schöne Frau und pflegte sich nach wie vor. Doch es war reine Routine. Sie kannte es nicht anders. Ihren Schmuck trug sie auch. Den Ehering und ihren geliebten Rubinring. Das passte immer zu ihrem sonstigen wertvollen Schmuck. Die meiste Kleidung hatte sie in allen Rotnuancen. Das war nun mal die Farbe, die sie am besten aussehen ließ. Doch Sabines Augen hatten jeden Glanz verloren.

Ihre neue Wohnung war zentral gelegen – gut so, denn Auto fahren war bei den ganzen Antidepressiva nicht möglich. Sie hatte ihren eigenen Opel und Thomas' Mercedes verkauft. Finanziell war sie durch die Lebensversicherung ihres Mannes und den Verkauf der Eigentumswohnung ausreichend versorgt.
Sabine war wieder zuhause. Doch hier hatte sich alles verändert. Die Stadt war ihr fremd geworden. Sie selbst fühlte sich einsam und allein in einem Ort, den sie nicht mehr kannte. Die einstigen Kolleginnen und Kollegen waren auch nicht mehr bei der Sparkasse beschäftigt, wo sie früher gearbeitet hatte. Was ihr blieb, waren die Ärzte und Therapeuten, die versuchten, ihr wieder Lebensmut zu geben.

wie das Leben

Blutrot

Ursula Kötz-Tintelnot

Sich verlieren, im Gewirr enger Straßen. Hohe Mauern verbergen geheime Gärten. Schmale Gassen, dunkle Durchgänge. Licht hinter halb geöffneten Türen. Dunkle Fensterhöhlen. Laternen wie Monde. Nebel wabert, Wasser unter den Füßen. Acqua alta. Die dunkle Flut steigt. Unruhige Wellen. Masken, rötlich im Dunst. Farben, grelles Gelb, tiefes Violett. Samtige, weiche Gewänder streicheln, berühren. Silber und Gold, schwankende Federbüsche.

Ihre Hände greifen ins Leere. Hinter Augenschlitzen pupillenlose dunkle Höhlen. Kalt und schwarz. Grinsende Masken, verschmierte Lippen, aufgerissene Münder. Lüsterne Blicke, obszöne Gesten. Üble Gerüche, kranke Ausdünstungen. Sie ist mittendrin, verliert sie wieder.

Die hüpfende, singende Meute überrollt sie, verschwindet im Dunst. Tödliche Stille. Feuchte Kühle des Brunnenrandes unter den Händen. Sprudelnder Schwall. Wasser, das aus dem Maul des räudigen Löwen ins grün bemooste Becken quillt. Heißer Atem. Kühle Tropfen im Gesicht. Höhnische Kaskade aus Gelächter. Die Schar kehrt zurück, übermütig und gnadenlos, reißt sie mit, hierhin und dorthin.

Tausend Hände, tausend Münder. Die wilde Horde flutet berauscht über Stufen und Brücken. Hüpfende Lampions. In ihrer Hand eine glühend rote Rose. Neckisch verrenkte Leiber, zerstörerische Lebenslust. Straßenjahrmarkt. Ein bunter Harlekin, verrenkte Glieder, Marionette auf nassem Stein.

Der Rausch ist vorüber, Prinz Karneval verbrannt. Die Farben verblühen. Nickende schwarze Gondeln tauchen auf aus dem Dunst. Der Kanal – tintenschwarz, zieht er an ihr, schürt ihr Verlangen, in seiner Schwärze zu versinken. Die Kanäle Venedigs transportieren alles. Strudel im Wasser.

Kreidiger Pierrot, Kohlestücke im Gesicht, ohne Augen. Pantomime, freche Verbeugung.

Die blutrote Rose in der Hand, geht er davon.

Das rote Handtuch

Sandra Pulletz

„Hast du schon alles für die Klinik gepackt?“ Mama schaute mich ernst an.
„Fast alles!“, sagte ich stolz. Ich gehörte eher zur Fraktion „spontan“, deshalb freute ich mich besonders, dass ich die Reisetasche für die Entbindung bereits fertig hatte, bevor die Wehen einsetzen würden.
„Übrigens habe ich noch etwas für dich!“ Mama reichte mir ein rotes Flanellhandtuch.
„Danke … Wieso denn nur eines? Wir haben doch alle Handtücher in zweifacher Ausführung, Mama!“ Verdutzt blickte ich sie an.
Mama jedoch schmunzelte. „Das ist für jemanden ganz besonderen!“
„Jetzt sprich nicht in Rätseln!“
„Für dein Baby!“ Mama lächelte.
„Ich verstehe nur Bahnhof! Wir haben genug Babyhandtücher gekauft. Aber danke trotzdem!“ Ich warf das Handtuch auf den Sessel neben mir.
„Schätzchen, du sollst das Handtuch mit in die Klinik nehmen!“
„Willst du mich veräppeln?“ Ich schüttelte den Kopf. „Dort gibt es ausreichend Handtücher. Man braucht kein Eigenes mitbringen. Oder war das zu deiner Zeit so üblich?“
„Nein, war es nicht.“ Mama streichelt liebevoll meinen Bauch. „Ich wünschte, ich hätte damals ein rotes Handtuch mitgehabt. Vielleicht wäre es dir dann nach der Geburt besser gegangen.“
Langsam zweifelte ich, ob meine Mama noch ganz bei Trost war. „Was war denn?“
„Du hast dich gar nicht beruhigen wollen und hast so viel geweint.“

„Und du denkst, mit dem Handtuch von zuhause wäre es anders geworden?“
„Mit dem roten Handtuch bestimmt!“ Sie nickte.
„Wieso ausgerechnet rot?“, wollte ich wissen.
„Weil Babys an rötliches Licht im Bauch gewöhnt sind. Eine Geburt bedeutet viel Stress für so ein Wuzerl. Wenn es aber sofort danach in ein rotes Handtuch gewickelt wird, beruhigt sich das Baby wieder. Eben weil die Farbe Rot an die Zeit im Bauch erinnert.“
„Langsam verstehe ich! Der Übergang ins „echte“ Leben soll erleichtert werden.“ Ich lächle. Eine schöne Idee. „Danke, Mama!“
„Gerne! Du wirst bestimmt eine tolle Mutter!“ Mama stand rührselig vor mir.
„Ich will dich noch etwas fragen“, sagte ich. „Würdest du bei der Geburt dabei sein? Mit dir an meiner Seite fühle ich mich viel sicherer.“
Mama hielt sich die Hand ans Herz. „Es wäre mir eine große Ehre!“
„Prima! Dann kann ja nichts mehr schief gehen!“ Glücklich legte ich das rote Handtuch ganz oben in die Kliniktasche. „Ich bin bereit!“

Mehr als eine Lieblingsfarbe

Stella Delaney

Wie gebannt starre ich auf meine Hände. Schüttele den Kopf, wieder und wieder, will nicht glauben, was ich sehe.
Nein. Nein. Nein, nein, nein.
Wie kann ein einzelnes Wort nur so viel Raum einnehmen?
Meine Hände sinken in den Schoss wie im Flug getroffene Vögel, schwach und kraftlos. Meine Augen fixieren die abgetretenen Steinplatten direkt vor mir. Die Risse, den Schmutz, die Spuren von Moos. Mein Blick will sich heben, weitertaumeln, aber ich halte ihn eisern zurück, während mein Verstand verzweifelt nach einem Halt sucht und diesen schließlich findet. Einen Strohhalm. Eine Erinnerung.

„Wie ist dein Name?“
„Vielleicht verrate ich dir den sogar eines Tages.“ Dein amüsiertes, herausforderndes Lächeln war so erfrischend nach all der geheuchelten Unterwürfigkeit, die mir den ganzen Abend entgegengebracht worden war. Oder besser gesagt, meiner Familie, nicht mir.
Erst einige Tage zuvor hatte mich mein Vater in sein Büro bestellt, um mir mit kaltem Blick mitzuteilen, dass ich nun lange genug eine Schande für ihn gewesen wäre.
„Damit ist jetzt Schluss, ein für alle mal. Du bist Teil dieser Familie, also bist du auch Teil des Geschäfts. Ab morgen hörst du auf, dich hinter Büchern zu verstecken, und übernimmst endlich Verantwortung.“
Wie immer duldete sein Ton keinen Widerspruch, und wie immer dachte ich auch gar nicht daran.
Ein Teil des Ganzen. Das sagt sich so leicht. Meine Familie war in viele Geschäfte involviert, doch reich geworden war sie vor allem mit zwei Dingen: Drogen und Prostitution.
Es überraschte mich kaum, dass man mir das knallharte Kerngeschäft nicht zutraute, doch was mich in ihren Augen für das Rotlichtmilieu qualifizierte, entzieht sich bis heute meiner Kenntnis.

Mein älterer Bruder empfing mich dann auch nicht gerade mit offenen Armen. Trotzdem bestand er darauf, dass ein solcher Einstieg gewissen Regeln folgen müsse.
„Lass mal sehen, wieviel Geschäftssinn du wirklich hast." Ich hoffte vergeblich, dass er damit die Buchhaltung meinte.

Zwei oder drei Drinks später fand ich mich in einem kleinen aber wenigstens sauberen Zimmer wieder, zusammen mit dir. Der Mantel landete lässig auf dem Boden, aber als ich versuchte, mein Hemd aufzuknöpfen, wollten mir meine Finger plötzlich nicht mehr gehorchen. Das alles war so unwirklich, wie ein Fiebertraum. Was tat ich überhaupt hier? Und warum?
Dann standst du auf einmal direkt neben mir, deine Hand auf meiner. Seit der kurzen Begrüßung, die bereits Stunden her zu sein schien, hatten wir kein Wort mehr gewechselt.
„Du weißt, dass du das nicht tun muss, oder?"
„Was, wenn doch?" Kann man Worte bereuen, noch bevor man sie ausspricht?
Ein Stirnrunzeln, ein Schritt zurück. „Sag deinem Bruder doch einfach, dass er deinen Geschmack nicht getroffen hat. Dass du ein richtiges Mädchen erwartet hättest."
„Aber du…"
„Ich verdiene mein Geld mit der Tatsache, dass man sich bei Bedarf einreden kann, ich sei jemand, der ich nicht bin." Dein Blick war so intensiv, dass mir warm wurde. „Oh, und daneben bin ich auch noch wirklich gut. Im Reden, und in allem anderen."
Für einen Moment schwiegen wir beide, ich betreten, du abwartend.
„Ich kann gehen", meintest du schließlich. „Und deinem Bruder sagen, dass du seinen kleinen Test sofort durchschaut hast. Oder ich kann bleiben, und du erzählst ihm später, was immer du willst."
„Bleib", entfuhr es mir, fast etwas zu heftig. „Bitte."
Mit einem hauchdünnen, aber ehrlichen Lächeln nahmst du

mir neben mir auf dem Bett Platz, eine vorsichtig kalkulierte Distanz zwischen uns wahrend.
„Du hast mir immer noch nicht deinen Namen verraten." Irgendwie musste ich die Stille füllen.
„Glaub mir, mein Name verrät dir so gut wie nichts. Wenn du mich wirklich kennenlernen willst, solltest du eine andere Frage stellen."
Diese Aussage irritierte mich. In meiner Welt sind Namen alles. Die Vergangenheit, die Zukunft, der Kern von allem, was man ist. „Und welche?"
Deine Antwort kam ohne mit der Wimper zu zucken. „Was ist deine Lieblingsfarbe?"
„Meine… Lieblingsfarbe?" Ich hielt es für einen Scherz, aber du nicktest nur, mit einem Ausdruck auf dem Gesicht, der mich mitten ins Herz traf.
„Ich weiß nicht." Es war mir fast peinlich. „Blau vielleicht…"
So wie deine Augen, wollte ich zunächst hinzufügen.
„Blau." Du liest das Wort auf der Zunge zergehen, als sei es eine Süßigkeit, deren Geschmack du einschätzen wolltest. Dein Blick ruhte immer noch auf mir, tief und unergründlich.
„Verrätst du mir auch deine?" fragte ich schließlich, nur um wieder irgendetwas zu sagen.
Die Antwort kam sofort, mit dem Feuer absoluter Überzeugung: „Rot."
Damals dachte ich, ich hätte verstanden. Aber das hatte ich nicht. Weder die wahre Bedeutung deiner Aussage, noch die Gefühle, die unser Gespräch in mir auslöste. Es dauerte lange, bis ich einsah, dass mir zufällige Begegnungen und gelegentliche Wortwechsel nicht genügten. Es dauerte noch länger zu verstehen, was ich stattdessen wollte.

Ein scharfer Schmerz, und für einen Moment verschwimmt alles vor meinen Augen. Ein Keuchen ist zu hören, jeder Atemzug sticht wie eine Messerklinge. Fast blind, fast taub und mit zittrigen Fingern tastet mein Verstand nach einem weiteren Strohhalm.

Monate später, als wir nebeneinander auf dem Bett lagen, brach es auf einmal aus mir heraus: Dass ich keine Ahnung hatte, wie es weitergehen sollte. Dass ich es meiner Familie rechtmachen musste, aber nicht wusste, wie mir das jemals gelingen sollte. „Sie haben nicht die geringste Ahnung, wer ich wirklich bin, und es interessiert sie auch nicht. Manchmal fühle ich mich, als müsste ich ersticken, als wüsste ich selbst nicht mehr, was ich eigentlich will. Du und ich, das ist das einzige, dessen ich mir absolut sicher bin. Und dass mein Vater mich umbringen würde, wenn er davon wüsste."
Du sahst mich nicht an, aber ich spürte deine Hand in meiner.
„Erinnerst du dich an unser erstes Gespräch? Als du mich nach meiner Lieblingsfarbe gefragt hast?"
Ich nickte nur stumm.
„Rot ist für mich mehr als nur eine Farbe. Es ist eine Erinnerung an einige wichtige Dinge, die ich im Leben gelernt habe. Anders als du hatte ich nie eine Familie, aber immer genug Leute, die versucht haben, mir Vorschriften zu machen. Was meinst du wie oft ich gehört habe, dass es falsch sei Rot zu mögen? Die einen bestanden darauf, dass es eine Mädchenfarbe sei, die anderen, dass es sie an Blut erinnere, und damit an den Tod. Für mich ist beides nicht logisch. Müsste Rot dann nicht viel mehr die Farbe des Lebens sein? Was ist Blut anderes als der Strom des Lebens in unseren Adern? Das ist auch der Grund, warum mir der Anblick meines eigenen Blutes nie Angst gemacht hat."
Ich schauderte, als mir klar wurde, was zwischen deinen Worten stand. In meinem Leben hatte ich schon viel Blut gesehen, viel zu viel, mehr als mir lieb war, und doch hatte es mich nie wirklich berührt. Bis jetzt.
„Ehrlich gesagt hatte ich auch nie wirklich Angst vor dem Tod. Sterben ist nicht schlimm, nur bereuen. Im letzten Augenblick zu erkennen, dass man nicht wirklich gelebt hat, dass man nie glücklich war, das stelle ich mir entsetzlich vor. Rot erinnert mich immer daran, dass alleine ich für mein Leben

verantwortlich bin, und dass ich niemand Rechenschaft schulde.
Viele glauben, dass man sich damit zufriedenen geben muss, immer nur einen Teil von dem zu bekommen, was man wirklich will. Darum geht es schließlich bei einem Kompromiss, und unser Leben besteht aus vielen Kompromissen. Aber wenn etwas auf dem Spiel steht, das uns wirklich etwas bedeutet, dann gibt es keinen Weg in der Mitte. Man kann auch nicht nur ‚etwas glücklich' sein, oder ‚ein wenig traurig'. Gefühle sind wie die Farbe Rot – absolut und kompromisslos."
Deine Finger schlossen sich fester um meine.
„Ich weiß nicht, ob irgendetwas davon für dich Sinn macht, aber das ist der beste Ratschlag, den ich dir geben kann: Finde dein Rot. Sei du selbst. Sei kompromisslos. Bereue nichts, wenn es dich glücklich macht, oder einmal glücklich gemacht hat. Lass dir von niemandem vorschreiben, wie du dein Leben leben sollst. Kein Mensch ist klüger und besser, keiner schlechter oder weniger wert als der andere. Egal wie unterschiedlich wir sein mögen, letztlich bluten wir alle gleich, in exakt derselben Farbe."
Wir drehten beinahe gleichzeitig den Kopf, und unsere Blicke trafen sich. Ein Moment des Schweigens, weich und zart wie Seide. Bevor ich dich traf, war meine Welt farblos, ein verschwommener Nebel aus grau, schwarz und weiß. Wie habe ich nur je so leben können?
Meine Familie sollte man nicht zum Feind haben. Du wusstest das nur zu gut, und hattest dich trotzdem entschieden. Ich hatte nie geglaubt, dass ich dasselbe tun könnte. Aber so oft wissen wir nicht, wie stark wir wirklich sind, bis das Schicksal uns dazu zwingt Stärke zu zeigen. Nicht unsere Familie, nicht unser Blut macht uns zu den Menschen, die wir sind, sondern die Summe unserer Vorlieben und die Entscheidungen, die wir treffen.
Wir ließen die Stadt und meine Familie hinter uns. Der Herbst kam, und mit ihm eine wahre Explosion an Farben. Golden, gelb, orange und rot. Vor allem rot.

Es war so perfekt. Viel zu perfekt. Ich hätte etwas ahnen, die Gefahr spüren müssen. Habe ich versagt? Oder einfach zu sehr an das Gute geglaubt?
Du hattest dich gerade nach einem der Blätter gebückt, um das flammende Wunder vom kalten Steinboden zu bergen. Dann fielen die Schüsse.
Das Lächeln gefror auf deinem Gesicht. Das Blatt segelte sanft zu Boden.

Ich kann es vor hier aus immer noch liegen sehen. Es ist nicht mehr das einzige Rot auf den abgetretenen Steinplatten.
Inzwischen ist der Schmerz nur noch ein dumpfer Ton im Hintergrund meines Verstandes. Mit Händen, auf denen sich neues Rot mit dem alten mischt, streiche ich ein letztes Mal über dein Haar. Ich kann spüren, wie das Leben aus dir weicht, langsam und unerbittlich. Und dennoch umspielt ein leises Lächeln deine Lippen.
Egal wie unterschiedlich wir sein mögen, letztlich bluten wir alle gleich, in exakt derselben Farbe. Wer kann sagen, wo dein Blut aufhört und wo meins beginnt?
Eine tiefe Ruhe ergreift mich. Ich schließe die Augen. Alles, was ich sehe, ist Rot. Tiefstes, dunkelstes Rot.

Rot

Freimund Pankow

Wie es mich anschreit,
das grell leuchtende Rot;
Kaum kann ich den Blick
von ihm lassen.
Was, wenn es bliebe,
wenn es dauerhaft bliebe?
Könnte ich je andres sehn?
Würden nicht andere
Farben verdrängt,
ich gezwungen, nur ihm
zu Gebote zu stehn?

Woher nimmt es
die Macht über mich,
dieses fesselnde Rot,
was verschafft ihm
beherrschende Gewalt?
Die Hände zittern
und die Sinne wollen
schwinden unter
dem wilden
unerbittlichen Rot.

Nur für einen Augenblick
die Augen schließen
zur Erholung – Ruhe,
friedvolle Ruhe!
Ein vorsichtiger Blick
wirkt befreiend: Grün.
Ich schalte.
Länger als sonst
bleibe ich im ersten Gang.

Strickmuster

Luzie Irene Pein

Ich hatte
meinen roten Faden
unbewusst verloren

Zum Glück
habe ich ihn
wieder gefunden,
aufgenommen,
Sodass weitergesponnen
werden kann ...

Für ein neues Modell

Rot erkennt seinen Wert

Leopold Fröhlich

Seit Tagen regnete es unaufhörlich. Es schien, als würde der Regen nie mehr ein Ende finden. Die Landschaft war schon sehr in Mitleidenschaft gezogen.

Endlich lockerte sich die dichte Wolkendecke, und die ersten Sonnenstrahlen fanden ihren Weg auf die Erde. Die letzten Regentropfen fielen kraftlos auf den aufgeweichten Boden.

Die Sonne malte einen mächtigen Regenbogen auf das Himmelszelt. Wie ein gigantischer Torbogen, stand er mit allen seinen Farben in der Landschaft und kündigte dem Menschen und dem Tier ein Ende des trostlosen Wetters an.

Es hatte den Eindruck, als würden die Farben um die Wette strahlen.

Gelb meldete sich zu Wort: „Ich bin unter allen Farben wohl die Wichtigste. Denn nur die Sonne strahlt genauso wie ich."

Grün konterte mit den Worten: „Nimm dich nicht so wichtig. Was wäre die Landschaft ohne saftiges Grün."

Blau meinte nur gelangweilt: „Habt euch nicht so, nichts ist so schön wie der Himmel in seinem strahlenden Blau."

Rot hingegen, das die arroganten Gespräche mitgehört hatte, konnte nichts vorbringen, was seine Schönheit unterstreichen hätte können. Betrübt lag es obenauf und kränkte sich so sehr, dass seine Farbe verblasste. Vor lauter Traurigkeit bemerkte das Rot kaum, dass es vom Regenbogen rutschte. Erst als es mitbekam, dass es bereits am Boden angekommen war, wurde es so richtig traurig. Zuerst drehte Rot sich im Kreis und blickte nach allen Richtungen. Bald aber kam es zu dem Entschluss, dass es von hier fortgehen werde, denn hier würde es sowieso nicht mehr gebraucht. Rot entschied sich für den Weg entlang der Felder.

So schlenderte Rot schweren Schrittes, ohne ein Ziel, den Weg entlang. Gedankenverloren setzte es einen Fuß vor dem anderen, bis es plötzlich etwas Rotes zwischen den Weizenhalmen stehen sah. Neugierig schaute es sich um, und be-

merkte, dass hier einige Pflanzen mit roten Köpfchen standen.
„Wer seid ihr?“, fragte Rot.
Voller Staunen drehten die Blümchen ihre roten Köpfe zu Rot und blickten es verwundert an.
Das größte sagte: „Wir … wir sind Mohnblumen und geben dem Feld einen majestätischen Rahmen. Und wer bist du?“
„Ich bin Rot und bin auf der Suche nach meiner Aufgabe.“
„Wir wünschen dir viel Glück!“, riefen die Mohnblumen gemeinsam hinter Rot her.
Nachdem Rot an einigen Feldern vorbei marschierte, kam es in einen Ort. Bald erkannte es an der Kreuzung einige Laternen, die rot leuchteten. Eilig ging es zu der, die ihm am nächsten war und blickte voller Neugier zu der Ampel hinauf. Gespannt beobachtete Rot das lustige Spiel der Laterne, die einmal in die eine, dann wieder in die andere Richtung leuchtete. Dabei viel Rot auf, dass sowohl Menschen als auch Fahrzeuge beim Aufleuchten des roten Lichtes stehen blieben.
„Das machst du gut“, sprach Rot mit anerkennendem Ton zu der Laterne.
„Danke“ blinzelte freundlich die Ampel zu Rot, bevor sie in die andere Richtung leuchtete.
Noch bevor Rot ihren Weg fortsetzte, hörte es einen höllisch lauten Sirenenlärm. Gespannt blickte Rot in die Richtung, aus der die Sirenen kamen. Rasend schnell näherten sich große, rot lackierte Fahrzeuge, welche in die nächste Seitenstraße abbogen. Eilig ging auch Rot in diese Richtung und verfolgte die Fahrt der roten Autos. Von Weitem erkannte Rot ein brennendes Haus, vor dem die roten Fahrzeuge anhielten. Ohne nur den Blick von dem Geschehen abzuwenden, lief Rot auf die Autos zu, stellte sich neben einem der Wagen und fragte sogleich: „Wer seid ihr und was tut ihr da?“
„Wir sind die Feuerwehr. Um besonders schnell bei einem Brand zur Stelle zu sein und nicht behindert zu werden, sind wir knallrot lackiert“.

„Rot?“ Fragend sah Rot auf den Wagen.
„Rot ist die Signalfarbe, wenn wir gesehen werden, dann haben wir Vorfahrt.“
Langsam wurde Rot klar, dass seine Farbe gar nicht so unwichtig war, wie es bis jetzt angenommen hatte.
Nachdem Rot ein wenig beim Brandlöschen zugesehen hatte, ging es weiter. Immer mehr stärkte sich bei Rot sein Selbstwertgefühl. Auf seinem Weg kam es am Krankenhaus vorbei und wurde Zeuge, wie gerade Behälter aus einem Wagen geladen wurden. Rot wollte unbedingt wissen, was wohl in den Behältern ist. In einen unbeobachteten Augenblick öffnete Rot eines der Metallkistchen und streckte sich, um besser hineinspähen zu können. Rot konnte kaum glauben, was es da sah. Rote Flüssigkeit war in Kunststoffsäckchen eingefüllt.
„Wer hat dich hier eingesperrt?“, flüsterte Rot der Flüssigkeit zu.
„Eingesperrt? Von wegen. Ich bin Blut, die lebensnotwendige Flüssigkeit für die Menschen. Ohne mich würde kein Leben möglich sein. Bald werde ich einem schwer kranken Menschen zum Weiterleben verhelfen.“ In diesem Moment wurde der Behälter von einem Sanitäter gepackt und im Laufschritt in das Spital gebracht.
„Das rote Blut ist lebensnotwendig“, dachte sich voll Stolz Rot und lenkte seine Schritte zum Park. Erhobenen Hauptes spazierte Rot in den Park. Nach dem es beim Springbrunnen angelangt war, beschloss es ein wenig zu rasten. Rot setzte sich auf einen Stein und lehnte sich zurück, um gleich darauf wieder erschrocken aufzuspringen. Schmerzverzerrt drehte Rot sich um und sah sogleich, was die Ursache seiner Pein war. Hinter ihm rankte sich ein Gewächs mit unzähligen Stacheln in die Höhe.
„Teufel, was ist denn das?“, schrie Rot. Von oben hörte sie Stimmen, die sie ansprachen. Verblüfft sah Rot auf den Strauch, der über und über mit wunderschönen roten Blüten übersät war.

„Wir sind Rosen, die Blumen der Liebe", erklärte eine der Blüten.
„Ihr seid traumhaft schön, aber wozu die Stacheln?"
„Wir sind zwar die Blumen der Liebe, aber wer in der Liebe nicht vorsichtig ist, dem kann sie auch schmerzen, das sollen unsere Stacheln mahnen."
Beeindruckt stand Rot noch eine Weile vor dem Strauch und lies die Schönheit der Rosen auf sich wirken. Von den vielen Erlebnissen seines Spazierganges war dies am beeindruckendsten. Nun fiel ihm auch wieder der Regenbogen ein, den es so betrübt verlassen hatte. Jetzt, da Rot seinen Wert erkannt hatte, beschloss es sogleich, zu ihren Regenbogen zurückzukehren.
Auf dem Rückweg traf Rot wieder auf die Feuerwehrautos, die dank ihres schnellen Einsatzes einen größeren Schaden verhindert hatten. Auch die Ampel, die unermüdlich den Verkehr regelte, zwinkerte dem Rot noch zu. Am Weizenfeld begrüßten die Mohnblumen noch fröhlich das Rot.
Als der Regenbogen Rot kommen sah, riefen alle Farben voll Freude „Rot, Rot, Rot, komm schnell! Ohne dich sind wir nicht komplett."
Der Regenbogen machte sich so flach wie nur möglich, damit Rot ohne Mühe raufklettern konnte. Nun strahlte er wieder in seiner vollen Pracht. Rot war stolz, dass es die erste Farbe des Regenbogens war. Es hat erkannt, dass alles und jedes in der Gesellschaft seinen Wert hat. Das machte Rot sehr glücklich.

Rot!

Sabrina Nikolai

Heute in der Morgenröte bin ich erwacht.
Ich dachte an das Leben,
dachte an die Liebe.
Ich musste lächeln,
denn was gibt es Schöneres?
Ehe ich mich umsehen konnte
spürte ich den Schmerz.
Ein Schmerz,
den die Liebe in sich birgt.
Das Herz beginnt fest zu schlagen,
vergisst den Moment um sich herum.
Dein Blut pocht nur noch in einem Takt
und stellt keinen Kummer je in Frage.
Das Rot der Liebe
ist in deinem Geist,
in deiner Seele und deinem Herzen.
Wenn du an die Liebe denkst
ist immer alles rot,
doch vergisst du dabei dich selbst.
Still stehst du an deinem Fenster,
siehst dem Morgen beim Erwachen zu.
Der Schmerz hat dich eingeholt,
ist tief in deinen Adern.
Zu sehr mit den Gedanken woanders,
hast du die Liebe übersehen.
Dein Geist hat dir einen Streich gespielt,
doch aufgeben willst du nicht.
Die Liebe ist ein Teil von jedem,
von den Menschen und dessen Natur.
Höre nicht auf zu leben,
weil dir die Liebe nicht rot genug ist.
Nimm es so, wie es eben kommt,
stelle dich deinen Dämonen.

Begreife mit Herz und Verstand zu lieben,
halte an dem fest, was dich zum Lächeln bringt.
Zweifele nie an deinem Gefühl,
denn sie sind deine Farbe,
dein Wissen und deine Kraft.

Ich hasse Rot

Petra Weise

„Kannst du nicht aufpassen?“, faucht Bernd.
„Was ist denn passiert?“, will ich wissen.
Bernd zeigt mit dem Finger auf seinen Teller: „Tomate, oder?“
Ich nicke. „Leg sie einfach zur Seite!“ Aus den Augenwinkeln beobachte ich, wie Bernd seine Serviette nimmt und das winzige Tomatenstückchen vom Tellerrand klaubt. Er zieht dabei ein Gesicht, als wäre es irgend etwas Ekliges aus dem Klo. Ich versuche, mich davon nicht beeindrucken zu lassen und esse so ruhig wie möglich weiter meinen Salat.
Jeden Tag das gleiche Theater. Bernd erträgt nichts, was eine rote Farbe hat. Schon gar nicht im Essen. Und ich mag ausgerechnet ganz besonders Tomaten, Radieschen und rote Paprika. Mein absolutes Lieblingsgericht ist Nudeln mit Tomatensoße. Das habe ich noch nie kochen dürfen, seit ich mit Bernd zusammen lebe. Und das sind immerhin fast drei Jahre.

Als wir uns kennenlernten, saß ich auf einer Bank im Park und lutschte ein Himbeereis. Bernd setzte sich einfach neben mich, obwohl die Nachbarbank frei war.
„Mittagspause?“
Ich nickte. „Und du?“
„Hast du nur rote Klamotten?“
Auf so eine blöde Frage sollte ich eigentlich nicht antworten. Aber ich war so empört über diese ungewöhnliche Art der Anmache, dass ich fauchte: „Was dagegen?“
„Rot macht aggressiv“, bemerkte Bernd.
„Rot ist meine Lieblingsfarbe.“
„Ich hasse Rot.“
„Und tschüss!“ sagte ich, stand auf und ließ Bernd einfach sitzen. Aber am nächsten Tag gesellte sich dieser seltsame junge Mann wieder zu mir. Er war groß, rotblond mit was-

serblauen Augen, also alles andere als ein südländischer Typ, was mir besser gefallen hätte.
„Oh, heute eine blaue Bluse!", rief Bernd aus.
Ich wurde rot. Es sah so aus, als hätte ich extra für ihn nicht die übliche rote Kleidung ausgewählt.
„Steht dir gut. Da strahlen deine schönen blauen Augen besonders."
„Aha, ein Süßholzraspler", dachte ich.
Die Mittagspause verging schnell. Wir hatten viel Spaß bei einer Art Farbspiel. Ich sagte alle roten Dinge, die ich mochte, und er konterte mit dem Gegenteil. Tomate – Gurke. Erdbeere – Pfirsich. Rote Rose – gelbe Sonnenblume. Morgenrot – Sonnenuntergang im Winter in Gelb und Grün.
Es dauerte nicht lange und wir waren ein Paar und zogen nach knapp einem Jahr in eine gemeinsame Wohnung.

„Oje!"
„Was ist denn, Schatz?", Bernds Stimme klingt besorgt.
„Ich blute. Wahrscheinlich geht die Geburt jetzt los."
„Ich bringe dich ins Krankenhaus."
„Du musst nicht dabei sein. Das haben wir besprochen."
Bernd nickt. „Aber ich will dich das nicht allein durchstehen lassen. Du weißt doch, dass ich alles für dich tun würde."
„Das musst du nicht. Ich weiß auch so, dass du mich liebst."
Bernd hat noch nie Blut sehen können. Wenn ich mich zum Beispiel bei der Küchenarbeit leicht in den Finger schnitt, musste er sofort den Raum verlassen und sich hinlegen. Und als ich mir während einer Radtour das Knie aufschlug, wurde er leichenblass und legte sich einige Meter entfernt ins Gras.
Und jetzt sitzt Bernd im Kreißsaal neben mir und hält meine Hand. Bei jeder Wehe darf ich seine Arme und Hände fest umklammern. Am liebsten würde ich ihn anschreien, er solle machen, dass es endlich vorbei ist.
„Alles wird gut. Gleich hast du es geschafft", tröstet mich Bernd.

Dann kommt das Kind. Er legt es mir, so blutig wie es ist, auf den Bauch und lächelt. „Unser Kind. Schau nur, wie schön es ist!“

Die Hebamme wäscht unser Kind und wischt meinen Bauch sauber. Dann untersucht sie die Nachgeburt. Bernd lässt sich alles erklären. Ich kann es kaum fassen, dass er dies alles aushält. Er ist zwar blass, aber er weicht mir nicht von der Seite.

„Weißt du was?“, lacht er mich an, „ich glaube, Rot ist gar keine so üble Farbe. Von mir aus kann unsere Kleine gern Rosemarie heißen.“

Ein Hauch von Rot

Evelyn Kühne

Leise surrte die Haarschneidemaschine, Strähne für Strähne fiel ihr rotes Haar zu Boden. Rotes Haar, das war immer ihr Markenzeichen gewesen. Nun verließ es sie, nicht für immer, nur für eine gewisse Zeit, zumindest hoffte sie das.
Eigentlich war sie ja blond. Straßenköterblond, hatte ihre Mutter immer zu ihr gesagt. Also eine undefinierbare Farbe, die irgendwo zwischen allem lag. Dann war sie mit ihrer Freundin beim Friseur gewesen. Alle ließen sich damals Kaltwelle machen. Die gesamte Klasse rannte mit kleinen kringeligen Locken rum. Und wenn man in den Regen kam, wurden die Locken noch fusseliger. Doch der Friseur schaute Jessie prüfend an und ließ seine Finger nachdenklich durch ihr halblanges Haar gleiten.
»Weißt du was, dir würde ich am liebsten knallrote Haare machen. Du wirst sehen, das steht dir, glaub mir. Alle Kerle werden verrückt nach dir sein.«
Als sie heimkam, kriegte ihr Vater fast einen Anfall. Doch egal was er sagte, die Farbe Rot blieb. Und der Friseur sollte Recht behalten. Plötzlich interessierten sich Jungen für sie. Bis dahin wurde sie eher weniger beachtet, fast so, als würde man sie gar nicht wahrnehmen. Nun liefen sie ihr hinterher; recht verstehen konnte sie das nie. Sie war im Grunde doch immer noch dieselbe.

Und zusammen mit der Farbe Rot, wuchs auch ihr Selbstbewusstsein. Aus dem unsicheren Mädchen, das vor der Klasse stotterte und jedes Mal knallrot anlief, wenn ein Junge es ansprach, war eine etwas verrückte junge Dame geworden. Sie kleidete sich anders, farbenfroher, und kombinierte Sachen, in einer ganz speziellen Art.
Später lernte sie Frank kennen, den gut aussehenden Frank, den alle Mädchen haben wollten. Er war ein Semester über ihr und ihm eilte ein gewisser Ruf voraus. Unzählige Freun-

dinnen sollte er schon gehabt haben und keiner war er lange treu.

Auf einer Fete sprach er sie schließlich an, tanzte und trank mit ihr. Sie quatschten bis zum Morgengrauen über dieses und jenes. Dann brachte er sie heim, doch mehr als Küssen erlaubte sie ihm nicht. Ein halbes Jahr ließ sie ihn zappeln, so lange war er noch keiner hinterhergerannt. Doch Frank blieb hartnäckig, für keine andere interessierte er sich mehr. Es schien, als hätte er nur noch Augen für sie. Später fragte sie ihn einmal, warum er sich ausgerechnet in sie verliebt hatte.

»Du warst der heißeste Feger und keine andere hatte so rote Haare. Ich hab‘ einfach gleich gewusst – du bist die Richtige«, hatte er lachend geantwortet.

Sie wurde schnell schwanger, ungeplant, doch beide freuten sich wie verrückt. Vier Wochen später wurde geheiratet, unbedingt bevor man etwas sah. Darauf bestand ihre sehr konservative Schwiegermutter. Jessie revanchierte sich auf ihre Art und erschien auf dem Standesamt in einem knallroten, tief ausgeschnittenen Kleid. Sie sah einfach umwerfend aus und zog alle Blicke auf sich. Frank sah sie einfach nur verliebt an; für ihn war sie immer die Allerschönste.

Ihre Tochter wurde geboren und kurz darauf ihr Sohn. Stolz wurden die Kinder in einem roten Kinderwagen herumkutschiert. Sie wollte diese Farbe und keine andere.

Das war nun fast zwanzig Jahre her und immer noch waren sie glücklich wie am ersten Tag.

Dann kam er, der Morgen, der alles verändern sollte. Wie immer sprang sie gleich nach dem Klingeln des Weckers auf und unter die Dusche. Da war plötzlich etwas in ihrer Brust, etwas Hartes, Fremdes. Ein Gefühl der Beklemmung stieg in ihr auf ...

Die Frauenärztin schickte sie sofort zur Mammographie und schon vor der Untersuchung war sie sicher, das da in ihr war böse, das war nichts Gutes. Trotzdem scherzte sie noch mit der Krankenschwester, die ihr verrücktes rotes Haar bewunderte. Als die Schwester etwas später mit den Untersuchungs-

ergebnissen den Gang entlang kam und sie nicht anschauen konnte, wusste sie alles. Der Arzt rief sie zu sich hinein und erzählte ihr unverständliche Sachen. In ihren Ohren rauschte es, die Schläfen pochten. Sie hatte nur einen Gedanken, heute hatte das Glück sie verlassen, vielleicht für immer.
Die Maschinerie lief schnell und reibungslos an, es gab unzählige Untersuchungen, Tests und Gespräche. Frank war immer an ihrer Seite. Zahllose Menschen in weißen Kitteln sahen sie besorgt oder Mut machend an. Da war ihr Kampfeswillen schon wieder erwacht, dieses Ding da sollte sie nicht kleinkriegen, niemals. Alles würde sie tun, egal was.
Dann kam die erste Chemo. Das, was da in ihren Körper tropfte, machte ihr Angst. Die Schwestern trugen Handschuhe zum Schutz und ihr wurden diese Mittel eingeflößt. Sie sollten helfen und machten sie doch kaputt. Sie sollten kranke Zellen vernichten, zerstörten aber gesunde gleich mit. Ein Beutel nach dem anderen wurde an den Tropf gehangen, der vorletzte war schwarz. Rot rann aus ihm das Mittel in die Kanüle, es sah aus wie Erdbeersaft – da war sie wieder, ihre Farbe. Sie zog sich wie ein roter Faden durch ihr Leben.
Und nun, vier Wochen später, saß sie hier beim Friseur. Heute Morgen hatte sie die ersten Haarsträhnen auf ihrem Kopfkissen gefunden. Rot und glänzend lagen sie da, fast wie ein Fremdkörper, der mit ihr nichts mehr zu tun haben wollte. Von Anfang an hatte sie sich für die radikale Methode entschieden. Lieber ein schnelles Ende, als bei jedem Kämmen zu verzweifeln.
Ihre Friseuse schor ihr die Haare langsam ab. Strähne für Strähne fiel zu Boden. Tja, welche Frau hat schon mal die Möglichkeit, ihre Kopfform so genau zu sehen, hatte sie scherzhaft zu ihrer Tochter gesagt. Doch nun, hier vor dem Spiegel, stieg das ganze Elend der Situation in ihr empor. Das, was immer ihr Markenzeichen gewesen war, was sie ausgemacht hatte, verabschiedete sich. Ihre roten Strähnen lagen wie ein Teppich um den Stuhl herum.

Vor ihr stand ihre neue Perücke auf einem Plastikkopf. Das sollte sie ab sofort tragen. Ewig hatte sie mit der Friseurin Kataloge gewälzt, dieses und jenes ausprobiert und sich dann schließlich halbherzig für irgendein Modell entschieden.
Frank saß auf einem Hocker hinter ihr. Auch er war erschüttert, bemühte sich aber, sich nichts anmerken zu lassen. Was würde sie nur ohne ihn tun, ohne seine Mut machenden Umarmungen, ohne seine bedingungslose Liebe.
Als ihr Kopf kahl war, küsste er sie sanft darauf und strich über die zarten Stoppeln. Dann holte er ein rotes seidenes Tuch aus seiner Tasche und wickelte es leicht um ihren Kopf. Überrascht schaute Jessie ihn an. »Hier, als Talisman, trag es und du wirst sehen, rot hat uns immer Glück gebracht und so soll es bleiben.«

Red River

Renate Zawrel

»Mary?« George öffnete die Tür zur Küche nur einen Spalt breit. Nicht, weil dieser Raum weibliches Hoheitsgebiet war. Eher um dem sorgenvollen Blick zu entgehen, den seine Frau ihm gleich zuwerfen würde. »Ich gehe zum Fluss. Zum Mittagessen bin ich wieder hier. Versprochen!«

»Aber George ….« Seufzend nahm Mary zur Kenntnis, dass sich die Tür bereits wieder geschlossen hatte. Wohlweislich. So waren es nur die schon etwas trüben Augen der weißhaarigen Lady, die dem gebückten Gang ihres Mannes vom Fenster aus nachblickten.

Die Jahre waren nicht spurlos an ihm vorbeigegangen. Harte Arbeit, Entbehrungen, Sorgen und nicht zuletzt die Vorkommnisse der jüngsten Vergangenheit.

George hatte Bess, seinen Boardercollie, von der Leine gelassen. Hier war niemand, der sich an dem bellenden und herumtollenden Hund störte. Eigentlich war hier gar keiner mehr. Zu viel war geschehen und hatte das kleine Paradies ins Gegenteil gewandelt.

»Na, wenigstens kennst du keine Sorgen«, murmelte George in seinen grauen Bart und versuchte ein Lächeln, während er die Freudensprünge des Vierbeiners beobachtete.

Tautropfen hingen an den sattgrünen Grashalmen und benetzten die hohen Gummistiefel des Mannes mit feinem Nass. Die Schritte hinterließen Spuren … sie führten zum Red River, zu einer Fischerhütte, die auf hohen Stelzen gebaut war, damit auch hochstehende Flut dem idyllischen Hort nichts anhaben konnte. Fingerfertig war um einen der Holzpfeiler die reißfeste Bootsleine geknotet, die das auf den leichten Wellen schaukelnde Boot am Davonschwimmen hinderte.

Klobige Steine bildeten das Uferplätzchen hier an diesem Nebenarm des Mississippi.

Stolz betrachtete George das schmucke Fischerboot, das er erst vor ein paar Wochen frisch gestrichen hatte. Ein warmer Rot-Ton glänzte auf den Planken. Etwas ungelenk leuchtete der weiße Schriftzug »Mary II« an der Bootswand. Der Alte holte die Leine ein und zog den Kahn näher an Land.

Von Wind und Wetter gegerbte Hände strichen sanft über die Holzverkleidung, gerade als würden sie das Gesicht der Geliebten zärtlich liebkosen. Unzählige Stunden hatte George damit verbracht, seine »Mary II« so auf Vordermann zu bringen. Er hatte den Fischkasten vergrößert und derart unterteilt, dass dort Platz für Köderfische und den Tagesfang war.

Ein tiefes Seufzen entrang sich der Brust des Fischers. Ja, George war Fischer, wie schon sein Vater, sein Großvater und wahrscheinlich auch schon Väter vieler Generationen davor. Ein Fischer mit Leib und Seele. Kaum zu beschreiben – die Verbundenheit, die diese Menschen mit dem Element Wasser teilten und allem, was sich an Leben darin tummelte.

Langsam stieg die Sonne höher und legte ihre goldenen Strahlen auf die schmale Veranda der Fischerhütte. Nur ein bisschen wollte der Mann träumen, seine Gedanken in die Vergangenheit schweifen lassen.

Der Schaukelstuhl mit der gehäkelten Decke darauf ächzte altersschwach, als der Fischer sich setzte. Hinter den geschlossenen Augen tauchten Fischerboote auf, die ihre Netze einholten, zappelnde Fischleiber, die sich darin gefangen hatten, Männer, die ihren Fang mit zufriedenem Lachen aus den Garnknoten befreiten und in die wassergefüllten Eimer in ihren Booten warfen.

»Das nächste Mal zeigst du uns wohl, wie man sogar mit so einem riesen Hut, wie du ihn trägst, mehr Fische fängt, als wir mit unseren Netzen!«, hatte Rob, der beste Freund von George lachend gemeint. Es stimmte schon. Beides. Sowohl der breitkrempige Strohhut, ein Markenzeichen von unserem Fischer, als auch die Tatsache, dass George ein besonderes Händchen für das gelungene Auslegen der Schleppnetze hatte. Nie gab es Neid zwischen den Männern. Der Red River

beheimatete so viele Fische, großen Artenreichtum – es blieb für alle genug, über Jahre und über Jahrzehnte. Fischer war man für sein Leben lang. Wenn keine unvorhergesehenen Ereignisse eintraten.
Die Sonne ließ die perlenden Tränen, die aus Georges Augen über seine faltigen Wangen liefen, wie Diamanten glitzern. Erinnerungen krochen hoch und stachen in sein Herz.

Dieser Tag im April, der alles veränderte. Es war ein massiver Einschnitt in das ökologische Gefüge hier nahe dem Mississippi Delta. Und es war müßig, darüber nachzudenken, wie eine Schuldzuweisung auszusehen hätte. Der brennende Ölteppich verschlang Wut und Ohnmacht darüber in seinen heißen Flammen. Der Schrei nach Gerechtigkeit, nach Sühne, versank im ölgetränkten Meer und der stumme Hilferuf der Fische verhallte im Echo der Gezeiten.
»Leere Versprechungen«, presste George zwischen seinen rauen Lippen durch. »Lauter leere Versprechungen. Sie haben uns unser Leben genommen.« Der alte Fischer schämte sich nicht seiner Tränen, die nun unaufhörlich in seine Mundwinkel tropften.
Bess hatte ihren Kopf auf die Oberschenkel ihres Herrn gelegt und blickte ihn aus treuen Augen an. Gerade so, als würde der Hund den Seelenschmerz des Mannes verstehen.
»Schon gut, Bess!« George tätschelte den Collie gedankenverloren und ließ die Finger durch das seidige Fell streichen.
Einen kurzen Moment dachte er noch an die in Aussicht gestellten Schadensersatzzahlungen für die Betroffenen. Und – was sollte er damit? Was sollten jene damit, deren Existenz auf Jahre zerstört war?
War Geld ein Ausgleich dafür, was man ihm und den anderen genommen hatte? Die Nebenarme des Mississippi schienen anfangs verschont von der Katastrophe zu bleiben. Aber die Chemikalien, die man benutzt hatte, um die Feuersbrunst einzudämmen, hatte genau genommen nur weiteres Öl ins Feuer gegossen. Strömungen hatten irgendwann auch die

Nebenflüsse im Unterlauf des »Großen Flusses« erreicht und auch hier für nachhaltige Schäden gesorgt.

Wer konnte sagen, ob sich die Natur erholen würde von diesem Desaster? Ob je wieder Fische das Mississippi Delta bevölkern würden? Und wer – ob sich das so heikle Gleichgewicht wieder ausbalancieren konnte?

Der goldene Ball der Sonne hatte seinen höchsten Punkt erklommen. Die Zeit, die stillzustehen schien, war unaufhörlich weitergelaufen. Die Mittagszeit war vorüber.

Mary hatte es nicht mehr ausgehalten. Sie wusste, wohin es ihren Mann jeden Tag aufs Neue trieb. Doch wie sollte der Verstand fassen, was das Herz nicht sehen wollte?

Mary war ganz leise nähergekommen und legte ihrem Lebenspartner die Hand auf die Schulter. »Komm, wir gehen zurück, ehe es dunkel wird. Morgen ist auch ein Tag.«

George hatte vorhin begonnen, das Schleppnetz mit dem Schotstek auszubessern. Für alle Fälle.

»Ja, du hast recht, meine Liebe.« Der Fischer erhob sich aus seinem Schaukelstuhl, legte das Netz samt der Netznadel ordentlich auf seinen Platz und lächelte seine Gemahlin an.

»Morgen ist auch wieder ein Tag. Und wer weiß, vielleicht werden unsere Söhne und Enkelsöhne hier wieder fischen. Morgen. Oder auch übermorgen. Die Hoffnung auf eine bessere Zukunft lebt.«

Nacht in Rot

Markus Kohler

Peter stand am Fenster und rieb sich mit schmerzverzerrtem Gesicht den Nacken. In dieser Nacht hatte er wieder nicht geschlafen und war nur kurzzeitig auf dem unbequemen Küchenstuhl eingenickt. Er hatte, wie die Nächte zuvor, viel zu erledigen gehabt und die Dringlichkeiten der Angelegenheiten ließen ihn nicht zur Ruhe kommen. Langsam kehrte er zu dem Küchentisch zurück und betrachtete die darauf verteilte Beute seiner letzten Unternehmung. Prüfend nahm er die Halskette in die Hand und hielt sie dicht unter die helle Lampe, um so den Wert feststellen zu können. Inzwischen war er beim Abschätzen seiner Diebesware recht gut geworden. Diese Kette hier würde ihm gut tausend Euro durch seinen Hehler einbringen. Seufzend legte er das Stück auf den Tisch zurück, weil ihm zugleich auch bewusst war, dass der windige Kerber gut das Dreifache damit verdiente. Aber Peter ging es eigentlich nur zweitrangig um die Möglichkeit mit dem Ausleben seiner Passion, wie er es selbst nannte, Geld zu verdienen. Er musste das immer wiederkehrende Rot aus seinem Kopf verdrängen. Das Rot, das erst verschwand, wenn er tätig geworden war.

Meistens fand Peter seine Opfer in der schäbigen Bar „Zum schwarzen Raben“ am anderen Ende der Stadt. Dieses Etablissement war ein Auffangbecken für die Nachtschwärmer und Ausgestoßenen, und genau aus diesem Grunde war es auch zum Anziehungspunkt für die High Society geworden, die sich gerne das Leben der niederen Bevölkerungsschicht vor Augen führte, um sich dann mit einem Gefühl der eigenen Zufriedenheit wieder in ihr beschauliches und reiches Leben zu begeben.

In der vergangenen Nacht leuchtete das Rot besonders intensiv in seinem Gehirn. Kein Wunder, an der Theke hatte er eine Blondine an der Theke entdeckt, die in ihrem roten, engen Kleid doch reichlich fehl am Platze wirkte. Er beobachtete sie aus einer dunklen Ecke heraus und stellte schließlich befriedigt fest, dass die Dame ohne Begleitung hier war. „Ziemlich mutig", dachte Peter, ergriff sein Glas mit Rotwein und stellte sich zwei Plätze neben sein auserkorenes Opfer. Sie nahm ihn mit einem leichten Seitenblick wahr, schenkte dann aber wieder ihrem Drink die volle Aufmerksamkeit. Gedankenverloren spielte sie dabei mit ihrer Halskette, die ihr tief ausgeschnittenes Dekolleté zierte. In Peters Kopf pulsierte das Rot wie ein schlagendes Herz. Er musste es beruhigen, sonst glaubte er den Verstand zu verlieren.

Vor gut drei Jahren tauchte die Farbe, als sei sie lebendig, in seinem Gehirn auf. Das war gleich nach dem Unfall, den er unverschuldet aber doch schwer verletzt überlebt hatte. Ein Golf hatte ihm die Vorfahrt genommen und Peter konnte dem Wagen zwar ausweichen, aber er landete mit seinem Auto an einem Baum. Sein Kopf prallte dabei auf das Lenkrad und er glaubte, einen sich wirbelnden Sternenhimmel zu sehen. Als er kurz die Augen schloss um sie gleich wieder zu öffnen, verschleierte ihm bereits das austretende Blut seiner Kopfwunde die Sicht. Wie in Trance schälte er sich aus seinem Wagen und trat auf die Fahrbahn. Auch der Golf war stehengeblieben und die Fahrertür öffnete sich langsam. Peter wischte sich mit dem Ärmel seiner Jacke über das Gesicht um den Unfallgegner erkennen zu können. Eine junge Frau mit blonden Haaren und einem enganliegenden roten Pullover stand vor ihm und sah ihn entsetzt an. Dann stotterte sie: „Es … es tut mir leid. Oh Gott, Sie bluten. Ich rufe einen Krankenwagen." Abrupt drehte sie sich um und ging zu ihrem Auto zurück. Nur Sekunden später stand sie wieder vor Peter mit einem Handy in der Hand. Plötzlich bemerkte er wie seine Knie weich wurden. Er begann zu schwanken, versuchte Halt zu finden und streckte beide Arme nach der Frau aus. Doch es war zu spät. Er verlor das Bewusstsein, sank langsam zu Boden und blieb direkt vor ihren Füßen liegen.

Als er später in einem Krankenhaus erwachte, war das Rot in seinem Kopf. Ein pulsierendes, lebendiges Rot, das vollkommen von ihm Besitz ergriff. Nach einer Woche durfte er das Hospital verlassen, doch die Farbe in seinem Kopf ist ihm geblieben. Diese wurde besonders aufdringlich, wenn ihm Frauen in roten Kleidungsstücken begegneten. Das Rot schien ihn aufzufordern, diese Frauen zu verletzen oder sonst irgendwie zu schädigen. Den Beweis, dass dies der Wahrheit entsprach, erhielt er schon wenige Tage später.

Peter wohnt in einem Mehrfamilienhaus mit einer ziemlich penetranten Nachbarin, die sich als selbsternannte Hausmeisterin fühlt. Als er gerade seinen Briefkasten geleert hatte, trat sie aus ihrer Wohnung ins Treppenhaus und baute sich vor ihm auf. „Junger Mann", keifte sie, „ich muss schon sagen, dass Sie mit der Kehrwoche doch recht nachlässig umgehen." Peter sah sie ungläubig an und prallte automatisch zurück. Die Frau trug eine rote Kittelschürze mit kleinen weißen Punkten darauf. Sein Gehirn schien explodieren zu wollen. Sie kam wieder einen Schritt auf ihn zu und mit ausgestrecktem Zeigefinger deutete sie auf ihn. „Sie haben wieder vergessen, die Kellertreppe feucht aufzuwischen", fuhr sie unbarmherzig fort. „Bei diesem Schmuddelwetter muss die Treppe feucht gewischt werden. Haben Sie mich gehört?" Peter fühlte sich ungemein bedrängt und versetzte ihr einen leichten Stoß, so dass sie nach hinten taumelte. Ganz kurz ließ das rote Pulsieren in seinem Kopf nach und er hastete die Treppe nach oben in seine Wohnung. Er schloss die Tür hinter sich, atmete tief durch und war sich nun langsam der Tatsache bewusst, wie er die Farbe in seinem Kopf besänftigen konnte.

Jetzt betrachtete er seine Nachbarin an der Theke „Zum schwarzen Raben". Er entdeckte an ihrem linken Ringfinger einen kleinen Brillanten, der darauf schließen ließ, dass die Dame verheiratet war. „Perfekt", dachte er und grinste sie auf fast unverschämte Weise an. Er kannte seine Wirkung auf die Damenwelt und diese Person hier schien auf ein kleines außereheliches Abenteuer aus zu sein. „Darf ich mich zu Ihnen setzen?", fragte Peter mit einem Lächeln auf den Lippen. Sie drehte sich zu ihm und betrachtete ihn von oben bis unten. Er fühlte sich wie ein Stück Ware, das vor dem Kauf begutachtet wird. Schließlich nickte sie und drehte sich auf ihrem Hocker zu ihm.

Sie kamen schnell in ein Gespräch über das kulturelle Angebot der Stadt und es stellte sich heraus, dass sie die Frau eines nicht unbekannten Theaterautors war. „Wir führen eine offene Beziehung“, beeilte sie sich zu sagen, als sie merkte, dass Peter in sein Glas starrte. Doch das war keineswegs mit Desinteresse seitens Peter begründet, nein, er konnte nur nicht mehr länger das Rot ihres Kleides ertragen, welches ihm bereits Kopfschmerzen verursachte.

Wenig später hatten sie sich in einem kleinen Hotel eingemietet und als sie auf dem ihnen zugeteilten Zimmer angelangt waren, gab es für die Frau, die sich ihm mit „Sabrina“ vorgestellt hatte kein Halten mehr. Kaum war die Zimmertür hinter ihnen geschlossen, warf sie sich Peter an den Hals und versuchte ihn von seinem Jackett zu befreien. Plötzlich ließ sie ihn frei und griff hinter sich, um den Reißverschluss ihres Kleides zu öffnen. Als es zu Boden glitt hatte Peter die Assoziation, sie würde in einer Pfütze von Blut stehen. Er steuerte sie zum Bett und warf sie unsanft darauf. Lachend erhob sie sich. „Ach, so einer bist du. Na, mir soll es recht sein. Ich mag gerne die etwas härtere Gangart.“ Sie nestelte an seinem Hosenschlitz und wenige Augenblicke später drang Peter hart und schnell in sie ein.

Sie lagen beieinander und Sabrina kraulte die Haare auf seiner Brust. „Das war gut“, flüsterte sie. „Meinst du, du kannst nochmal?“ Peter grunzte bejahend. „Fein, dann werde ich jetzt mal kurz im Badezimmer verschwinden. Ich bin gleich wieder da.“ Mit diesen Worten legte sie ihre Halskette auf das kleine Nachtschränkchen neben dem Bett und verschwand nackt im Nachbarraum. Peter griff nach der Kette und steckte sie schnell in seine Hose, die auf dem Boden vor ihm lag. Er hörte das Geräusch von plätscherndem Wasser. In Winde-

seile schlüpfte er in seine Kleider und verließ auf Zehenspitzen das Hotelzimmer.
Bis heute hatte er immer Glück gehabt. Noch keines der Opfer hat jemals Anzeige erstattet. Höchstwahrscheinlich haben sie es aus Schamgefühl und Angst unterlassen. Nach einer solchen Aktion gab das Rot in seinem Kopf für ein wenig Ruhe, doch die Abstände an denen es Tribut forderte wurden immer kürzer.
Schon am kommenden Nachmittag verspürte Peter bereits das leise Ankündigen von leichten Pulsschlägen in seinem Kopf. Verstärkt wurden diese noch, als ihm Frau Schneider, die „Hausmeisterin" im Treppenhaus begegnete , die aber eiligen Schrittes schnell wieder in ihrer Wohnung verschwand. Peter trat auf die Straße hinaus und sah sich kurz um. Wo sollte er hin? Was konnte er tun, um dem Rot in seinem Gehirn Einhalt zu gebieten? Wie von unsichtbaren Fäden gezogen, begab er sich auf den Weg Richtung Bar „Zum schwarzen Raben". Es war natürlich noch viel zu früh am Tag, um dort auf Beute hoffen zu können, doch ihm wollte keine andere Lösung einfallen.
Als er aus der Sonne in das Lokal eintrat, mussten sich seine Augen zuerst an die Lichtverhältnisse gewöhnen und für den ersten Moment konnte er im Innern der Bar nichts erkennen. Er kniff kurz die Augen zusammen, erst dann sah er, dass trotz der frühen Stunde sich einige Gäste hier eingefunden hatten. Als er auf die Theke zuging glaubt er sein Herz bliebe stehen. Sabrina saß mit zwei Männern dort und unterhielt sich lautstark. Auch sie hatte Peter bemerkt und ließ sich langsam vom Hocker gleiten. Sie stemmt beide Arme in die Hüften, warf einen kurzen Blick nach hinten zu ihren Begleitern und sagte mit einem leichten Schmunzeln: „Sieh mal einer an. Ich wusste doch, dass du wieder hierher kommst. Allerdings hätte ich schon damit gerechnet, dass du dir etwas Zeit damit lässt." Peter schluckte schwer und wollte sich schon umdrehen, um das Lokal zu verlassen. Doch da bemerkte er, wie sich eine Person unauffällig hinter ihn geschli-

chen hatte und ihm den Weg versperrte. Sabrinas Begleiter an der Theke erhoben sich ebenfalls und kamen mit langen Schritten auf Peter zu. „Gestatten“, sagte der Kleinere der beiden, „Hauptkommissar Genz. Das hier“, er deutete auf seinen Partner, „ist der Ermittlungsbeamte Stein. Sie sind hiermit festgenommen.“ Peter schüttelte ungläubig den Kopf. Dann ergriff Sabrina das Wort: „Peter, Peter. Wie konntest du nur so dumm sein? Ich saß gerade mit den Herren der Polizei zusammen um zu besprechen, wie lange ich noch den Lockvogel spielen soll. Weißt du, ich als Professionelle muss schließlich auch sehen, wo ich bleibe. Und da erscheinst du schon nach ein paar Stunden wieder, um dir ein neues Opfer zu suchen.“

Herr Genz trat ganz dicht an Peter heran. „Wir haben schon lange den Verdacht, dass hier im Schwarzen Raben ein Betrüger am Werk ist. Leider hat sich bis jetzt nur ein einziges Opfer gemeldet und wir hatten keine Beweise. Gestern Abend sind sie uns leider durch die Unachtsamkeit eines Kollegen entwischt. Sabrina wollte sie nochmals in eine Falle locken. Dabei sollten sie ihr helfen die verlorene Halskette wiederzufinden. Nun können wir ja auf diese Nummer verzichten.“

„Schade eigentlich“, maulte Sabrina, „ich hätte das Geld gut gebrauchen können, Herr Genz.“

Das Rot in Peters Kopf schien ihn auszulachen. Er hielt sich beide Fäuste vor die Stirn, schloss krampfhaft seine Augen und begann laut zu schreien.

Und plötzlich sah er nur noch Rot

Erich Röthlisberger

Der Tag begann für ihn fürchterlich. Das wurde ihm schlagartig bewusst, als er vom Wecker mit seinem durchdringlichen Ton aus dem tiefen Schlaf geklingelt wurde.
Es war wieder soweit: wie jeden Tag mühte er sich aus dem Bett, schaute auf den Kalender, welcher ihm anzeigte, dass der heutige Tag ein Mittwoch war.
Noch drei volle, lange Tage bis zum Wochenende. Bereits am Montag hatte er es satt an seinen Arbeitsplatz im großen Bürokomplex zu gehen. Er wusste, auch dieser Mittwoch verlief nicht anders als die vergangenen Tage, aber auch nicht abweichend von denen, die noch kommen würden.
Heute fiel es ihm besonders schwer, die Wohnung zu verlassen. Seine Gefühle waren anders als sonst. Heute fühlte er sich wütend, aufgebracht, zugleich aber auch verwirrt. Verwirrt wegen seinen eigenen Gedanken. Es waren böse Gedanken. Heute Morgen sah er zum ersten Mal so richtig rot!
Tagtäglich wurde er im Büro von seinen Arbeitskollegen gemobbt. Gemobbt und klein gemacht, so oft es nur ging. Er wurde wegen des Alters verspottet, dafür, dass er schon so lange in dem Betrieb arbeitete und für Neues nicht mehr empfänglich war, ebenso wie er für Veränderungen kein Verständnis hatte.

Doch heute, gerade an diesem Mittwoch – das hatte er sich vorgenommen – musste alles anders werden. Er wollte bitterböse Rache üben.
Auch ein Blick in den Badezimmerspiegel änderte nichts an seinen Gefühlen und negativen Gedanken. Ihn schauten blutrot unterlaufene Augen aus einem zerknitterten Gesicht entgegen.
Während er am Küchentisch beim Frühstück saß, plante er akribisch seinen heutigen Tagesablauf.

Als erstes wird er sich telefonisch beim Chef krank melden, dann aus dem Keller das Jagdgewehr holen, gemütlich mit der Waffe direkt ins Büro schlendern und dort jede anwesende Person ohne Vorwarnung erschießen. Vor seinem geistigen Auge sah er, wie das umherspritzende Blut die Wände, die Möbel und die Fenster rot besudelte.
Genau so stellte er sich den heutigen Tag vor. Was nach dem Massaker passierte, war ihm egal. Denn er war sich bewusst, dass er womöglich den heutigen Tag gar nicht überleben und selber tot in einer roten Blutlache liegen werde.
Die irren Gedanken kreisten immer noch in seinem Kopf, als ein schrilles Warnsignal sie durchbrach. Der Wecker. Es war der Wecker.
Er lag schlaftrunken im Bett und war völlig desorientiert. Nur langsam kam er zu sich und begriff, dass es ein Albtraum war. Was hatte das zu bedeuten? Ihm wäre doch nie in den Sinn gekommen, seine Kollegen und Kolleginnen auf diese bestialische Art und Weise umzubringen! Grund hatte er bis heute auch keinen.
Sollte er sich beim Chef für den heutigen Tag abmelden? Nein. Trotz allem war er sich bewusst, dass er wieder ins Büro gehen musste. Mit einem Blick auf den Kalender vergewisserte er sich, dass heute Mittwoch war. Noch drei Tage bis zum Wochenende.
Nachdem er geduscht und sich angezogen hatte, saß er noch immer etwas benommen am Frühstückstisch und starrte in die vor ihm stehende Kaffeetasse. Er war noch immer mit seinem Traum beschäftigt. Was hatte er zu bedeuten?
Etwas später machte er sich, in Gedanken versunken, auf den Weg ins Büro. Wie jeden Tag fuhr er mit dem Lift in die Etage, wo sich sein Arbeitsplatz befand, begrüßte die Empfangsdame und begab sich an sein Pult. Die bereits Anwesenden antworteten auf seinen Gruß mit einem freundlichen: »Guten Tag«.
So richtig konnte er sich nicht auf seine Arbeit konzentrieren.

Nach einiger Zeit wurde plötzlich die Bürotür seines Vorgesetzten aufgerissen. Das Geräusch ließ die Arbeitenden zusammenfahren und aufblicken.

Er selbst erschrak, als er wahrnahm, wie sein Vorgesetzter schnellen Schrittes und mit einer Tasche in der Hand direkt auf ihn zukam.
Was hatte das denn nun zu bedeuten? Wollte der Chef etwas von ihm? Was überhaupt befand sich in der Tasche?
Ihm kam sein außergewöhnlicher Traum wieder in den Sinn. War es sein Boss, der heute Morgen aus dem Schlaf gerissen wurde und Rot sah? Hatte er von ihm geträumt? Wollte er im Büro ein Massaker anrichten?
Während der Vorgesetzte den langen Gang auf ihn zusteuerte, wurden seine Augen immer größer. Denn der Mann griff während des Laufens in die Tasche, zog etwas Dunkles, Längliches hervor und zielte damit direkt auf ihn.
In der ganzen Hektik übersah der Vorgesetzte das am Boden liegende Kabel, welches seinen schnellen Schritt unerwartet bremste. Mit dem Fuß hängen geblieben, kam er ins Straucheln.
Um das Gleichgewicht halten zu können und einen Sturz zu verhindern, begann er mit den Armen zu rudern.
Wäre der Stolper nicht passiert, so wäre die Flasche Rotwein nicht auf dem Pult aufgeschlagen und in tausend Stücke zersplittert. Die Wände, die Fenster sowie die umstehenden Leute wären nicht dadurch mit der dunkelroten Flüssigkeit bespritzt worden.
Kaum hatte sich der Chef wieder aufgefangen, meinte er mit errötetem Gesicht zum schockierten Angestellten:»Diese Showeinlage war eigentlich nicht geplant. Ich wollte Ihnen lediglich mit der Flasche Rotwein zu ihrem zwanzigjährigen Arbeitsjubiläum gratulieren.«
Etwas später überbrachte die Sekretärin dem Jubilar einen Strauß roter Rosen und eine neue Flasche guten Rotwein. Natürlich ließ sie es sich nicht nehmen, ihrem langjährigen

Arbeitskollegen im Namen aller nochmals zu gratulieren. Ausnahmsweise gab sie ihm sogar links und rechts einen Schmatzer auf die Wangen, was beiden ein wenig Schamesröte ins Gesicht trieb.
Wie war er doch froh, dass das Massaker und seine Gedanken nur ein böser Traum waren. Trotzdem zeigte es ihm, was alles passieren konnte, wenn man plötzlich nur noch rot sieht.

Das rote Licht der Erkenntnis

Roland Moser

Jahrelang schon hatte ich Mühe durch die Nase zu atmen. Bei einer Erkältung war es immer besonders schlimm. Wenn die Nase verstopft war, musste ich wohl oder übel durch den Mund atmen, was mir bei jeder Erkältung zusätzlich Halsschmerzen verursachte. Mit Dreißig habe ich mich endlich entschlossen, dieser Plage einmal auf den Grund zu gehen. So meldete ich mich bei einem HNO-Spezialisten an. Nach ausgiebiger Untersuchung war der Befund klar: eine verkrümmte Nasenscheidewand.

Der Arzt legte mir nahe, dies richten zu lassen. Ich fragte ihn, ob so etwas wehtun würde. Er verneinte lachend und erklärte mir motiviert, dass solche Eingriffe reine Routine seien und ich mir da keine Sorgen zu machen bräuchte.

Vierzehn Tage später hatte ich den Termin im Krankenhaus. Mit Reisetasche und Pyjama bewaffnet, fand ich mich an einem schönen Montagmorgen in einem netten Patientenzimmer des örtlichen Regional-Spitales wieder. Ich legte mich gleich ins Bett und harrte der Dinge, die da kommen würden. Eine hübsche Krankenschwester trat ins Zimmer und bekam fast einen Lachkrampf, als sie mich mit meinem Mickymaus-Pyjama im Krankenbett vorfand.

»Sie sind mir aber eine Marke«, lachte sie auf, »wieso liegen Sie denn schon im Bett? Ihr Termin ist doch erst für morgen früh angesetzt! Sie könnten jetzt gemütlich in der Cafeteria ein Stück Erdbeer-Kuchen und eine Tasse Tee genießen.«

Ich hatte solchen Bammel vor diesem Eingriff, dass ich es trotzdem lieber vorzog im Bett zu bleiben. Die Operation verlief ohne größere Komplikationen und schon drei Tage später war ich mit zwei Wattebäuschchen in meinen beiden Nasenlöchern wieder draußen.

Als ich durch die Stadt bummelte, ist mir aufgefallen, wie viele Frauenblicke ich auf mich zog. Nicht ohne Stolz genoss ich diese Tatsache. Was doch so eine Renovation alles aus-

richten kann!
Als aber auch einige Männer Interesse an mir zeigten, wurde mir die Sache doch etwas suspekt. Beim nächsten Schaufenster begutachtete ich mich im Spiegelbild – die Wattebäuschchen, die vorwitzig aus meinen Nasenlöchern lugten, waren aber echt ein Blickfang!
Meine Partnerin kam gerade mit ihrem schnittigen Fiat 500 die Straße entlang und hupte erfreut, als sie mich auf dem Gehsteig erspähte. Erst fiel mir ihr herzhaftes Lachen auf, dann ihre dreckige Schadenfreude.
Sie konnte nicht sofort anhalten, da dieser Bereich mit einem Halteverbot versehen war. Als sie auf die nächste Straßenkreuzung zufuhr, sah ich über den Rückspiegel, wie sie sich amüsierte und übermütig die Bremslichter im Rhythmus des SOS-Zeichens aufleuchten ließ.
Ich kannte meine Freundin gut genug und konnte an ihrem Hinterkopf erkennen, dass ihr das unverschämte Grinsen nicht mehr aus dem Gesicht weichen wollte. Der Lichterbaum an der Kreuzung wechselte von einem sonnengelben Orange auf ein knalliges Rot.
»Pass bloß auf«, huschte es mir durch meine Gedanken, als mein schadenfreudiger Floh die Haltelinie passierte. Zwei Lichtblitze zuckten auf und erhellten für den Bruchteil einer Sekunde die Kreuzung und den Fiat. Jetzt leuchteten die Bremslichter nicht mehr im SOS-Rhythmus auf! Dafür machte sich auf meinem Gesicht ein Grinsen breit, die sich durchaus auch als eine Art Schadenfreude über die Schadenfreude übersetzen ließe.
Übrigens, mal abgesehen von diesen Erfahrungen mit den Wattebäuschchen und dem roten Licht der Erkenntnis, rate ich jedem dringend davon ab, seine Nasenscheidewand operieren zu lassen. Erstens tut das nämlich höllisch weh und zweitens beschleicht einen immer wieder das Gefühl, jedem eine lange Nase machen zu wollen. Besonders bei zu viel Schadenfreude! Man versteht das aber meistens immer erst hinterher, wenn wieder mal das rote Licht angeht!

Der rote Po der Paviane

Peter Marquardt

Bei Pavianen ist das so,
jeder hat nen roten Po.
Das sind zwei rote Sitzfleischkissen,
die als Polster dienen müssen.
Vor kalten Böden, Nässe oder Schmutz
bieten sie perfekten Schutz.

Ein Polster rechts, ein Polster links.
Bläst mittig mal ein Wind, dann stinkt's.
Auch außerhalb des Zoos ist faktisch
dieser rote Po sehr praktisch.
Er dient dort allemal
zum Beispiel auch als ein Signal.

So sehn' sie an den Hinterteilen,
wo die andren grade weilen,
wenn einer mal verloren geht
und suchend in die Ferne späht.
Es gibt noch einen andren Sinn
der führt zur Arterhaltung hin.

Damit die Rasse überlebt,
wird ständig Nachwuchs angestrebt.
Bloß woher die Männchen wissen,
wann sie solchen machen müssen?
Das zeigt ein dunkelroter Po genau,
also der von einer Pavianfrau.

Das ist fürs Männchen das Signal,
na bitteschön, dann woll'n wir mal.
So ist am End' der Pavian froh
über den roten Pavianpo.
Nur unsereins, der muss sich schinden,
bis sich zwei zur Paarung finden.

Rosen sind gar nicht rot

Florian Knisatschek

Außer natürlich die Roten.
Lippen sind auch nicht rot, die sind eher so schinkenfarben.
Mein Gott, war gestern das Abendrot so schön orange!
Salamischeibchen hingegen, ja, die sind rot! Und haben so kleine rosa bis weiße Pünktchen drinnen. Manche sind auch grünlich, aber von denen würde ich eher abraten!
Ich kam, sah, und … wurde rot!
Ja, ich weiß, es war mein Fehler: Ich betrat unangemeldet ein Atelier irgendwo im Weinviertel - wollte eigentlich nur nach dem Weg fragen - und ungeschaut überschüttet mich ein kleiner dicker alter Mann mit langem grauen Bart mit einer beträchtlichen Menge Blut. Er stand da, in der einen Hand einen handelsüblichen Besen aus dem örtlichen Lagerhaus, in der anderen ein Flascherl »Brünnerstrassler«, er säuselte in hoher einsamer Stimme Etwas, das ich aber nicht verstehen konnte. Alles war voller Blut, der ganze Raum war voller Blut und in einer Ecke stand ein mit Blut überströmter Peter Krauss, eine aufblasbare Gitarre umgeschnallt, und sang unentwegt:»Rote Lippen soll man küssen…«
Schweißgebadet wache ich auf, mache das Licht an. Mein Gott, ich habe geglaubt ICH sei pervers, sehe die Salami auf der Theke liegen, Jössas, es war im Halbdunkel, als ich mir noch einen kleinen Magenknurrer herunterschnitt des Abends…
Unterschätze niemals grünlich!
Grünlich ist IMMER schlecht!
So! Ich bin noch immer etwas außer Atem. Was war das Thema? Ah ja, ROT!
Lippenstift kann unter Umständen auch rot sein! Sogar mit beinhalteter Pflegelotion, das tut der Farbe nix!
ROT!
In dem ROT, das wir kennen, ist ja verdammt viel Gelb drinnen! Tu mal aus dem ROT das ganze Gelb raus, dann bleibt

ein karges, fast nicht an Rot erinnerndes Ziegelrötlich über. Schade eigentlich. Weil Rot ja sowas von ur-schön ist. Verdammt, vor allem in der Liebe!!!
Aber die Liebe ist auch nicht rot! Die Liebe hat keine Farbe! Sie ist aber auch in keinster Weise farblos, und überhaupt nicht durchsichtig, aber schon gar nicht farblos.
Aber der dunklen heimeligen Liebeshöhle kommt ROT am heimeligsten nahe, weil es nämlich, gleich nach Schwarz, das wenigste Licht reflektiert! HMMMM!

So! Und jetzt FAKTEN, FAKTEN, FAKTEN:
»Ich hab die rote BILLA Card!«
Danke, setzen!
»Ich wähle Rot!«
Öhmm, ... ähh, … der nächste!
»Wem ist eigentlich dieses scheiß Thema eingefallen?«
Dem Rosenmontag!
PS: Egal, welche Farbe Rosen haben, wenn du sie verwildern lässt, werden sie rot.
Ok, rötlich!
Das ist aber auch ur-schön!
Pfah, und neulich, du, ich bin echt rot geworden, … Pfoo, echt peinlich, na, horch zu ...

Lea hatte die Augen geschlossen. Sie fühlte sich ganz entspannt. Wenigstens redete sie sich das erfolgreich ein, denn ... wie entspannt kann man sich fühlen, wenn man auf dem Behandlungsstuhl des Zahnarztes liegt und gleich seinen Weisheitszahn ziehen lassen muss?
Sie bemühte sich, ruhig ein- und auszuatmen.
Die Zahnarztassistentinnen waren recht guter Laune heute, hatten miteinander gescherzt und auch mit ihr ein wenig Smalltalk gehalten. Es hatte Lea sehr beruhigt, zu erfahren, dass keine Rede davon sein konnte, dass der Weisheitszahn tatsächlich innerhalb von zwei Minuten gezogen würde.
Mit gut fünfzehn Minuten alles in allem würde sie schon rechnen müssen.
Aber gut.
»Nun«, dachte Lea, »es kommt, wie es kommen muss. Und ich kann jetzt eh nicht mehr weg. Außerdem, der Zahn ist nicht mehr zu retten.« Sie hatte ihn im Spiegel gesehen – in dem kleinen Handspiegel, in dem ihr der Zahnarzt vor drei Monaten gezeigt hatte, wie kaputt der Zahn war.

Eine der Assistentinnen, die Jüngere mit der Zahnspange, hatte ihr vorhin einen Betäubungsspray um den Weisheitszahn aufgesprüht, und mittlerweile fühlte sich in diesem Teil des Mundes alles taub an.
Gut so. Hoffentlich half das Zeug tatsächlich.

Ihr Smartphone hatte man Lea auch abgenommen. Sie würde es wiederbekommen, wenn sie fertig waren ... der Zahnarzt, die Assistentinnen, der Weisheitszahn und sie ... Lea schmunzelte ein wenig. Also, die Flucht war sinnlos. Sie wird hierbleiben und mitmachen.
Das war ja fast so, wie in der Hochzeitsnacht einer Vernunftehe.

Außerdem war Flüchten zu teuer. Denn sie müsste einen guten Teil der Kosten trotzdem zahlen und hätte zudem immer noch Probleme mit dem Zahn. ‚Also bleib einfach, Lea', dachte sie. ‚Du rennst nicht weg. Das ist auch nicht dein Stil. Zieh das jetzt durch.'

Lea hoffte nur, dass der Eingriff keine sichtbaren Spuren für den morgigen Tag hinterlassen würde, denn Freitag machte sie meist ihre Umfrage der Woche. Und sie hatte in der Tat keine Lust, das mit dicker Hamsterbacke zu tun. Aber die Assistentinnen hatten sie schon beruhigt. Man würde tags drauf nichts sehen können.

Hoffentlich würde sie morgen ebenso schnell mit der Durchführung der Umfrage fertig sein, wie letzte Woche. Immerhin schneite es ja schon wieder. Aber okay. Was einen nicht umbringt, macht einen härter. Sie würde sich erneut in Schale schmeißen. Roter Lippenstift. Parfüm ... viel Parfüm. Frisch gewaschene lange Haare ...

‚Ach', dachte Lea, ‚ist ja egal. Es dauert, so lange wie es eben dauern muss. Ich freue mich, es macht Spaß, und man weiß nie vorher, wen alles man befragen darf.'

Anlässlich ihres Weisheitszahnes Gina – so hatte ihr Bruder ihn spaßeshalber noch schnell getauft – hoffte sie allerdings, sie würde morgen vor allem viele mutige Kandidaten antreffen, die vorzugsweise sofort ja sagten. Nicht wie so oft: ‚Was – die Presse? … Mit Foto in die Zeitung kommen? … Mit Namen? … Dazu auch noch einen oder zwei Sätze zum jeweiligen Thema? … Nein!'

Lea lächelte. Für manche Menschen schien das die schlimmste Strafe überhaupt.

Dabei ging es niemals um irgendwelche schlimmen Themen. Dann hätte sie die Reaktionen ja noch verstehen können. Aber es war schon in Ordnung. Wahrscheinlich.

Lea hatte Mühe, sich vorzustellen, wie das Leben der Menschen, die gar nichts mit Medien zu tun hatten, aussah. Sie fand das nicht tragisch, mit Bild und Namen in der Zeitung zu stehen, noch dazu mit einem Ausschnitt ihrer Meinung. Aber es war sicher für »Normalsterbliche«, die mit Medien nichts zu tun hatten, eine besondere Art der Erfahrung …

Die Zahnbehandlung dauerte dann in der Tat so um die Viertelstunde. Und: Sie fühlte nichts. Gar nichts. Einmal hörte sie kurz ein Knirschen. Gina knirschte ... Aber sie hatte keine Schmerzen. Sie sah auch nichts, denn man hatte sie, bis auf den geöffneten Mund natürlich, mit einer Art Maske abgedeckt.
Lea war zutiefst erleichtert. Es fühlte sich gut an. In den Achtzigern war das alles sicher sehr viel aufwändiger gewesen ... und wohl auch alles andere, als schmerzfrei. Aber glücklicherweise lebte Lea jetzt, in 2016.

Als der Zahnarzt sagte: »Der Zahn hat nicht besonders an Ihnen ‚gehangen'«, musste Lea lachen. Sie konnte nicht anders – sie fing an zu lachen. Sie persönlich hing ganz bestimmt nicht an diesem sturen Weisheitszahn, der sie doch so gequält hatte. Gut, dass er mit ihr da einer Meinung war.
Der Zahnarzt war überrascht, dass Lea lachte. Offenbar war er das nicht gewöhnt.
»Ich freue mich, wenn meine Patienten nicht wegen mir leiden müssen«, sagte er, ein wenig amüsiert. Lea konnte nicht antworten. Wie auch? Das Werkzeug und die Hände des Arztes in ihrem Mund.

Stunden später spürte Lea immer noch nichts. Tief in sich fühlte sie sich aber ... ja, irgendwie mitgenommen. Aktuell war ja gerade wieder die Zeit ihres Lebens. Stress mit dem ganz normalen Leben...mit Vermieter, Job und Co. Was half es. Morgen würde sie trotzdem die Umfrage machen. Und hoffentlich auch wieder die Woche drauf. Ihr Bankkonto brauchte es dringend. Und sie selbst – sie selbst auch.

Freitags lief es zuerst, wie erwartet. Die ersten drei lehnten gleich ab. Der vierte Angesprochene überlegte. Und schließlich konnte man Nummer fünf doch dazu bewegen, zu einem außerordentlich wichtigen Thema Bezug zu nehmen. Mit Foto und Namen. Nachname abgekürzt.
Lea lächelte. Sie hatte schon gehört – und zwar von jenem Mann, der auf dem Markt seinen Honig anpries – dass man nach Veröffentlichung in der Zeitung von sämtlichen Bekannten telefonisch kontaktiert wurde. Wenn das mal kein Kompliment für ihre Zeitung war!
Lea verdrängte den Wunsch nach einem Gläschen Absinth und machte unerschrocken weiter. So hatte sie bald die erforderliche Anzahl an Interviews.
Zufrieden marschierte Lea nach Hause. Nun brauchte sie erst einmal einen Kaffee.
Während die Maschine ihn zubereitete, blickte Lea nach draußen auf die Terrasse. Die Enten waren auch schon wieder hier. Was stimmte eigentlich nicht mit ihnen? An dem Bach, an dem sie lebten, schien doch nichts auszusetzen. Das Entenpärchen hatte seinen Spaß beim Turteln und vor allem beim Umgraben diverser Beete, die in der Terrassenbrüstung in Betonblöcken eingefasst waren.
Tja, was die liebe Nachbarin, Frau H. , dazu zu sagen hatte – das konnte Lea sich lebhaft vorstellen. Vielleicht würde sie mit einem selbstgemachten Entenragout antworten?
Lea lachte. Nein. Eher nicht. Das war doch nur wieder sie selbst – Lea, bad and evil, like all ... Ja, wie alle ihre Vorfahren väterlicherseits. Und zu ihrer großen Freude hatte sie ja auch noch die Haarfarbe von denen allen geerbt. Hundebraun. Lea schmunzelte. Hundebraun ... na ja,eigentlich dunkelblond, aber so tragisch war es ja nicht.
Man konnte auch mit Hundebraun leben. Und nachdem Lea viele, viele Jahre ihre Haarfarbe gefärbt hatte – in Knallrot ... Türkenbraun ... und zu guter Letzt noch Goldblond ... hatte sie ihren Frieden mit Hundebraun gemacht..
‚Hey, sag nichts gegen Brünett!', dachte Lea. Immerhin, dank

der Färberei der Mehrheit aller Frauen, war Brünett mittlerweile auch schon wieder Mangelware. Vom Aussterben bedroht.
Aber sie selbst würde wohl auch aussterben, und sie war froh darüber. Kinder waren für sie kein Thema uns somit einer der Trennungsgründe für ihren letzten supersüßen Boyfriend. Na ja, Lea weinte ihm bestimmt keine Träne nach. Sie hatte sich nicht bemüht und auch nicht deshalb ihr Studium gemacht, damit sie sich nachher erst die Figur und dann das Leben ruinierte.
Erst vor kurzem hatte sie bei der Tochter eines ehemaligen Auftraggebers gesehen, was so rauskommen konnte, wenn man sich auf das Wagnis Kind einließ. Im konkreten Fall nichts Gutes. Ah ja, und dank der ‚reizenden' jungen Frau machte sie auch für den Vater derselben nichts mehr. Eltern müssen ja immer zu ihren Kindern halten. Immer.
Oder: wie man seine Auftraggeber los wird.

Der gute Mann, ihr ehemaliger Freund, war gar nicht entzückt gewesen, dass sie sich mit ihm weder ein gemeinsames Leben noch gemeinsame Kinder vorstellte. ‚Und wenn überhaupt', dachte Lea, ‚dann erziehe ich mein Kind sowieso ohne Mann. Mein ‚Alter' hat mir persönlich gereicht. Der Typ war ein Alptraum.'

Das Wochenende verbrachte Lea mit Erholung. Ja, dazu gehörte auch ein Flirt, und Lea – ganz nach dem Motto »Zu einem guten Leben gehört, dass man entweder keusch bleibt oder vernünftig verhütet« – ließ nichts aus.
Ja, es war gut ... und am Sonntagmorgen glänzte sie mit guter Laune. Danach verzog sie sich mit ihrem Hund in den Park, Rayas »place to be«, an dem ihr Goldherz freudvoll schnupperte und ‚die Zeitung las'. Raya erkundete die Duftspuren aller anderen Hunde, die schon da gewesen waren, spürte auch ein Eichhörnchen auf und erschreckte es.
Lea beobachtete sie glücklich. Es machte ihr stets Freude,

wenn sie merkte, dass es ihrem Hund, der bereits zu den sogenannten ‚Golden Agers' zählte, gut ging. Was sie alles schon erlebt hatten! Und wer wusste schon, wie viel Zeit ihnen miteinander noch blieb?
Lea blieb vor einem der Teiche im Park stehen und schaute Raya zu, wie sie in Laubblättern schnüffelte. Auch ihr Hund lebte bewusst im Jetzt, hörte, so wie sie selbst, auf sein Herz und zeigte es auch.
‚Wenn ich jemals eine Autobiografie schreiben müsste', überlegte Lea, ‚ich würde sie »Herzblut« nennen, »Herzblut – das Rot meiner Seele«. Denn das ist, wie ich bin, was ich tue und wie ich es tue. Mancher versteht nicht, dass man sein Leben so verbringen kann – mit Jobs, die nicht klar vom Privatleben abgeteilt sind, die man bewusst, aus ganzer Leidenschaft wählt und dann auch durchzieht. Auch wenn es nicht immer nur lustig ist, und es nicht immer supertoll läuft. Aber wenigstens lebe ich – anstatt nur zu existieren, wie es so viele andere tun. Zwar bin ich nicht reich und kann nur hoffen, dass ich es irgendwann werde. Aber an meinem Sterbenstag werde ich keinen Grund haben, zu denken, dass mein Leben sinnlos war'. Lea lächelte, als sie dachte: ‚Ich werde zur Erkenntnis gelangen – es war oft schwierig, manchmal auch traurig, aber ich habe immer gelebt ... Ich habe immer geschrieben, immer. Und ich habe nichts ausgelassen.

Der Hunger nach Rot

Christine Erdiç

Als Kind hatte ich eine seltsame Vorliebe für Braun und Karamell. Doch irgendwann änderte sich das, ich stieg auf Rot um. Ich weiß nicht mehr genau, wann das geschah. Eigentlich dürfte ich diese Farbe gar nicht mögen, denn Blut ist rot, und ich hasse alles an Blut, seinen Geruch, sein Aussehen und seinen leicht süßlichen, metallenen Geschmack. Doch ich begann, rote Blusen zu kaufen, rote T-Shirts, ein rotes Kleid, einen roten Hut (der machte sich im Winter richtig gut, kombiniert mit einem schwarzen Schaltuch), einen roten Mantel, sogar in den Turnschuhen war Rot enthalten.

Diese Farbe motivierte mich und gab mir ein Gefühl von Verwegenheit und Frische. Nicht jeder in meiner Umgebung fand das damals gut. Für viele war Rot einfach zu auffallend. Ich mochte die Farbe nur für mich, nicht um aufzufallen, was andere über mich dachten, war mir zu diesem Zeitpunkt schon ziemlich egal. Ich kombiniere noch heute gern Rot mit Schwarz oder Weiß.

Auch wenn es um den Erwerb eines Lederbuchs oder einer Tischdecke geht, meine Augen suchen die Farbe Rot, in diesen Fällen sehr gern in Verbindung mit Beige oder Elfenbein.

Selbst am Obst- und Gemüsestand greifen meine Hände unwillkürlich zu Kirschen, Erdbeeren, Himbeeren und roten Paprika.

Und was sagen Psychologen über die Farbe Rot?

Die Farbe Rot: Rot wird vorzugsweise dann eingesetzt, wenn unsere Lebenskräfte geschwächt sind. Es erhöht unseren Energiepegel, unsere seelische Kraft, denn Rot regt alle Vorgänge im Körper an, stimuliert die Stoffwechselaktivitäten und übt einen starken Einfluss auf das vegetative Nervensystem aus. Eine belebende und positiv verstärkende Wirkung hat das warme Rot auch auf emotionaler Ebene. Es steigert die Sinnlichkeit, das bewusste Erleben und Fühlen und den Ausdruck ungehemmter Leidenschaft. Auf mentaler Ebene vermittelt uns die Energie der Farbe Rot einen starken Willen, Entschlossenheit und Durchhaltevermögen. (Quelle: www.innovative-eyewear.de)

Sommer

Maria Göthling

Jedes Jahr im Juni wird der Frühling durch den Sommer abgelöst. Lenz gibt das Zepter der Jahreszeiten an seinen Bruder, den Sommer ab.
Sobald der es berührt, verändert sich alles.
Die vorherrschende Farbe ist nun nicht mehr Grün, sondern Rot. Das Rot der Erdbeeren, deren grüne Ranken es umschlingen, das Rot der Kirschen und das Rot des Klatschmohns.
Die Zeit des Sommers ist die Zeit des Wachsens und Reifens. Was der Frühling aus dem Winterschlaf geweckt und zum Blühen gebracht hat, entwickelt jetzt Früchte.

Die Kirchentüren öffneten sich. Ein glückliches Brautpaar, Christel und Lothar, trat aus dem Dunkel des Gotteshauses in den strahlenden Sonnenschein. Vor ihnen gingen zwei kleine Mädchen und streuten die Blütenblätter von roten Rosen auf ihren Weg. Verliebt sahen sich die Braut und der Bräutigam an.
Ein Jahr zuvor, im Frühling, waren sie sich begegnet. Eigentlich hatten ihre Hunde sie zusammengeführt. Das dachten sie zumindest, aber es waren Lenz, der Frühling, und seine Gefährtin, die Frühlingsgöttin Ostara persönlich, die damals ein wenig nachgeholfen hatten.

Schon ein Jahr nach der Hochzeit eröffneten die beiden eine Pension. »Das Rosenhaus« nannten sie sie. Christel hatte an der ganzen Vorderfront entlang Kletterrosen gepflanzt. Mit jedem Jahr rankten sie ein bisschen höher am Haus empor. Ihre feuerrote Pracht leuchtete schon von weitem und erinnerte an ein Dornröschen-Schloss. Jeder blieb bewundernd davor stehen und so manch einer kehrte ein.
Christel und Lothar liebten ihre kleine Pension. Sie genossen

es, immer wieder neue Menschen kennen zu lernen und der Mittelpunkt des ganzen Trubels zu sein, den ihre Arbeit so mit sich brachte.
Aber dann kam Zuwachs. Ihr Sohn Tobias wurde geboren. Der kleine Tobias beanspruchte nun die ganze Aufmerksamkeit seiner Mutter und sorgte auf seine Art für Trubel.

Die Jahre vergingen. Mittlerweile hatte Tobias schon seinen zehnten Geburtstag gefeiert.
Heute war sein letzter Schultag. Ab morgen gab es Ferien!
Tobias mochte die Ferien nicht. Denn während alle seine Freunde in den Urlaub fuhren, musste er zu Hause bleiben. Er wusste ja, dass Mama und Papa nicht mit ihm wegfahren konnten. In der Pension gab es besonders in der Urlaubszeit viel zu tun. Das alles verstand Tobias, aber traurig war er trotzdem.
Nun kamen auch noch seine Klassenkameraden angerannt, um genau die Frage zu stellen, die er jetzt am wenigsten hören wollte: »Wohin fahrt ihr denn in den Urlaub?«
Tobias lief rot an. »Ich weiß noch nicht, meine Eltern wollen mich überraschen«, schwindelte er. Doch kaum waren die anderen weitergerannt, da kullerten auch schon die Tränen über seine Wangen.

Der Sommer sah das und ihm tat Tobias leid.
»Sag mal, Klärchen«, fragte er seine Freundin, die Sonne, »weißt du nicht, wie wir dem Kerl helfen können?«
»Lass mich mal überlegen. Tobias hat doch Rainer, seinen Freund! Es wird Zeit, dass die Zwei mal offen miteinander reden! Ich werde sie ein bisschen aufrütteln, vielleicht fällt dann der Groschen. Sieh, da kommt Rainer gerade!«

Der Freund hatte im Moment ganz andere Sorgen. Sein Zeugnis lag ihm schwer im Magen. Eine Vier in Mathe und eine Vier in Deutsch.
‚Auweia, wenn Mama und Papa dieses ‚Giftblatt‘ zu Gesicht

bekommen – die sehen rot!', dachte Rainer und trödelte die Straße entlang. Plötzlich stieß er mit jemandem zusammen.
»Ups, Entschuldigung«, wollte er gerade sagen, als er merkte, dass er seinen besten Freund vor sich hatte.
»Mensch, Tobias! Du bist das!« Doch dann stutzte er: »Du hast ja ganz rotgeweinte Augen! Wieso denn das? Deine Noten sind doch super, du hast eigentlich gar keinen Grund für die Heulerei! Komm, wir gehen in 's Versteck, da sind wir unter uns.«

Das Versteck war eine Bretterbude, die die Jungen selbst gebaut hatten. Sie stand etwas außerhalb der kleinen Ortschaft unter einer großen Blutbuche. Die herabhängenden Zweige des Baumes und dichtes Gebüsch verbargen sie vor neugierigen Blicken. Die Jungen hatten eine alte Liege und ein paar Stühle vom Sperrmüll hierher geschleppt. Als Tisch diente ein Baumstumpf, um den herum dieses Domizil erbaut worden war.

»Los, jetzt erzähl mal!«, drängelte Rainer, als sie allein waren. Stockend begann Tobias sich seinen Kummer von der Seele zu reden.
»Weißt du«, sagte er zum Schluss, »das Schlimme ist ja nicht, dass ich nicht verreisen kann, sondern dass ich von euch immer hören muss, wie toll eure Ferien waren. Ich bin nicht neidisch, aber … Na ja, verstehst du, was ich meine?«
»Ich glaube schon, nur bei mir ist es genau anders herum. Jedes Jahr fahre ich mit meinen Eltern in den Urlaub. Aber du kannst mir glauben, ich habe dich schon manchmal beneidet, dass du zu Hause bleiben und machen kannst, was du willst.
Meine ‚Chefs' haben's immer mächtig mit der Bildung – hier ein Museum, dort ein Schlossbesuch und lauter so'n langweiliges Zeug! Obwohl – dieses Jahr soll's ans Rote Meer gehen. Da könnte man baden. Aber wie ich die Zwei kenne, sind auch jede Menge ‚Kulturgüter' angesagt! Dabei würde ich am

liebsten jeden Tag am Strand liegen!«
»Wenn wir doch nur tauschen könnten«, seufzte Tobias.
»Hm, tauschen muss nicht sein«, grübelte Rainer, »aber wenn du mitfahren könntest ... Mitfahren! Na klar! Warum bin ich nicht früher drauf gekommen? Noch heute rede ich mit meiner ‚Regierung'.«
»Aber ...«, wollte Tobias einwenden.
»Kein aber! Ich soll sowieso Nachhilfe bekommen. Das wäre doch der Job für dich! Wenn ich zu Hause sage, dass wir jeden Tag zusammen büffeln, ist die Sache geritzt. Allerdings – ein bisschen werde ich doch verhandeln müssen«, überlegte Rainer und runzelte die Stirn. »Sonst übertreiben die beiden mal wieder und wir dürfen stundenlang über den Büchern sitzen!«
Tobias wagte noch nicht so recht an sein Glück zu glauben. Er wusste auch nicht, ob seine Eltern zustimmen würden.
»Wird schon werden!«, machte ihm Rainer Mut.

Abends saßen die Eltern der beiden Freunde zusammen. Lange redeten und planten sie, aber am Ende durfte Tobias seinen Freund Rainer in den Urlaub begleiten.

Der Sommer und seine Freundin Klärchen sahen einander an und lächelten zufrieden.
»Na also«, sagte die Sonne, »geht doch! Sommer, nun lass uns unseren Teil zu den Ferien der Jungen beitragen. Lass uns für gutes Wetter sorgen!«
»Ja, ja – ich habe gerade daran gedacht, mit den Wolken zu reden. Sie können ihre Last auch in der Nacht herabregnen lassen. Am Tag, Klärchen, kannst du dann mit deinem schönsten Lächeln am Himmel stehen«, antwortete der Sommer.
»Das ist aber wirklich nett von dir«, sagte die Sonne. »Für die zwei sollen diese Ferien unvergesslich werden. Aber jetzt bin ich erst einmal müde. Morgen ist auch noch ein Tag.« Sie gähnte herzhaft und versank glutrot hinter den Bergen.

Diese Ferien wurden die schönsten Ferien, die Tobias bis jetzt erlebt hatte. Aber auch für Rainer und sogar für dessen Eltern wurde es eine herrliche Zeit. Doch alles endet irgendwann. Dem Sommer blieben nur noch ein paar Tage seiner Regierungszeit. Dann würde sein Bruder, der Herbst, das Zepter der Jahreszeiten übernehmen. Das machte den Sommer aber nicht traurig, denn er wusste ja, dass er im nächsten Jahr zurückkommen würde.

So rot wie deine Lippen

Caroline Régnard-Mayer

Warum ‚schaute' ich nicht durch den Türspion, als es ‚klingelte'? ‚Mademoiselle', meine Depression, stand mit einem kleinen Koffer und einer Hutschachtel vor der Tür. Ich bat sie aus reiner Höflichkeit herein und nun schläft sie wieder auf meiner Couch. Seit Wochen schnarcht sie im Nebenzimmer und tagsüber macht sie mir das Leben schwer.
Sie wissen nicht, von wem ich spreche? Nun hier kommt die Kurzversion, denn man sollte ihr nicht allzu große Beachtung schenken.
‚Mademoiselle' ist die schwarz gekleidete Dame, mit schwarzem Hut und Handschuhen (wohl gemerkt, mit langen schwarzen Ballhandschuhen), knall rot geschminktem Mund und weiß gepudertem Gesicht. Ihre grauen Haare hat sich diese alte Schachtel doch wirklich blondieren lassen! Nun, nicht gerade nach meinem Geschmack, finde ich – in ihrem Alter, aber jeder, wie es ihm beliebt. Keiner weiß, wo sie wohnt oder herkommt. Sie ist einfach da, wenn man sie im Leben am wenigsten braucht. Aber wann kommt eine Depression zum richtigen Zeitpunkt? Wohl nie.

SO IST DAS LEBEN

Ist es vorbei,
oder fängt es jetzt an?
Bin ruhiger, fühle mich anders.
So wirst du mich nicht kennen.
Du wirst es nie erfahren.
… So ist das Leben.

Vogel flieg, hebe ab und flieg davon.
Wo finde ich dich?
Werden wir uns wiedersehen?
… So ist das Leben.

Unsere Gedanken tragen uns davon.
Liebe ist ein großes Wort.
Nimm es ernst, sonst lass es lieber.
Groß ist der Schmerz,
denn danach viele Fragen.
… so ist das Leben.
C. Régnard-Mayer

Auf der einen Seite mag ich sie, denn sie hält mir immer wieder einen Spiegel vors Gesicht, zwingt mich zum Innehalten, wenn der Alltag zu stressig und hektisch wird, hilft mir manchmal aus der tiefsten Not. Wir erklettern zusammen den Rand des Abgrunds und gemeinsam sehen wir einen leuchtenden Regenbogen. Das Leben kann doch so schön sein!
Zuerst durchschreiten wir ein tiefes Tal und ‚Mademoiselle' nimmt mich an die Hand, sie führt und leitet mich. Ich bin nicht mehr alleine. Aber man muss vorsichtig sein, sich nicht zu sehr an sie gewöhnen. Sie kann auch sehr besitzergreifend sein, dann zwingt sie mich, den teuersten Espresso zu trinken und Kekse kiloweise zu essen.
‚Mademoiselle' mag Lippenstifte wie ich. Gemeinsam stehen wir vor dem Spiegel, ausgelassen und fröhlich. Am liebsten mögen wir die Farbe Rot. Diese Farbe strahlt Lebendigkeit und Freude, Liebe und Fröhlichkeit aus. Nachher werden wir in ein Kosmetikgeschäft fahren, denn ich möchte auch solch einen Lippenstift ... ‚So rot wie deine Lippen!', sage ich liebevoll zu ‚Mademoiselle'.

Der rote Geldbeutel

Marianne Schaefer

Irene hatte vor einigen Wochen ihren Geldbeutel verloren und nicht wieder bekommen, obwohl man sie leicht als Besitzerin hätte ausmachen können.
In diesen besagten Wochen fielen die Ängste wie schwarze Raben über sie her. Die Sorge saß täglich mit am Tisch und schnitt das Brot dünner. Damals schwor sie sich: Sollte ich jemals eine fremde Geldbörse finden, werde ich sie behalten ...
Nun lag eine rote Geldbörse vor ihr und weit und breit war kein Mensch zu sehen. Langsam ging sie näher, hob die Börse auf und schaute verstohlen hinein. Was sie sah, ließ ihr Herz höher schlagen.
Sie blickte sich vorsichtig nach allen Seiten um, steckte den Fund in ihre Jackentasche und schlenderte weiter.
Unterwegs überlegte sie, was sie sich für das gefundene Geld leisten sollte. Sie wollte es für etwas Besonderes ausgeben. Für etwas, was sie sich sonst nicht leisten konnte.
‚Ein hübsches Seidentuch vielleicht', dachte sie, ‚oder beim Chinesen essen gehen. Ein Theaterbesuch, auf einem besonders guten Platz und danach in ein hübsches Weinlokal einkehren.'
Oder – noch besser – sie könnte sich das blaue Kaffeeservice anschaffen, das ihr bisher immer zu teuer war. Ja, etwas Bleibendes sollte es sein, das sie ständig an ihren erfreulichen Fund erinnern sollte. Bei diesen schönen Gedanken wurde ihr Schritt immer schneller.
Doch plötzlich blieb sie stehen. Ihre Hand griff in die Jackentasche. Ihre Finger tasteten behutsam die Börse ab, bevor sie sie herausholte. Es war ein unscheinbares Geldtäschchen – das war ihr gleich aufgefallen, als sie es aufgehoben hatte. Ein schmales Geldbeutelchen, von armseligem, abgegriffenem Aussehen. Es musste oft angefasst und benutzt worden sein – das erkannte man deutlich. Das einstmals glänzende, rote Leder war grau und schmutzig geworden. Die Person war

offensichtlich das Geldausgeben nicht gewohnt. Sie hatte wohl jedes Mal ihre Geldbörse lange in der Hand gehalten, gedreht und gewendet, bevor sie einen Cent ausgab.
Langsam schob Irene die Börse in die Tasche zurück. Sie setzte sich ins nächste Café und stierte sinnend durchs Fenster. Wenn das Geld nun einer armen Rentnerin gehörte, die nicht wusste, wie sie diesen Monat überbrücken sollte? Wie war ihr damals zumute beim Verlust des Haushaltgeldes für den ganzen Monat? Elendig fühlte sie sich!
Andererseits hatte das Geld vielleicht ein reicher Pinkel verloren, für den die paar hundert Euro nur Peanuts waren? Aber dazu passte das armselige Aussehen der Börse nicht!
Angenommen, sie kauft sich das gewünschte Service? Es würde sie zwar immer an ihren Fund erinnern, aber jeder Schluck Kaffee ließe ihr schlechtes Gewissen schlagen!
So stritten sich ihre zwei innere Stimmen auch noch beim zweiten Kaffee. ‚Soll ich? – Soll ich nicht?'
»Ach, was soll`s!«, sagte sie laut und die Bedienung lächelte mitleidig, als sie ging.
Irene lenkte ihre Schritte zur nächsten Polizeistation.
Als sie wieder auf die Straße trat, war ihr Gang fest und elastisch, ihr Gesicht heiter und zufrieden. All ihre schönen Pläne, vom Seidentuch bis zum Kaffeegeschirr, waren vergessen und abgehakt.
Sie trauerte ihnen nicht nach – im Gegenteil.

Nur ein Tropfen meines Blutes

Asmodina Tear

»Mensch, Dominique, du hast viele Anti-Gene«. Die 20jährige Shirin beugte sich über das Mikroskop und blickte neugierig durch die Linse. Es war faszinierend, wie viel Bewegung und Leben sich in der roten Flüssigkeit verbergen konnte.

»Anti-Gene? Was soll das sein?«, fragte Dominique interessiert und Shirin verdrehte die Augen. So sehr sie ihre beste Freundin aus Kindertagen auch liebte, in Biologie fehlte ihr das Verständnis.

»Du hast die Blutgruppe AB, welche dir die Anti-Gene A und B spendet. Zusätzlich verfügst du über das Antigen D, was bedeutet, dass du den sogenannten Rhesus-Faktor in dir trägst.«

»Dann bin ich gegen viele Krankheiten immun?«

Shirin nickte. »Zumindest, was das Blut angeht. Jedoch hat es den Nachteil, dass eine Transfusion sich als problematisch gestalten würde, denn diese Kombination ist ziemlich selten.«

»Jage mir keine Angst ein«, entgegnete Dominique gespielt panisch, bewaffnete sich mit einem Kissen und drohte, es ihrer Freundin an den Kopf zu werfen, worauf diese in schallendes Gelächter ausbrach.

»Was erwartest du eigentlich?«, fragte Shirin unschuldig, ehe sie ihr Gesicht zu einer dämonischen Fratze verzog. »Schließlich nennt man mich ja nicht umsonst das ...«, ihre Stimme vertiefte sich, »… Blutmädchen!«

Um das Schauspiel zu perfektionieren, bog Shirin ihre Finger zu Krallen und schlug damit halbherzig nach Dominique, welche erst erschrocken zurückwich und sich danach lachend auf dem Boden kugelte.

»Bevor du mich bei lebendigem Leibe zerfleischst, lass uns lieber ein paar Fotos machen. Du hast doch etwas von einer neuen Machete erzählt.«

Shirin nickte und rappelte sich auf. »Ja, sie liegt in der Garage.

Du glaubst gar nicht, wie schwer es war, die Klinge auszuschneiden und zu bemalen.«

Innerhalb weniger Minuten waren die Freundinnen nach draußen gestürmt und holten die Machete sowie Schminkutensilien. Mit Genuss, aber auch Sorgfalt beschmierten sie die lange, breite Klinge mit Kunstblut und formten mithilfe einer knete-artigen Masse falsche Wunden im Gesicht und an den Handgelenken. Ersteres machte Shirin leichte Schwierigkeiten, da sie von Natur aus sehr bleich war.

»Man könnte wirklich meinen, du seist ein Vampir«, sagte Dominique lachend, während sie versuchte, die verräterischen Narbenränder mit weißem Puder zu kaschieren.

»Das wäre toll, denn dann könnte ich Professoren und Studenten an unserer Uni das Blut aussaugen, als Strafe für ihr unverschämtes Benehmen.«

Die Gesichter der beiden Frauen verfinsterten sich für wenige Sekunden. Aufgrund ihres sonderbaren, leicht makabren Hobbys waren sie ewige Außenseiter und somit potenzielle Opfer sowohl für verbale Beleidigungen als auch psychische Gewalt. Während Shirin sich durch ein gesundes Selbstbewusstsein und jahrelanges Karate-Training meist zur Wehr setzen konnte, blieb Dominique aufgrund ihrer zierlichen Statur immer die Unterlegene. Nicht nur seelische Narben und freiwillige Isolation waren die Folgen; an einem Tag hatte Shirin ihre Freundin sogar ins Krankenhaus bringen müssen, weil diese mehrere, durch Tritte verursachte Blutergüsse an der Wirbelsäule gehabt hatte.

Um dem verlockenden Drang nach Rache zu entgehen, zogen sie sich meist in ihre eigene bizarre Welt zurück, in der sie entweder die Geheimnisse des Blutes erkundeten oder Todesszenen aus bekannten Horrorfilmen selbst inszenierten.

»Aber du traust dich noch immer nicht, dein eigenes Blut zu untersuchen, oder?«, fragte Dominique, während sie die Machete an Shirins Hals setzte.

Diese schüttelte kaum merklich den Kopf und schlug die Augen nieder. Ihr eigenes Blut war etwas, an das sich die junge Frau nicht heran wagte, ohne dafür einen wirklichen Grund nennen zu können. Dabei hatte das Blut sie schon sehr früh beeindruckt ... seit jenem rätselhaften Abend, an dem Shirin sich zum Spielplatz geschlichen hatte. Die Erinnerung daran, was genau sie dort gesehen hatte, lag hinter einer dichten Nebelwand verborgen in ihrem Kopf und war für niemanden zugänglich. Nur manchmal zogen sich vereinzelte Bildfetzen durch ihre Träume, welche Shirin, mangels einer anderen Erklärung, jenen Geschehnissen zuordnete. Aber darüber sprach sie nie, das Dasein als »schwarzes Schaf« und »Blutmädchen« war anstrengend genug; was würde erst passieren, wenn sie anderen Leuten das offenbarte?

»Shirin«, Dominiques leicht besorgte Stimme holte sie in die Wirklichkeit zurück. »Sollen wir für heute abbrechen? Du bist unkonzentriert und außerdem wird es langsam dunkel!«

Ein wenig schuldbewusst erhob Shirin sich.»Sorry«, murmelte sie. »Ich weiß nicht, was heute mit mir los ist.«

Die Freundin lächelte nachsichtig. »Wir haben alle gute und schlechte Tage, das ist doch ganz normal. Komm, wir waschen uns die Schminke ab.«

‚Normal', Shirin ließ dieses Wort auf der Zunge zergehen und unterdrückte ein Auflachen. Was war noch normal? Sie bestimmt nicht.

Die Vorlesungen am nächsten Tag zogen sich wie ein Gummiband, zumal die junge Frau in der vorherigen Nacht kaum Schlaf gefunden hatte. Immer wieder waren erschreckend klare Bilder von jenem schicksalhaften Abend vor ihrem geistigen Auge entstanden ...

… Trotz der bereits einsetzenden Dämmerung hatte sie, Shirin, sich heimlich zum Spielplatz geschlichen und dort eine Weile herumgetobt. Weder der fahle Schein der Straßenlaternen noch die unheimlichen Geräusche der Tiere konnten die Achtjährige erschrecken. Im Gegenteil, diese lebendige und trotzdem so finstere Atmosphäre vergrößerte den Reiz der Situation und schenkte ihr gleichzeitig eine sonderbare Wärme. Aus vollem Halse lachend und mit ungezähmt wehenden Haaren saß Shirin auf der Schaukel; erst das plötzliche Quietschen von Autoreifen ließ sie zusammenfahren. Doch anders als die übrigen Kinder, lief Shirin nicht davon, sondern blieb wie angewurzelt stehen.

Das mittelgroße Auto war mit voller Geschwindigkeit gegen einen Laternenpfahl geprallt und an der Vorderseite völlig zerstört. Glassplitter bedeckten den Asphalt wie winzige Perlen und aus der Motorhaube stieg eine mehlig-graue Rauchsäule. Noch immer stand das kleine Mädchen wie festgefroren da und wagte nicht, sich zu rühren, als jemand von hinten an sie herantrat.

»Renne nicht weg, bitte«, die Stimme klang freundlich, aber auch etwas zitterig und brachte dennoch jeden Fluchtinstinkt zum Erliegen. Widerstandslos ließ Shirin sich von hinten umarmen und sträubte sich auch nicht, als der Fremde ihr durchs Haar strich.

»So weich und schön, wie eine Prinzessin«, diese Worte ließen ihren Körper zur Salzsäule erstarren und der vermeintlich unschuldige Kuss auf ihrem Nacken fühlte sich falsch an. Es war nicht richtig!

Aber ehe das kleine Mädchen etwas machen konnte, spürte sie einen stechenden Schmerz an ihren Hals, gleich darauf folgten abstoßende, schmatzende Geräusche, als ob jemand zu schnell aß. Shirin wollte schreien, doch jeder Laut erstarb in ihrer Kehle; nach einer Weile verschwammen alle Konturen und das letzte, was sie fühlte, war die Berührung mit dem feuchten Gras. Im Nachhinein behaupteten alle, Shirin habe sich lediglich beim Spielen verletzt und es hätte niemals einen Autounfall gegeben. Selbst für ihre kindlichen Ohren schien diese Erklärung absurd, zumal sich von jenem Moment an alles veränderte.

Ihre Eltern betrachteten sie plötzlich auf eine distanzierte Art und Weise, während andere Leute und besonders Kinder sie gänzlich mieden. Auch musste Shirin danach regelmäßig zur Blutuntersuchung ins Krankenhaus, obwohl es niemals Anzeichen einer Krankheit gab. Dafür entwickelte das kleine Mädchen ein seltsames Interesse, welches sie für ihr Umfeld psychisch krank machte. Plötzlich war Shirin regelrecht besessen von Blut, zuerst vergrub sie sich wissbegierig in das theoretische Studium der biologischen Eigenschaften, doch im Laufe der Jahre war es nicht mehr ausreichend gewesen. Mittlerweile musste die junge Frau mehrmals täglich ihr eigenes Blut schmecken und ertappte sich immer öfter bei der Vorstellung, aus einem Beutel oder von einem Menschen zu trinken. Die kurzfristige Erregung schwand dabei stets einem immensen Ekel und zuweilen stummen Tränen ...

»Was geschieht nur mit mir?«, grübelte Shirin und bedeckte das Gesicht mit ihren Händen.
Es war, als würde sie auf einen unbekannten Abgrund zusteuern, und ein Entkommen gab es nicht. Zu ihrem Glück ertönte im nächsten Augenblick die Klingel und befreite sie zumindest von der lerntechnischen Belastung. Nach einiger Überlegung entschied Shirin sich, die Mediathek aufzusuchen, vielleicht würde eine gute DVD sie von ihren Problemen ablenken und vielleicht sogar zu neuen Darstellungen inspirieren. Unter den argwöhnischen, teilweise sogar angewiderten Blicken ihrer Kommilitonen verließ Shirin die Universität und machte sich auf den Weg in die Innenstadt.
Die Sonne begann bereits, am Horizont zu verschwinden, und es gelang ihr nicht, auf direktem Wege in die Mediathek zu gelangen. Zuerst betrat die junge Frau ein kleines Café, um einen Espresso zu trinken, und danach stöberte sie in einem Second-Hand-Buchladen. Die Ruhe jener Orte vermittelte Shirin ein Gefühl der Zuversicht; manchmal war es besser, nicht alles zu hinterfragen, sondern den Dingen ihren Lauf zu lassen.
Mit diesem Gedanken öffnete sie die Tür der Mediathek, wo der Verkäufer sie freundlich begrüßte und ihr eine Cola spendierte. Dankbar lächelnd spazierte Shirin anschließend durch die symmetrischen Regale in denen, neben zahlreichen

DVDs, auch Computerspiele zu finden waren. In der Abteilung »Horror« verlangsamte sie ihren Gang und studierte aufmerksam jede einzelne Hülle, wobei besonders Vampir-Filme ihre Aufmerksamkeit erregten. Vom schwarz-weißen Klassiker aus den zwanziger Jahren über diverse Interpretationen von Dracula bis zu amerikanischen Blockbustern wie der »Underworld-Reihe« war alles vorhanden, aber ein ungewöhnlich helles Cover mit dem englischsprachigen Titel »Embrace of the vampire« ließ sie innehalten. Von diesem Film hatte sie noch nie gehört, interessiert las sie die Inhaltsangabe.

Ein Vampir benötigt jungfräuliches Blut, um nicht in den ewigen Schlaf zu fallen. Doch die einzige Quelle ist die Wiedergeburt seiner verlorenen Geliebten und von ihr begehrt er mehr als nur ihren Lebenssaft.

»Gefällt Ihnen dieser Film?«, riss eine dunkle, melodiöse Stimme Shirin aus ihren Überlegungen.
Die junge Frau drehte sich um und erblickte einen jungen Mann, welcher scheinbar ebenfalls nach Filmen suchte. Eine normale Situation mit einer gewöhnlichen Frage und doch spürte Shirin eine starke Irritation.
»Ja, er gefällt mir, obwohl die Handlung ein wenig sonderbar scheint. Ich denke, ich werde ihn ausleihen«, erwiderte Shirin schnell und wollte sich an dem Fremden vorbei schieben, als seine Worte sie zurückhielten.
»Warum ist die Handlung sonderbar? Glauben Sie nicht, das Vampire ewig lieben können, wenn ihre magischen Augen jeden Menschen als wunderschön empfinden? Denken Sie nicht, dass ein Bündnis jenseits der Wirklichkeit möglich ist?«
Shirins erster Impuls war es, spöttisch loszulachen; diese Worte und die Art, wie er sprach, klangen lächerlich und surreal. Dann traf sie die Erkenntnis wie ein Donnerschlag. Sie kannte diese Stimme von jener Nacht, als der fremde Mann ihr wehgetan und ihr ganzes Leben verändert hatte.

Die junge Frau fing an zu zittern.
»Sie Biest! Sie Monster, was haben Sie mit mir gemacht?« Mit Fäusten trommelte sie gegen den Brustkorb des Mannes, was ihm ein amüsiertes Grinsen entlockte.
»Ich brauchte dein Blut«, erwiderte er ungerührt und packte ihre Handgelenke. »Bei dem Aufprall hatte eine längliche Glasscherbe sich genau in meinen Torso gebohrt, weswegen der Blutverlust sehr hoch war. Außerdem hatte dein unschuldiger Duft ...«, der Vampir vergrub sein Gesicht kurz in Shirins Halsbeuge,»... mich betört.«
Die junge Frau blickte ihn verwundert an, so etwas hatte noch nie jemand zu ihr gesagt.
»Und zu deiner Frage, was mit dir geschieht … Nun, ich denke, das kann man am besten bei einem Spaziergang besprechen.«
Galant bot er ihr seinen Arm an und Shirin nickte, sie wollte die Wahrheit erfahren. Wie ein augenscheinliches Liebespaar verließen sie die Mediathek und gingen in die Nacht hinaus. Im matten Sternenlicht bemerkte Shirin erst, wie attraktiv ihr Begleiter eigentlich war. Kurze, leicht zerzauste schwarze Haare, bleiche Haut mit vollen Lippen. Außerdem trug er eine edle schwarze Lederhose und ein schwarzes Shirt, welches seinen schlanken Körper noch zusätzlich betonte. Doch das, was ihr Herz höher schlagen ließ, waren seine eisgrauen Augen. Shirin hatte keinen Zweifel daran, dass sie einen Menschen innerhalb weniger Atemzügen in Bann schlagen konnten.
Unsicher trippelte sie neben ihm her, ihr Körper zitterte.
»Ich bin Shirlard«, unterbrach der Vampir ihre Gedanken, packte die junge Frau bei den Schultern und drehte sie zu sich herum. »Und ja, ich habe damals von deinem Blut gekostet und damit ein unsichtbares Band zwischen uns geknüpft. Aber das ist nicht der alleinige Grund für deine vermeintlich abartigen Gelüste«, sein Blick in Shirins Augen wurde intensiver. »Hast du jemals dein eigenes Blut untersucht, seitdem du das Verlangen danach hast?«

Die junge Frau senkte den Blick. »Nein, ich ... ich hatte Angst!«
Shirlard lächelte verständnisvoll. »Wir Vampire müssen Blut trinken, weil unser eigenes nicht in der Lage ist, Hämoglobin zu bilden und du, Shirin, hast aufgrund einer seltenen Genmutation, das gleiche Problem!«
Sie starrte ihr Gegenüber fassungslos an. »Heißt das, ich bin ein menschlicher Vampir?«
»Nein«, erwiderte er beruhigend und strich über ihre Wange. »Du bist eine Vampirgeborene. Nach deinem Tod wirst du als Geschöpf der Nacht weiterexistieren. Die einzige Schwierigkeit – normalerweise geschieht die langsame Veränderung unauffällig, doch durch meinen Biss habe ich den Prozess beschleunigt. Deswegen biete ich dir an, dich zu unterrichten und zu leiten bis zu jenem Tag.«
Ehe Shirin etwas erwidern konnte, zog Shirlard sie in eine wärmende Umarmung, die ihr Herz fast zerspringen ließ. Eine solche Geborgenheit hatte sie immer vermisst.
Ohne lange zu überlegen, nickte die junge Frau.
»Ja, Shirlard, sei mir Gefährte, Freund und Lehrer bis zu jenem Tag.«
Der Vampir lächelte und verschloss ihre Lippen mit den seinen.
Hinter ihnen färbte der Mond sich blutrot.

Kleine rote Schuhe

Angelika Groß

Kleine rote Schuhe
kommen weich daher
aus feinem Leder
belegt mit zartem Gold

Kleine rote Schuhe
laufen in den Träumen
bringen mich durch
die ganze Welt

Kleine rote Schuhe
sind etwas Besonderes
helfen wunderbar
erfüllen meine Wünsche

Kleine rote Schuhe
werden nicht verschenkt
bleiben in Gedanken
bestehen lebenslang

Liebe – Niemals in Rot

Marlies Hanelt

„Was für ein Sauwetter! Verdammt noch mal. Habe heute noch so einiges vor“, murmelt Maschi missmutig und räkelt sich unter ihrer warmen, sie behütenden Bettdecke aus Lammfell. Ein letztes Geschenk von Ansgar, der es vorgezogen hat, das Weite zu suchen. Natürlich ohne jedweden Grund.

Er redete sich permanent heraus, in dem er fadenscheinige, anstatt logische Erklärungen, heraushängen ließ. Was soll‘s. Ansgar gehört zur Vergangenheit und wird in ihrem zukünftigen Leben nicht mehr Einzug halten. Ein Zurück ist ausgeschlossen. Denn Maschi hasst nichts mehr, als wenn man dem Verflossenen noch eine Chance einräumt, damit das ganze Spiel von vorne beginnt. ‚Niemals‘, schwor sie sich. Bis heute.

Nichts ist schlimmer, als sich selbst nicht treu zu sein, morgens sich nie mehr erhobenen Hauptes im Spiegel betrachten zu können. Obwohl, Ansgar wäre der perfekte Partner gewesen. Er konnte eine Lösung für alle möglichen Probleme finden.

Dem exzessiven Sex frönten beide ständig so heftig, dass das Spiel eigentlich niemals enden konnte. Völlig in ihrer Welt aufgehend, verloren die beiden jegliches Zeitgefühl. Die Zeiger der Uhren drehten sich einfach nicht weiter. Sie schienen still zu stehen und zu keiner Bewegung mehr fähig zu sein. Es gab Orgien, die ausufernder nicht sein konnten. Die Farbe Rot spielte hierbei eine fokussierende dominante Rolle und peppte das vergnügliche Miteinander erst richtig auf. Rotes Ambiente. Glutrote schwere Vorhänge, an denen gedrehte goldene Kordeln mit Puscheln daran hingen. Tiefrote, spiralförmig geformte Kerzen in passenden gläsernen glitzernden Ständern, deren Flammen im Rhythmus des nahenden Orgasmus heftig flackerten. Holziger Patchouli-Duft waberte durch das erotisch anheimelnde rote Gefilde und vollendete die Stimmung in perfekter Weise. Roter trockener Wein stimulierte die Sinne und ließ hoffen. Eigentlich war alles im

Lot. Hätte sich Ansgar nicht über Nacht davon geschlichen, nachdem ein Streit regelrecht eskalierte, dann wären sie immer noch ein Paar. Vielleicht war doch eine andere Frau oder gar ein Mann im Spiel?
Obwohl es längst Zeit zum Aufstehen ist, bleibt Maschi liegen. Lässt ihre Gedanken in die herrliche, reich gefüllte Vergangenheit fliegen, katapultiert sie ins "Rote Reich“ zurück. Wie Pfeile auf der Armbrust gespannter Sehne sirren sie davon und lassen den bevorstehenden Alltag vergessen. Dass noch eine Verabredung mit einem Kollegen ansteht, kommt ihr noch nicht einmal ansatzweise in den Sinn. Hans-Jürgen wäre auch nur ein jämmerlicher Ersatz für Ansgar gewesen, der es nicht wirklich lohnt, sich mit ihm abzugeben. Ein in sich gekehrter Beamtentyp mit einem akkurat gezogenen Mittelscheitel im Haar, der stocksteif daher kommt und zudem keine Erfahrungen mit Frauen hat. Der Farbe Rot ohnehin nicht zugewandt, würde Hans-Jürgen schlichtweg zu banal und langweilig wirken. Hans-Jürgens‘ harte, beamtentechnisch geformte Wortwahl passt sich seinem eingemauerten Gehabe. Er strahlt Kälte ab, während Gefühle offensichtlich bereits in seinem Inneren gestorben sind. Der Mann ist weder prickelnd, noch wirklich sexy. So wie er, dümpeln viele herum. Vorsicht ist demzufolge geboten und absolut der bessere Rat. Dagegen macht Ansgars Charakter seine Einzigartigkeit und Individualität aus, von dem sich Maschi angezogen fühlt. Immer noch.
Tagträumerisch in “Roten Sphären“ wandelnd, fährt die Frau zusammen, als das Telefon im unpassenden Moment losschrillt. Trunken von ihren Fantasien greift sie mit feuchter und zittriger Hand zum Hörer. Meldet sich nur kurz, da ihre Stimme droht zu versagen.
„Einen schönen Tag wünsche ich dir, Maschi“, vernimmt sie die ihr sehr bekannte monotone Stimme. Ist noch angewiderter davon, als es vorher den Anschein hatte. Warum sollte sich Hans-Jürgen eben jetzt anders verhalten, als auf der Arbeit?

„Hast du etwa unsere Verabredung vergessen?“., Seine Stimme ist teilnahmslos, ja fast schon kühl. „Wir wollen doch Eis essen gehen, und ein prickelndes Mineralwasser mit einer Limettenscheibe dazu genießen oder nicht? Vielleicht noch ins Kino? Du weißt doch, da läuft dieser Abenteuerfilm, den ich so wahnsinnig liebe“.
Jetzt ist Maschi hellwach. Kann sich eines Lächelns nicht erwehren und gluckst. Sie schnalzt mit der Zunge und haucht in die Sprechmuschel: „Würde ich gerne, Hans-Jürgen. Kommen auch wieder die “Roten Zwerge“, hinter den “Roten Bergen“ darin vor?“ Sie lacht schallend, da die Frage nicht ernst gemeint ist.
„Wie kommst du darauf? Nein, natürlich nicht. Doch schon irgendwie, aber sie sind alle mehr rostbraun, ockerfarben und grau.“ Unsägliche Stille in der Leitung. Nur das Zwitschern von Hans-Jürgens Kanarienvogel ist im Hintergrund zu vernehmen. Wie durch Magie wird Maschi von den neuen Farben angezogen. In ihr vollzieht sich ein unbändiger Sinneswandel und will sich in ihren fantasiereichen Gedanken festsetzen, dort so lange verweilen, bis Ansgar trotz aller Widrigkeiten zu ihr eilt und sie mit dem “Roten Verlangen“ in ihren beider Reich entführt. Werden sie es schaffen oder ist das nur ein Trugschluss?
„Maschi, du brauchst dich nicht zu beeilen. Ich komme einfach kurzerhand vorbei, und wir lassen es uns gut gehen. Weiß doch immer noch, wo du wohnst. Bringe dir auch einen Strauß roter Nelken mit“. Da ist es wieder. Das anstachelnde ‚Rot‘. Will sich ebenfalls zu ihren wirr werdenden Gedanken gesellen und eine Liaison mit dem rostbraunen, ockerfarbenen, grauen Farbendurcheinander eingehen. Dass dies natürlich kaum, bis hin zu ‚gar nicht‘ möglich ist, schmerzt sehr. Also muss Maschi eine konsequente Entscheidung treffen, die ihr nicht leicht fällt.
Hin und hergerissen, sich zwischen den Farbenwelten befindend, wartet sie erst einmal Hans-Jürgen ab, was er ihr sonst noch zu bieten hat. Falls er überhaupt dazu in der Lage sein

wird. Erwarte das Unerwartete. Es dauert kaum gefühlte dreißig Minuten, bis es an Maschis Wohnungstür kräftig schellt. Ziemlich aufgeregt, springt sie aus ihrem warmen Kuschelbett und hastet zur Tür, die über und über mit Promifotos zugekleistert ist, die sie förmlich anzugaffen scheinen. Sie öffnet und erstarrt vor Ehrfurcht. Ein rostbrauner, ockerfarbener, grauer Typ mit hochrotem Gesicht steht davor und zieht seinen puterroten Hut. Sieht dem langweiligen Beamten Hans-Jürgen nur etwas ähnlich.

„Hallöchen, Maschi, du alte Schlampe." Oha, was geht jetzt ab? „Ich werde dich heute in mein buntes Reich entführen. Mit allem drum und dran. Willst du?" Hans-Jürgen wartet erst gar nicht Maschis Antwort ab, sondern ergreift die Initiative. Er reißt sie kraftvoll an sich und drückt seinen Mund auf ihren. Klebt geradezu daran fest. So, als hätte er nicht die Absicht, sich von ihr lösen zu wollen. Energetische Blitze zucken durch Maschis Körper. In ihrem Kopf wirbeln und rotieren im freibeuterischen Stil die Gedanken und rauben ihr regelrecht den Verstand. Sie treiben mit ihr ein niemals enden wollendes Machtspiel. Zwei Farbenwelten prallen aufeinander und sind jetzt nicht bereit, sich zu vereinen.

Als hätte der Satan persönlich seine Hand im Spiel, eilt Ansgar in roter Kleidung die Treppe hinauf und bleibt abrupt hinter Hans-Jürgen stehen. Er hält einen Strauß rostbrauner, ockerfarbener, grauer Tulpen in den Händen. Wenn man es recht betrachtet, ergeben diese Farbnuancen einen illustren Mix und lassen Maschi eigentlich keine Wahl. Wozu auch. Denn alle Farben, denen sie zugeneigt ist, sind vorhanden. Stehen in Person vor ihr und bitten um Einlass. Wie sie nun Ansgar und Hans-Jürgen sexuell bedienen als auch befriedigen möchte, darüber lasse ich den Leser entscheiden. Ich würde sagen, immer schön gut situiert einer nach dem anderen. Zu Beginn wird es heiß und ‚rot' , dann kommt die etwas kühlere Variante des Rostbraunen, Ockerfarbenen und Grauen. Ein ‚entweder oder' gibt es für Maschi nicht. Ein Klasse-Weib, würde ich meinen.

Der Anwalt
Alexander Urban

Verdammter Mist!
Er sieht sich in der Wohnung um, die er und seine Frau vor zwei Jahren bezogen haben, weil sie zusätzlich ein Kinderzimmer bot. Seine Frau war schwanger, hochschwanger. Sie waren verzweifelt auf der Suche gewesen, denn ihr 34 qm großes Appartement hätte nicht mehr ausgereicht.
Der Wohnungsmarkt in der Stadt war hoffnungslos überlaufen und die wenigen infrage kommenden Mietwohnungen extrem überteuert. Sie mussten aber in der Stadt wohnen, wegen seines Berufes und der Schrottkarre, die sie ihr eigen nannten – diese wäre bei längeren Anfahrtswegen auseinandergefallen und hätte Unmengen von Sprit (und Öl) verbraucht …
Sie unterschrieben schließlich einen Mietvertrag, der einen Großteil seines Gehaltes auffressen würde. Aber sie war glücklich. Endlich eine Wohnung und direkt in der Nähe zum Krankenhaus (die Strecke sollte die Karre noch bewältigen können, wenn er seine Frau in den Wehen zur Entbindung brächte).
Wirklich, eine sehr schöne Wohnung. Nur leicht renovierungsbedürftig. „Sie müssen natürlich ein wenig investieren!“, meinte der Vermieter. „Der letzte Mieter war drogensüchtig und hat sich um nichts gekümmert …“ Danach sah die Bude auch aus. Mit ‚wenig‘ war da kaum etwas zu schaffen.
„Sie sind doch jung und kräftig …“ Jetzt musste es kommen – und es kam: „Laut Mietvertrag haben sie alles aus eigenen Mitteln zu leisten.“ Nun, das hatte er sich genau so gedacht.
Als er sie fragend ansah, streichelte Sie nur ihren Bauch. Die Lage war eben optimal – was hätte er sagen können …

Also renovierte er. Mit dem erbettelten Geld von den Schwiegereltern. Die aber auf einer 24-Stunden-Hotline zu ihrer Tochter bestanden. Zum Glück riefen sie selbst an, die Telefonkosten hätten sonst den sofortigen Finanzexitus bewirkt.

Als die Wehen einsetzten, fuhr er seine Frau mit der Rostlaube zum Krankenhaus, war auch bei der Geburt dabei. Er hatte einfach keine Lust, sich zu den beiden anderen werdenden Vätern zu setzen, die eine Zigarette nach der anderen qualmten und alle zwei Minuten im Wartebereich aufstanden und von einem Ende zum anderen liefen.
Die Geburtsprozedur war recht blutig, aber problemlos. Seine Frau presste und atmete heftig, und dann zog man ihr das Kind heraus. Klaps auf den Po und es schrie. Ein Sohn. Für ihn war das kein schönes Erlebnis, er hatte sich das etwas weniger grausam vorgestellt. Dann nahm er das angebotene Skalpell und schnitt die Nabelschnur durch. Frau und Kind wurden nun medizinisch versorgt und er in den Warteraum verwiesen. Dort tigerte nur noch ein werdender Vater herum. Aus dem zweiten Entbindungssaal hörte man brüllend laut: „ Qué has hecho? Mi hijo está muerto!"
Verstand er zwar nicht, war aber sicher nicht gut. Er erfuhr später, der Mann hätte, als sein Säugling tot geboren wurde, weil diesen die Nabelschnur erwürgt hatte, mit einem Skalpell die Ärztin und eine Schwester lebensgefährlich verletzt. Dann schnitt er sich selbst die Kehle durch.

Wie zu erwarten war, brüllte ihr Sohn sie in der Folge jede Nacht wegen Hunger, Durst oder voll gemachten Windeln aus dem Schlaf.
„Schatz, kannst du heute mal gehen, ich hatte einen schweren Tag." Und ‚Schatz' tat, wie ihm befohlen.

Arbeit

Jeden verdammten Tag fuhr er mit der Schrottkarre, die jeden Tag mehr den Geist aufzugeben schien (Benzin- und Ölkanister hatte er mittlerweile immer dabei), zur Schlachtbank.
Er war Anwalt in einer großen Kanzlei. Ein kleines ‚Licht' im untersten Stockwerk, zusammen mit 15 anderen. Sie kümmerten sich um die kostenlosen Fälle (die Kanzlei hatte ihre

soziale Seite, denn die brachte gute Presse). Alleinerziehende Mutter verklagt den Vater ihrer fünf Kinder, weil der nicht mehr zahlen will. Vater verklagt Mutter, weil sie keinen Vaterschaftstest erlaubt. Drogensüchtiger 14-jähriger hatte keine Ahnung, wie sein Messer dem ihn beleidigenden Texaner den Darm perforieren konnte. Man durfte sich einen aussichtslosen Fall aussuchen. Er nahm den 14-jährigen.
Der Täter konnte noch am Tatort verhaftet werden, da er nach dem Mord wieder in die Bar ging und die Kellnerinnen anbaggerte. Zudem hatte er beim Kotzen in der versifften Toilette an der Wand einen blutigen Handabdruck hinterlassen.
‚So ein Idiot', dachte er bei sich.
Miguel, der 14-Jährige Täter, widersetzte sich vehement der Verhaftung und griff die Officers mit Händen und Füßen sowie dem besagten Messer an.
Nach seiner Einlieferung in die Arrestzelle versorgte ein Arzt seine zahlreichen Blessuren wenig begeistert und für den Inhaftierten nicht besonders schmerzfrei, der dabei weitere ‚Nettigkeiten' losließ.
‚Tja Junge, jetzt hast du mich.' Also auf zur Verwahrstation 30 Meilen weiter. Mit einem unguten Gefühl startete er die Rostlaube. Sie sprang an. Als er an der letzten Tankstelle, fünf Meilen vor dem Ziel, knapp vorbei war, streikte die Karre. Mit kochendem Kühler fuhr er rückwärts zur Tankstelle. Las das Schild: „Red's Station".

Red's Diner

Neugierige Augen verfolgten, wie er sein Auto mit dem Handy am Ohr verließ. „Ich habe eine Panne! Ich hänge hier im Niemandsland fest!" … „Was?" … „Das ist mir egal! Sagen sie ihm, entweder wartet er jetzt und vergisst sein Essen, oder die Spritze ist ihm sicher!" … „Ich versuche jetzt bei diesen dämlichen Rednecks Hilfe zu bekommen. Ich rufe wieder an!"

Er sah sich um.
Im Prinzip eine normale Tankstelle mit vier Zapfsäulen und einer für Truckdiesel. Dazu die obligatorische, sich natürlich „Red‘s Diner“ schimpfende Lokalität, die aber gut besucht zu sein schien, der Anzahl an Trucks, Pickups und Harleys nach zu urteilen. Als er sich auf den Weg zum Eingang des „Diners“ (er dachte bei sich, ‚hoffentlich haben die wenigstens Toiletten‘) machte, öffnete sich die Vordertür und ein geschätzt sechs Fuß großer und nicht weniger breiter Goliath stellte sich ihm in den Weg. „Hol mal deine Schrottkarre von den Säulen weg! Oder sollen wir hier alle in die Luft fliegen!“
Er wurde wütend, schrie den Typen an: „Da könnten mir deine Kumpels bei helfen! Dann können sie weiter saufen!“
Goliath drehte sich ein wenig zur Eingangstür: „Jungs, ich habe hier eine absolute Nervensäge mit einem Autoproblem. Wir müssen das beseitigen.“
Während er noch weiter auf seinem Mobile herum fummelte, drang das Wort „Beseitigen“ langsam in sein Hirn.
Er sah auf. Vor ihm – eine Wand aus Rockern, Rednecks. Das war nicht gut.

Er dachte, ‚wie komme ich hier heile wieder raus.‘
„Hey, wir sind wertlos!“
„Ye, da hast du Recht.“
„Ziehen wir die Karre weg, dann kann sich der Schnösel etwas erholen. Bobby-Su, komm mal eben und begleite ihn ins Diner!“

Er stand noch immer wie erstarrt vor der Meute. Sie kam auf ihn zu. Er trat einige Schritte zurück.
„Hey, geiles Mobile!“ … „Du hast aber auch ein Glück, bei uns gelandet zu sein!“
„Bobby-Su, wo bleibst du?“ Goliath.
In der Tür des Diners erschien ein Engel in der typischen Fastfood Uniform. „Bin doch schon da, hatte noch was auf dem Grill.“

Blond, strahlende Augen, die Farbe war für ihn nicht erkennbar, der Rest der Frau jedoch schon: ihren Busen und Hintern konnten weder kariertes Hemd, noch Latzhose oder Küchenschürze verstecken.
Er konnte seine Augen nicht von ihr lassen.
Die Meute kam weiter auf ihn zu. Warum hatte er sein Maul auch so aufreißen müssen? Das war es dann wohl, dachte er bei sich und schloss die Augen. Er fühlte, wie sich Körper an ihm vorbei bewegten. Kurz darauf hörte er Gemurmel und Gelächter hinter sich: „DAS soll ein Auto sein?“
„Ye, in der Steinzeit vielleicht.“
„Oh-oh, es spritzt Öl, schon ‘ne ganz schöne Lache …“
„Das wird Bobby-Su aber gar nicht gefallen!“ Gelächter.
Er fühlte, wie ihm jemand auf die Schulter tippte. „Sag mal, pennst du, oder wie?“ Goliath.
‚Sollte ich noch leben?‘, fragte er sich und öffnete langsam die Augen. Das erste, was er sah, war Goliath, der ihn leicht amüsiert anschaute. Plötzlich bekam er einen Schlag ins Gesicht. Er stürzte zu Boden. ‚Also doch‘, dachte er und schaute ängstlich nach oben, wo sich Bobby-Su das Blut – sein Blut – von der Hand putzte.
„Guter Schlag!“, meinte Goliath anerkennend.
„Ach, halt die Klappe!“, sagte Bobby-Su und stellte sich breitbeinig über den noch Benommenen, der seine Nase betastete. „Hey!“
Hätte er nicht eine solche Angst gehabt, der Anblick hätte ihm einen Ständer verpasst. Aber so schaute er nur ängstlich nach oben.
„Was zum Teufel versaust du mir mit deiner Karre mein Gelände! Das Öl muss ich für verdammt viel Geld entsorgen, damit die Umweltbehörde mir nicht den Laden dicht macht!“
„Bitte, darf ich aufstehen?“, fragte er zögerlich. Im Hintergrund hörte er quietschende Geräusche.

„Komm schon, Bobby, lass ihn doch mal hoch. Er wird auch ganz lieb sein“, sprach Goliath amüsiert.
‚Ja bitte, bitte‘, dachte der Gefällte.
Mit einem eisigen Blick trat Bobby-Su zurück. „Steh auf!“
Er tat es, nach mehreren Versuchen stand er. „Dank…“.
Er wurde am Hals gepackt. „Kein Gejammer hier, du Mimose.“ Goliath.
„Lass mal sein, irgendwie gefällt er mir“, sagte Bobby-Su. „Bring ihn ins Diner.“
„Was ist mit meinem Auto?“, traute er sich zu fragen.
Goliath antwortete, wie immer, amüsiert: „Das sollte jetzt dein geringstes Problem sein.“
„Aber ich habe einen wichtigen Termin! Es geht um Leben und Tod!“
Bobby-Su schaute ihn an und sagte: „Hier auch!“ und zerrte ihn ins Diner.

Das Diner. Innen

Immer noch seine blutende Nase (gebrochen, bestimmt gebrochen!) haltend, gleichzeitig jedoch trotz der Schmerzen nur Bobbys Hintern anstarrend – für die Inneneinrichtung hatte er keinen Blick übrig – stolperte er vorwärts. Plötzlich wurde ihm ein Handtuch mit voller Wucht ins Gesicht geschmissen. Vor Schmerz schrie er auf.
„Putz dir die Nase, du Mimose!“, sagte Bobby. „Ist das klar?“
Er stammelte ein „Ja, klar“ und sah sich nun doch um, das schmuddelige Handtuch an seine Nase gedrückt.
Es befanden sich noch ein paar Gäste an der Theke, die ihn amüsiert anstarrten. Rocker und Rednecks. Er traute sich nicht, sie zu begrüßen, sei es auch nur mit einem „Hi!“. Das Interieur (und die Gäste) ähnelten dem, was schon mal im Cable-TV gezeigt wurde, wenn Filme oder Dokumentationen liefen, die er sich mit seiner Frau besoffen anschaute.
Hier lachte außer ihm jeder.

“Setz dich auf den Stuhl, ich hol dir ´nen Schmerzkiller!“ Bobby.
Er setzte sich. Jagdtrophäen an den Wänden, die unvermeidliche Südstaatenflagge, eine Flagge der „Marauders“ – zum Glück keine Hell´s oder Bandidos –, aber beruhigend war das eigentlich auch nicht. Ein Regal hinter der Theke, reichlich mit Flaschen gefüllt, mehrere Tische und Stühle (auf einem drückte er sich gerade den Hintern platt).
„Hey, Yankee! Du siehst echt nicht gut aus!“
„Ach, lass ihn mal, sonst fängt er noch an zu heulen!“ Großes Gelächter. Mit dem blutigen Handtuch seine Nase noch bedeckend, wurde er langsam wütend, sein Selbstvertrauen kehrte zurück.
Bobby knallte ihm eine Flasche „Jack´s“ auf den Tisch. „Die bezahlst du!“
Er schnappte sich den Whiskey und nahm einen tiefen Schluck. Das angenehm brennende Gefühl stellte sich ein.
„Gleich fällt er vom Stuhl!“
Es reichte. Er warf das Handtuch auf den Boden, zog noch einmal an der Pulle und stand auf. Bobby sah ihn amüsiert an. An sie und die Gäste gewandt, legte er los: „Was habe ich euch getan? Meine Karre ist verreckt, und das ausgerechnet hier, im hinterletzten Diner aller Bundesstaaten. Statt Hilfe zu bekommen, wurde ich geprügelt, verarscht, und das von den letzten Typen!“ Er sah Bobby an: “Dich meine ich auch, mach mal eine Anti-Agressions-Therapie!“ Er nahm noch einen Schluck. „Ich will mein Auto zurück, dann rufe ich den Automobilclub an und bin hier weg!“
Stille.
Totenstille.
‚Das war‘s dann wohl‘, dachte er, während ihn alle, auch Bobby, wie versteinert anblickten.
Sekunden verstrichen. Er schloss mit seinem Leben ab.
„Bobby-Su, suchst du nicht eine Küchenhilfe?“ Goliath.
„Ye!“

wie das Grauen

Rot wie die Lust des Teufels

Ilona Penna

Lüstern saugt er mit den Zähnen,
warmes Blut in grellem Rot,
noch eh´ die Frauen es erwähnen,
sind sie längst schon mausetot.
Leise schleicht der Sauger weiter,
sucht die Opfer großer Zahl,
saugt an ihren prallen Adern,
schert sich nicht an ihrer Qual.
Eines Tags zur Geisterstunde,
fasst er sich ans eig´ne Herz,
rotes Blut spritzt aus dem Munde,
oh wie grausam ist sein Schmerz.
Denn die Jungfrau die er biss,
einst in seinen jungen Jahren,
ihm das Herz in Stücke riss,
ließ ihn in die Hölle fahren.
Als er unten angekommen,
kommt der Teufel und er sagt;
»Hast die Jungfrau mir genommen,
hast mich nicht einmal gefragt.«
»Nun was hast du mir zu beichten,
welche Lüge tischst du auf?«
»Als die Adern sich erbleichten,
endete dein Erdenlauf.«
Doch der Sauger will sich wehren,
gegen Teufels rote Pest,
rünstig nach den roten Meeren,
beißt er zu gar arg und fest.
Nicht bedacht hat er zur Stunde,
dass des Teufels Blut zu heiß,
Feuer tropft aus Teufels Wunde,
auf der Stirn steht schon der Schweiß.
Ängstlich kriecht er hinter Töpfe,

in denen rot das Blut sich mehrt,
lustig kochen dort die Köpfe,
ausgesaugt und kahl geschert.
Kein Entkommen für den Armen,
Teufel lacht aus voller Brust,
heute gibt es kein Erbarmen,
rotes Blut ist seine Lust.

Blutrote Erinnerung

Sandra Karin Foltin

Ich sitze an der Theke, und trinke eine Cola. Unbehaglich sehe ich mich um. Das Licht ist diffus und einige Birnen sind kaputt. Dadurch liegt die Bar selbst am Nachmittag im Dämmerlicht. Die Einrichtung ist alt, abgewetzt und lieblos. Es sind nicht viele Gäste da, alles Stammkunden, vermute ich, denn sie rufen den Mann, der die Getränke macht, mit Namen.

Ihn sehe ich sofort, hinten, auf einem Sofa. Vor dem Sofa steht ein Tisch mit einer Flasche Bourbon-Whisky und einem Glas. Die Flasche ist schon zu einem Viertel leer. Ein Aschenbecher daneben, an das Rauchverbot hält sich hier niemand. Dicke Schwaden ziehen durch den Raum.

Ich bin aufgeregt. Mühsam hatte ich meinen Chef überreden müssen, die Geschichte wieder ‚aufzuwärmen', jetzt, wo er aus dem Gefängnis ist. Und dann musste ich ihn überzeugen, mir die Story zu geben. Als ernsthafte Journalistin will ich arbeiten und endlich etwas Wichtiges schreiben, etwas Richtiges tun.

Ich rücke die Brille zurecht und nehme meine Tasche. Als ich zu ihm gehe, sieht er nicht auf. Erst als ich direkt vor dem Tisch stehe, hebt er den Kopf und schaut mich mit wässrigem Blick an. »Was willst du?«

Ich muss schlucken, aber mein Mund ist so trocken, dass ich das nicht hinbekomme. Ich reiße mich zusammen. »Guten Tag, Herr Meisner. Ich komme von der Zeitung.« Ich sehe ihn erwartungsvoll an.

»Ist mir egal, hau ab.« Er funkelt mich böse an.

«Sie haben immer gesagt, dass sie unschuldig im Gefängnis saßen. Ich möchte, dass Sie die Gelegenheit bekommen, die Geschichte aus Ihrer Sicht zu erzählen.«

Er lacht bitter auf. »Das hat doch noch nie jemanden interessiert. Ich bin jetzt ein verurteilter Sexualstraftäter.« Er mustert mich von oben bis unten und nickt mir dann zu, ich soll mich setzen.

So weit wie möglich von ihm entfernt, sinke ich auf das Sofa. Von hier aus sehe ich, dass seine Wangen und die Nase von feinen roten Äderchen durchzogen sind. Ich vermute im Stillen, das es vom Saufen kommt.

»Also, wie soll das laufen?«, fragt er mich. Ich räuspere mich, bevor ich sprechen kann.

»Ich nehme alles, was wir besprechen, auf Band auf. Genau Ihre Sicht des Geschehens. Ich fange mit der Einleitung an, damit jeder einen Überblick bekommt, wofür Sie verurteilt wurden. Dann erzählen Sie, wie Sie das sehen.«

«Nicht meine Sicht der Dinge. Die Wahrheit! Ich bin unschuldig verurteilt worden!«

Ich bin überrascht, wie sehr er mich anekelt, aber ich zwinge mich zu nicken. »Gut, Herr Meisner. Vor sechs Jahren sind Sie wegen Vergewaltigung einer ihrer Schülerinnen zu fünf Jahren Haft verurteilt worden. Sie holten Jana Schlüter nach dem Unterricht in Ihr Büro. Dort schlugen und zwangen Sie sie zu sexuellen Handlungen.«

»Das ist nicht wahr, kein Wort davon ist wahr! Ich bin unschuldig!« Sein entrüsteter Blick wirkt fast ehrlich.

»Deswegen bin ich ja hier, jetzt können Sie die Geschichte erzählen.«

Als er mich noch einmal mustert, bleibt sein Blick an meinen Brüsten hängen. Ich muss mir Mühe geben, nicht zu erschauern. Aufmunternd nicke ich ihm zu und er schenkt sich noch ein Glas Whisky ein. Fragend hält er mir die Flasche hin, ich winke ab.

»Also gut«, fängt er an. »Ich erzähle dir die Geschichte. Aber wenn du was Falsches schreibst, dann verklage ich dich und deine Zeitung.«

Ich nicke ungeduldig.

»Ok, also: Ich war vorher Lehrer am Heinrich Heine Gymnasium. Englisch und Geschichte waren meine Fächer in der Oberstufe. Ich war ein beliebter Lehrer, von den Schülern und Kollegen gemocht.«

Während er redet, wirkt er abwesend.

»Jana Schlüter war eine von diesen Schülerinnen, beliebt bei den Jungs und bei den anderen Mädchen. Na ja, bei manchen Mädchen. Sie sah gut aus und alle Jungs waren an ihr interessiert. In dem Sommer hatte sie einen festen Freund Leon Willer. Ständig mussten wir sie abmahnen, weil sie überall knutschend rumstanden. Und das Knutschen war nicht immer jugendfrei. Leon hatte seine Hände dabei öfter mal unter ihrer Bluse. In aller Öffentlichkeit.«
Mit einem großen Schluck leert er sein Glas, nur um sich sofort wieder nachzuschenken. Ich warte, dass er weiterspricht. Wieder starrt er auf meinen Busen, bevor er redet.
»Jana hatte auch schöne Brüste. Nicht zu groß und fest. Sie hatte oft keinen BH an, das war nicht zu übersehen.« Verteidigt er sich, als ich ihn entrüstet ansehe.
»Sie mochte es, Männer anzumachen, auch uns Lehrer. Sie war ein ... besonderes Mädchen. Jeder musste hinsehen, und sie wusste es. Es gab ihr ein Gefühl von Macht, denke ich.
An diesem schrecklichen Tag war sie lange in der Schule. Die Kunst-AG ging bis halb vier. Ich saß in meinem Büro und korrigierte Arbeiten, als es klopfte. Da es schon spät am Nachmittag war, dachte ich, es wäre ein Kollege. Richtig erschrocken war ich, als Jana reinkam.«
Er sieht mich an, um sich zu vergewissern, dass ich auch richtig zuhöre. Wieder nicke ich ihm aufmunternd zu.
»Sie kam in mein Büro, völlig gehetzt. Die weiße ärmellose Bluse war zerrissen und ihre Nase blutete.»Helfen sie mir, Herr Meisner«, stammelte sie. Ich wollte wissen, was denn passiert ist. Sie fing an zu weinen, und sagte mir, sie wäre überfallen worden. »Dann rufe ich jetzt die Polizei.« Sie flehte mich an, es nicht zu tun, also setzte ich sie erst einmal auf den Stuhl, damit sie sich beruhigen konnte. Ihre Nase blutete heftig, die Bluse war schon voller Blut. Ich gab ihr mein Taschentuch und sie hielt es sich an die Nase. Im Flur sah ich nach, ob noch eine Kollegin da war; ich dachte, eine Frau könnte vielleicht besser mit Jana reden. Aber natürlich war um diese Uhrzeit niemand mehr anwesend. Ich war aber so

um das Mädchen besorgt, das ich mir darüber keine Gedanken gemacht hatte.«

Er lacht bitter und trinkt sein Glas wieder in einem Schluck leer.

Langsam frage ich mich, ob ich das Ende überhaupt hören werde, oder ob er vorher schlapp machen wird. Aber seine Stimme klingt noch deutlich, als er weiterspricht. Er ist es gewohnt, zu trinken, mache ich mir klar.

»Als ich wieder in mein Büro kam, saß die Kleine da, die Hände in den Schoß gelegt und weinte einfach. Das Blut war mittlerweile auf ihre Beine gelaufen. Ich nahm ihr das Taschentuch aus der Hand und drückte es fest auf ihre Nase. Die ganze Zeit hatte ich mit ihr geredet, versucht, sie zu beruhigen. »Was ist denn passiert?« … Aber, wann immer ich Fragen stellte, weinte sie wieder heftiger, also ließ ich es sein. Irgendwann beruhigte sie sich und dann ließ endlich das Nasenbluten nach. Erleichtert und vorsichtig fing ich an, sie auszufragen. Aber Jana schüttelte nur den Kopf, sie wollte nicht reden.»Ich werde dich nach Hause fahren.« Schnell sprang sie auf.»Das ist nicht nötig. Ich komme alleine klar.« Sie stürmte aus meinem Büro. Dabei sah sie furchtbar aus, als hätte ihr jemand die Kehle durchgeschnitten. Sie war voller Blut, selbst ihre Shorts und Beine waren befleckt. »Jana, bleib hier!« Rief ich ihr hinterher, weil ich sie in diesem Zustand nicht alleine gehen lassen wollte. Aber sie rannte wie eine Verrückte aus der Schule. Ich lief ihr hinterher. Als ich sie fast eingeholt hatte, kam Frau Zabel-Gröten uns entgegen. Sie hatte die Arbeitshefte ihrer Schüler vergessen, wie sie später sagte. Jana hetzte an ihr vorbei und reagierte nicht auf ihr Zurufen. Die Lehrerin drehte sich zu mir um und fragte mich, was denn hier los sei. Dann starrte sie mich voller Entsetzen an. Als ich ihrem Blick folgte, sah ich, dass mein Hemd auch blutverschmiert war. Die Kollegin holte ihr Handy raus, und bevor ich wusste, wie mir geschah, hatte die Polizei mich schon verhaftet. Tja, Jana war an diesem Tag tatsächlich sexuell missbraucht worden und hatte Anzeige erstattet. Weil ihre Eltern so lange auf sie eingeredet hatten, gab sie an, ich wäre es gewesen. Aber ich bin unschuldig, das müssen die mir einfach glauben!«

Der letzte Satz klingt weinerlich. Wahrscheinlich zeigt der Whisky jetzt doch Wirkung. Langsam beuge ich mich zu ihm hinüber und sehe ihm tief in die Augen. »Ich glaube Ihnen.«

Erleichterung zeichnet sich in seinem Gesicht ab.

Ich hole ich tief Luft, ich möchte seine volle Aufmerksamkeit.

«Herr Meisner, ich weiß, dass Sie Jana Schlüter nicht vergewaltigt haben. Ich habe vor zwei Wochen mit Jana gesprochen und sie hat es zugegeben. Leon war zudringlich geworden, ihr damaliger Freund.« Ich lasse die Worte auf ihn wirken.

«Ja, dann kann ich meine Unschuld beweisen. Sie müssen mir helfen. Diese Sache hat mein Leben zerstört. Meine Frau hat mich verlassen und die Kinder mitgenommen. Ich darf sie nicht mal sehen. Und beruflich? Keine Schule der Welt würde mich jetzt noch einstellen. Aber, wenn ich meine Unschuld beweisen kann, dann werde ich mein altes Leben zurückbekommen. Alles wird wieder gut werden.«

Ich sehe zu, wie seine Hoffnung wächst, er schiebt sein Glas weg und wartet auf meine nächsten Worte. In mir breitet sich ein warmes Gefühl aus und ich verziehe meinen Mund zu einem Lächeln. Zögernd lächelt er zurück.

»Ich habe ausführlich mit Jana gesprochen und wir sind uns völlig einig. Sie sind, was Jana angeht, unschuldig. Das wird sie aber nie aussagen. Denn Sie haben den Knast verdient! Sie erinnern sich nicht mehr an mich Herr Meisner, aber ich war auch mal Schülerin am Heinrich Heine Gymnasium. Ich war dreizehn Jahre alt, als Sie mich in Ihr Büro geholt haben.«

Ich lasse die Worte auf ihn wirken und seine Hoffnung ist wie weggewischt. Dann kommt es, das Erkennen. Als es ihm dämmert, wer ich bin, spreche ich weiter.

»Ich habe nach dem Gespräch mit Jana Anzeige erstattet. Was meinen Fall angeht, ist die Straftat verjährt, aber ich werde es in die Medien bringen, und dann werden sich die anderen Mädchen melden. Sie gehen wieder in den Knast! Und ich werde dafür sorgen, dass jeder dort erfährt, dass sie ein Kinderschänder sind! Sie wissen doch, was mit Kinderschändern im Knast passiert?«

Dann spucke ich ihm mitten ins Gesicht und gehe einfach davon. Das erste Mal seit Jahren empfinde ich so etwas wie Frieden.

Red Eyes

Verena Grüneweg

Manchmal bleibt die Welt stehen, einfach so. Egal was du versuchst, sie will sich nicht weiter drehen. Du verharrst in der Gegenwart, wenn auch nur für einen kurzen Moment. Alles ist still, deine Umgebung verschwimmt. Das Einzige, was noch real ist, ist dein Körper. Er lässt dich fühlen, wie die Angst dich durchströmt und du willst, dass es aufhört. Du kämpfst dich an die Oberfläche der Leere, die dich jetzt zu verschlingen droht.

Es gelingt dir! Doch, anstatt dass du in das Jetzt zurückkehrst, dreht sich die Zeit rückwärts. Schneller und schneller wirbelt sie dich in deinen Erinnerungen herum, lässt sie erneut aufleben. Als ob das Vergangene erst jetzt geschehen ist. Ein magischer, wundervoller Moment für viele, die ihn erleben. Und vielleicht wäre er es auch für mich, wenn mein Leben anders verlaufen wäre. Aber ich, ich möchte das Vergangene für immer vergessen. Jeden einzelnen Tag und jede Minute – bis zu dem Zeitpunkt, als ich mich von ihr befreite.

Ich heiße Maria Magdalena und bin siebzehn Jahre alt. Während ich in der Küche meines Elternhauses sitze, werde ich herum geschleudert in dem Karussell der Vergangenheit. In der Hand halte ich einen Stift und vor mir liegt mein Tagebuch. Ich frage mich selbst, warum ich jemandem mitteilen möchte, was mir widerfahren ist. Das Bedürfnis, etwas von mir zu hinterlassen, bevor ich für immer fortgehe, ist einfach zu stark. Ich sehe meine Geschichte als ein Vermächtnis an. Sie soll bleiben. Sie soll ein Geschenk werden – an den Leser, der dieses Buch findet!

Maria Magdalena – ein biblischer Name, den ich seit meiner Geburt trage. Gabriel, mein Ziehvater, wählte ihn aus und er hatte seine Gründe dafür. Meinen richtigen Vater lernte ich niemals kennen. Mit ihm, an meiner Seite gäbe es vielleicht

schöne Kindheitserinnerungen und einen Namen, der mit Liebe ausgewählt worden wäre. Aber für Gabriel bin ich ein Kind der Sünde, somit sollte ich auch den Namen der ersten Sünderin tragen – der Hure, die durch Jesus errettet wurde.
Ich erfuhr wenig von der Zeit vor meiner Geburt. Ein schmutziges Geheimnis, über das jeder, der etwas darüber wusste, Stillschweigen bewahrte. Das wenige, sowie dass Mutter den Gabriel damals wegen meines Vaters verließ, erzählte mir meine Großmutter. Eine harte gottesfürchtige Frau, die genau wie ihr Sohn, mich mit ihrer Verachtung strafte.
Heute denke ich, Mutter floh vor dieser Welt, die aus fanatischem Glauben bestand. Sie wollte frei sein und dabei lernte sie meinen Vater kennen.
Oft genug ließ Gabriel sie, ihre Wertlosigkeit spüren. Dass sie nichts, als eine Sklavin für ihn war. Ich erlebte, wie Mutter Beschimpfungen und Erniedrigungen erduldete und sah jedes Mal den traurigen Ausdruck in ihrem Gesicht. Doch niemals verteidigte sie sich, niemals sprach sie von meinem Vater. Aber ich glaube, sie hatte ihn geliebt. Ihre sehnsüchtigen Augen, wenn sie dachte, unbeobachtet zu sein, erzählten mir diese Geschichte.
Warum sie zu Gabriel zurückkehrte, konnte ich nie begreifen. Wusste sie doch, dass es kein glückliches Leben sein würde, welches sie erwartete. Freiwillig ließ sie sich und, nach meiner Geburt, auch mich, von ihm in einen Kerker sperren.
Schon als Kind behandelte er mich wie Dreck, beschimpfte und schlug mich. Ich lernte, wie meine Mutter, still zu sein. Jede Gegenwehr brachte noch schlimmere Strafen mit sich. Gabriel war einer dieser Männer, die sonntags in die Kirche gingen, beteten und sich der Bibel treu gaben. Aber am Montag misshandelten sie ihre Frauen und betranken sich. Lallend, ekelig stinkend zog er dann meinen kleinen Körper an sich und zischte mir Bibelverse ins Gesicht. Um sicher zu sein, dass ich sie verstand, zwang er mich die Worte zu wiederholen. Immer und immer wieder, bis ich sie auswendig

mitsprechen konnte.
Bei allem, was geschah oder was er tat, betete Gabriel und zitierte Gottes Wort. Meine komplette Kindheit bestand nur aus Gebeten. Gebeten, die mit Lügen ausgefüllt waren.
Ich hasste ihn, meine Mutter dagegen liebte ich. Ihre sanfte Art und die kleinen Versuche, mir etwas Gutes zu tun. Sei es ein Gericht, welches sie kochte, weil sie wusste, dass ich es gerne aß. Sei es eine zärtliche Geste, wie über meinen Kopf zu streicheln. Oder ein heimlich zugestecktes Spielzeug, wenn es ihr gelang, Geld vor Gabriel zu verstecken, um es zu kaufen. Es waren nur Kleinigkeiten, die ich bekam. Doch ich lernte sehr schnell, diese mehr als zu schätzen. Die Gefahr, der Mutter sich aussetzte, wenn sie damit Gabriel hinterging, war groß. Natürlich bekam er es öfters raus und die Schläge, die sie ertrug, waren brutal und grausam.
Als ich älter wurde, wollte ich versuchen, ihr zu helfen und nahm mir vor, mich an die Kirchengänger in unserer Gemeinde zu wenden.
Nachts in meinem Bett legte ich mir die passenden Worte zurecht. Durch sie erhoffte ich, gemeinsam mit meiner Mutter diesem Gefängnis zu entkommen. Immer wieder übte ich sie ein und überlegte lange, an wen ich sie richten konnte. Ich entschied mich für den Pfarrer. Er, ein wahrer Gottesmann, der von Nächstenliebe und Menschlichkeit predigte, würde uns gewiss helfen.
So stand ich, gerade mal elf Jahre alt, vor ihm und schilderte unser Martyrium. Alles, was Gabriel uns antat, erzählte ich ihm und glaubte daran, dass es jetzt ein Ende haben würde. Aber was tat er? Er schüttelte missbilligend den Kopf und ging zu meinem Vater. Sie redeten und der Pfarrer zeigte auf mich. Gabriels wütender Gesichtsausdruck ließ mich erahnen, was geschah. Der Pfarrer berichtete ihm alles. Zum Abschied schüttelte er meinem Ziehvater die Hand. Die Beiden lachten, ich jedoch … ich hatte verloren. Ich wusste – niemand würde uns jemals helfen.
Diese Erfahrung, sowie Gabriels Tobsuchtanfall am Abend,

sorgte dafür, dass ich nie wieder versuchte, andere um Hilfe zu bitten. Noch heute frage ich mich, wie der sogenannte Gottesmann uns in die Augen schauen konnte, als wir mit geschwollenen Lidern, übersät von blauen Flecken, bei der nächsten Andacht erschienen.

Die Jahre vergingen und ich akzeptierte mein Dasein. Lernte zu schweigen, zu gehorchen und alles zu ertragen. Auch die Schule, die für mich nur aus Hänseleien und aus Schlägen bestand. Meine Kleidung war alt, zerschlissen, unmodern und abgetragen. Die Haare, von Mutter stoppelig kurz geschnitten, ein unförmiger dicker Körper in Lumpen gehüllt, bot ein Bild, das jeden Schüler dazu ermutigte, seinen Frust an mir auszulassen. Klassenfahrten, gemeinsame Spielnachmittage mit Freunden oder ein Kindergeburtstag – das waren Fremdwörter für mich, unerfüllte Träume. Ich kannte nichts als Einsamkeit und hatte mich damit abgefunden, dass es so bis zu meinem Lebensende blieb.

Doch unerwartet geschah etwas, das alles veränderte.

Ich begegnete Cäcilia, einem Mädchen, das so ganz anders war als alle anderen.

Die Winterzeit mit ihrer frühen Dunkelheit sorgte dafür, dass niemand sich gerne draußen aufhielt. Das galt auch für Gabriel. An einem späten Nachmittag gingen seine alkoholischen Vorräte zur Neige und er brauchte Nachschub. Um nicht raus in die kalte Dunkelheit zu müssen, schickte er mich zum nächsten Laden. Mich störte die Finsternis kaum. Im Gegenteil, mir bot dieser Befehl eine Chance seinen Schikanen zu entgehen.

Trotzdem beeilte ich mich, den Einkauf zu erledigen. Hastig griff ich die Bierflaschen aus dem Regal im Laden, zahlte und begab mich auf den Weg zurück nach Hause. Den Kopf gesenkt, lief ich den Bürgersteig entlang. So bemerkte ich den mir entgegenkommenden Fußgänger nicht. Gedankenversunken überhörte ich ebenso die Schritte auf dem Asphalt. Erst als wir beide mit aller Wucht zusammenstießen, re-

gistrierte ich Cäcilias Anwesenheit. Erschrocken schaute ich hoch. Niemals zuvor hatte ich jemanden von solcher Schönheit gesehen. Ein zierlicher schlanker Körper in Schwarz gehüllt. Glänzende, lange rote Haare, die in dem leichten Wind ihren Kopf umspielten. Fasziniert starrte ich in ihr Gesicht. Sie hatte eine samtige, helle, ja fast schneeweiß wirkende Haut, hohe Wangenknochen, volle geschwungene Lippen und dunkle Augen, die einen fesselten. Während unsere Blicke sich kreuzten, überkam mich das Gefühl, nie wieder wegschauen zu können. Ihre Augen hielten mich gefangen und ich ertrank in ihnen ... Dieses Schwarz, unergründlich und dunkel wie die Nacht ...
Plötzlich geschah etwas Unvorstellbares. Die Farbe ihrer Pupillen wechselte sekundenschnell von Schwarz in ein leuchtendes Rot. Erschrocken, schaffte ich es mit Mühe, mich von ihnen zu lösen und richtete den Blick nach unten. Hilflos stammelte ich eine Entschuldigung und wollte an ihr vorbeilaufen. Doch ihre Hand erfasste meinen Arm und hielt ihn fest. Mit der anderen Hand griff sie mir unters Kinn, hob es an, sodass ich ihr erneut ins Gesicht schaute.
Sie war mir so nahe, dass ich ihren Atem auf der Haut spürte. Warm, zarter wie ein Sommerwind, streichelte er mich und ich verlor die Angst. Wenn auch zögernd, sah ich ihr zum zweiten Mal in die Augen. Kein Rot war zu sehen, nur das tiefe Schwarz, umspielt von einem Lächeln, welches ihr Gesicht erstrahlen ließ. Es dauerte nur einen Moment, bis sie mich losließ und ohne ein Wort zu sagen, weiterlief.
Sie ging fort, ließ mich zurück und ich sah ihr mit offenem Mund hinterher. Bewegungslos erlebte ich Gefühle, die ich niemals zuvor kannte. Alles in mir schrie danach, hinter ihr her zu rennen, ihr nahe sein zu dürfen und noch einmal in diese Augen zu schauen. Aber ich tat es nicht.
Es dauerte, bis ich meinen Nachhauseweg fortsetzte. Bei jedem Schritt verweilten meine Gedanken bei ihr. Wer war sie, wo kam sie her und würde ich sie wiedersehen? Ich glaubte nicht daran, aber ich wünschte es mir.

Bis dahin sollte es nur wenige Tage dauern. Eines Abends machten Mutter und ich uns auf den Weg zur Andacht. Gabriel blieb zuhause. Er fühlte sich unwohl und keinesfalls in der Lage, in die Kirche zu gehen. Besser gesagt, er war zu betrunken, bestand aber darauf, dass wir hingingen. Als wir am Ende des Gottesdienstes aus der Kirche kamen, erlebte ich eine Überraschung. Dort draußen, am Ende des Weges, der zur Kirche führte, stand das fremde Mädchen. Ein Schauer lief über meinen Körper und ich hätte beinahe vor Freude laut losgelacht. Da ich aber wusste, die anderen Gemeindemitglieder beobachteten mich und würden alles Gabriel berichten, ging ich schweigend an Mutters Hand zu ihr. Bei Ihr angekommen streckte sie zuerst Mutter und dann mir die Hand entgegen. Mit einer glockenhellen fröhlichen Stimme stellte sie sich uns vor: »Ich bin Cäcilia.«.
Ohne um Erlaubnis zu bitten, begleitete sie uns auf dem Nachhauseweg. Die Mutter ließ es zu. Sie lächelte, als sie meinen glücklichen Gesichtsausdruck bemerkte, und ging einige Schritte voraus. Cäcilia lief neben mir und erzählte mit leiser Stimme , dass sie neu hergezogen wäre und bei ihrer Großmutter lebte. Ich fragte sie, warum sie heute Abend nicht in der Kirche war. Ihre Antwort: »Ich gehe niemals in die Kirche!« überraschte mich. Aber zu einer weiteren Frage kam es nicht, denn mittlerweile waren wir zuhause angekommen.
An der Eingangspforte verabschiedete sich Cäcilia und verschwand in der Dunkelheit. Im Prinzip wusste ich immer noch nicht viel von ihr. Weder wer sie, noch wer ihre Großmutter war. Oder wo sie lebte. Ob sie zur Schule und, wenn ja, auf welche sie ging.
Von diesem Tag an traf ich Cäcilia regelmäßig. Immer wenn sich die Möglichkeit ergab, raus aus meinem Zuhause zu kommen, kreuzte auch sie auf. Allerdings nur am Abend in der Dunkelheit, tagsüber blieb sie unsichtbar. Weder in der Schule, noch im Einkaufsladen oder auf der Straße – nirgends war auch nur eine Spur von ihr zu entdecken.

Zwar wunderte es mich, dennoch wagte ich nicht, sie danach zu fragen. Die Angst, Cäcilia als Freundin zu verlieren, hielt mich davon ab. Ich erfand Gründe für ihr seltsames Verhalten. Vielleicht arbeitete sie tagsüber, ihr Alter kannte ich ja nicht. Außerdem hatte ich von klein auf gelernt, keine Fragen zu stellen.

Die Menschen in unserer Stadt freuten sich, als sich das Ende der Winterzeit ankündigte. Der Frühling rückte näher und die Tage wurden länger. Die Zeit, als die Dunkelheit am späten Nachmittag alles in ihre Schwärze tauchte, endete. Im Gegensatz zu den anderen Bewohnern erfüllte mich dieses nicht mit Freude, denn das war die Zeit, in der mir Cäcilia immer weniger begegnete.

Es machte mich traurig und ich vermisste sie sehr. Manchmal sah ich sie wochenlang nicht. Die seltenen kurzen Treffen fanden nach dem Gottesdienst am Abend statt. Die Anwesenheit meiner Mutter und Gabriels und ließ nur einen kurzen Gruß von mir gegenüber Cäcilia zu. Selbst dieser wurde von einem drohenden Blick Gabriels begleitet. Ich ahnte, unsere Freundschaft ging dem Ende entgegen. Sie würde spätestens im Sommer, wenn die Dunkelheit nur noch für wenige Stunden die Helligkeit verdrängte, vorbei sein.

Mein sechzehnter Geburtstag kam. Sweet Sixteen, ein besonderer Tag für alle Mädchen. In meinem Fall hatte Gabriel nur ein Bibelzitat sowie eine extra Tracht Prügel als Geschenk parat. Wie immer schrie er mir die Worte ins Gesicht und zwang mich sie zu wiederholen. Jedoch an diesem Tag geschah etwas mit mir. Meine Wut und der Zorn verdrängte die Angst vor ihm. Ich wollte mich nicht mehr seinen verlogenen Gottesworten ergeben, nicht mehr den Schmerz seiner prügelnden Hände hinnehmen. So wehrte ich mich zum allerersten Mal und trat ihn voller Wucht zwischen die Beine. Ich nutzte Gabriels überraschtes Gesicht, als er den Schmerz spürte und in sich zusammensackte, riss die Tür auf und rannte und rannte, bis ich nicht mehr konnte.

In unserem Stadtpark hielt ich endlich an und bemühte mich,

wieder zu Atem zu kommen.
Schwitzend und keuchend, mit der Angst im Nacken, dass Gabriel oder seinesgleichen mich verfolgte, schaute ich über meine Schulter nach hinten. Niemand folgte mir, niemand war in der Ferne zu sehen. Beruhigt stellte ich fest, dass der Stadtpark verlassen dalag. Dennoch beschloss ich, mich im Waldstück am Ende des Parks zu verstecken. Dorthin kamen wenige der Spaziergänger und es gab genug unwegsame Pfade, die die meisten mieden.
Eilig durchquerte ich den Wald, bis ich eine Stelle fand, die mir passend erschien. Dort würde ich bis zur Dunkelheit bleiben. Wie der Plan nach Einbruch der Nacht sein sollte, darüber machte ich mir noch keine Gedanken. Nur eines war mir klar – zurück nach Hause konnte ich nicht.
Tief in den Büschen des Waldes kauerte ich mich auf den Boden. Verdeckt von Blättern und dem Geäst der Bäume, dachte ich über meine Situation nach. Welche Möglichkeiten blieben mir, um meine Zukunft in Freiheit zu gestalten? Bald würde ich Hunger und Durst bekommen. Auch war es nur eine Frage der Zeit, bis mich hier jemand fand. Ich hatte kein Geld und es gab niemanden, zu dem ich hatte flüchten können. Nur eine Person fiel mir ein, der ich vertraute – Cäcilia! Doch was wusste ich schon von ihr? Ich hatte noch nicht einmal ihre Adresse. Hilflos begann ich zu weinen. Meine Lage war aussichtslos. Früher oder später musste ich zurück in mein Gefängnis.
Ich schluchzte und die Tränen der Hoffnungslosigkeit liefen meine Wangen herunter. Irgendwann legte ich mich erschöpft auf den Waldboden und schlief, ohne es zu bemerken, ein.
Das Gefühl einer Berührung weckte mich auf. Ich hatte keine Ahnung, wie spät es war und wie lange ich geschlafen hatte. Doch als ich meine Augen aufschlug, drang kein Licht mehr durch die Baumkronen. Es herrschte absolute Dunkelheit. Erschreckt sprang ich auf, bereit zu fliehen. Jedoch erkannte ich dann die Person, die mich aufgeweckt hatte. Ich wusste,

wem diese rotglühenden Augen gehörten – Cäcilia. Ein leises Lachen erklang aus ihrem Mund. Sie fragte nicht, was ich hier alleine machte, sondern ergriff meine Hand und befahl mir mit fester Stimme: »Komm mit mir!« Und ich, ich folgte ihr, ohne zu zögern.

Schweigend gingen wir nebeneinander aus dem Wald zur Straße. Ich stolperte über Wurzeln, Kaninchenlöcher im Boden oder Äste, die ich in der Dunkelheit übersah. Cäcilia dagegen strauchelte nicht ein einziges Mal. Mit Leichtigkeit durchquerte sie den Wald und huschte wie ein Reh durch das Gehölz. Mit ihr an meiner Seite spürte ich keine Angst mehr vor der Zukunft. Ihre Anwesenheit strahlte eine Sicherheit aus, sodass ich mich beschützt und geborgen fühlte.

Als wir an der Straße angelangten, entdeckte ich ein am Wegesrand parkendes Auto. Mich im Schlepptau, lief Cäcilia zur Beifahrertür, öffnete sie und deutete mir an, einzusteigen. Ich tat es und nachdem auch sie eingestiegen war, fuhren wir los. Cäcilia interessierten keine Verkehrsregeln. Ohne auf Ampeln, Geschwindigkeitsbeschränkungen oder auf andere Autofahrer zu achten, jagte sie durch meine Heimatstadt. Rasend schnell ließen wir mein altes Zuhause hinter uns.

Endlich, nach stundenlanger Fahrt, stoppte sie an einer Tankstelle. Sie füllte an einer Zapfsäule Benzin in den Tank, ging bezahlen und kam zurück mit einem Arm voll Essbaren, das sie mir, während sie einstieg, auf den Schoß warf. Gierig vor Hunger öffnete ich eine der Chips-Tüten. Cäcilia beobachtete mich dabei. Ihre Augen … da war es wieder, dieses Rot … schienen mich zu durchdringen. Und ihre Stimme, als sie den Wagen startete, klang dunkel und mitfühlend. »Erzähl es mir, erzähl mir alles!«, sagte sie.

Ich tat es. Mir, die gelernt hatte zu schweigen, sprudelten die Worte nur so heraus. Alles, jedes kleinste Detail meines Lebens schilderte ich ihr und Cäcilia hörte mir schweigend zu. Als ich endete, fühlte ich mich zwar ausgepowert, aber dennoch erleichtert.

Nach einer kurzen Stille drehte sie ihr Gesicht zu mir. Ich sah

Wut und Hass neben Stärke und Mitleid darin. Ihre Worte waren wie ein Streicheln, das mir ein neues Leben eröffnete.»Habe keine Angst mehr, kleine Maria Magdalena. Du bist in Sicherheit. Niemand wird dir jemals wieder wehtun. Glaube mir, ab heute wird dein Leben ein anderes werden, ich verspreche es dir!«

Und so war es auch. Nachdem wir an einem Haus hielten, es betraten, begann ein völlig neues Leben für mich. Ruhe kehrte ein und ich lernte, glücklich zu sein. Unser Haus ähnelte jedem anderen, das ich kannte. Zwar lag es einsam und weit entfernt von anderen Häusern, aber ich fühlte mich dort sicher.

Ein friedliches Leben und ich genoss jede einzelne Minute, die ich mit Cäcilia verbrachte. Sie war meine Familie und ihre Fürsorge erfüllte mich mit Dankbarkeit. Ich lernte zu lachen, zu sagen was ich dachte. Bald zuckte ich auch nicht mehr zusammen, sobald mich ihre Hand berührte. Die Regeln, die ich zu beachten hatte, störten mich kaum. So war es mir nicht erlaubt, am Tage das Haus zu verlassen. Erst wenn die Dämmerung hereinbrach und auch nur gemeinsam mit Cäcilia durfte ich mich draußen bewegen.

Tagsüber blieben die Jalousien geschlossen und sie schlief bis in die Abendstunden. Auch aß sie wenig von dem Essen, das ich für uns beide kochte.

Natürlich wunderte mich ihr ungewöhnliches Verhalten, aber ich akzeptierte es. Nie fragte ich sie oder forderte eine Erklärung von ihr. Ich gab mich damit zufrieden, dass sie an meiner Seite war. Ich hatte alles, was ich mir jemals gewünscht hatte.

Nur manchmal, wenn sie alleine loszog und ich zurückblieb, fühlte ich mich niedergeschlagen und eingesperrt. Ich litt in diesen einsamen Stunden. Meine Gedanken, erfüllt mit den Fragen, wo sie hinging, mit wem sie die Nacht verbrachte, quälten mich. Doch wenn sie am Morgen müde zurückkehrte, schob ich all diese Fragen beiseite, glücklich, dass sie wieder bei mir war.

Ich veränderte mich. Ich trug Leder, schwarzes Leder. Ich liebte es, wie es sich auf meiner Haut anfühlte. Meine tiefschwarzen Haare hatten einen Irokesen-Schnitt und meine Füße steckten in Doc Martens. Ich liebte Schmuck, aber mein Schmuck bestand nicht aus netten zierlichen Halsketten oder Perlenohrringe. Mein Gesicht zierten Piercings und Sicherheitsnadeln. Ich benutzte Schminke, besonders für meine Augen, die ich dunkel umrandete. Schlank war ich geworden, ja beinahe schon zierlich. Cäcilia zeigte mir ein Training für meinen Körper, das dafür sorgte, dass der Speck verschwand und dafür Muskeln an diesen Stellen kamen. Wenn ich mich im Spiegel betrachtete, lächelte mich eine starke, selbstsichere junge Frau an. Nein, hübsch, schön oder gar niedlich konnte man mich wirklich nicht bezeichnen. Aber ich war einzigartig und so, wie ich sein wollte.
Cäcilia überschüttete mich mit Komplimenten und stärkte immer mehr mein Selbstbewusstsein. Ich lernte durch sie, mit mir und meinem Äußeren zufrieden zu sein.
Bald schon rückte mein siebzehnter Geburtstag in greifbare Nähe. Die Monate flogen nur so dahin und ich freute mich, diesen gemeinsam mit meiner Freundin feiern zu können. Allerdings, je näher der Tag kam, umso öfter spürte ich eine Ruhelosigkeit in mir. Manchmal lief ich, wenn Cäcilia in der Nacht unterwegs war, im Haus unruhig umher. Ich hatte Hunger, doch wenn ich mir etwas zu essen zubereitete, schmeckte es mir nicht und ich ließ es stehen. Auch mein Durst ließ sich mit Wasser nicht löschen. Immer öfters ertappte ich mich dabei, dass ich vor dem gut gefüllten Kühlschrank stand, hineinschaute und, ohne mir etwas zu nehmen, wieder schloss. Keines der leckeren Dinge, die wir in ihm aufbewahrten, wirkten verlockend auf mich. Wiederum in anderen Nächten stopfte ich wahllos alles in mich hinein, ohne ein Sättigungsgefühl zu bekommen. Es war mir peinlich, also erzählte ich Cäcilia nichts davon, sondern redete mir ein, dass es sich um eine vorübergehende körperliche Erscheinung handelte, die hoffentlich bald vorbei ging.

Wenn Cäcilia über meinen Geburtstag redete, tat sie immer geheimnisvoll. Sie sprach davon, dass siebzehn eine besondere Zahl war und somit dieser Geburtstag gebührend gefeiert werden müsste. Das gab mir den Mut, sie darum zu bitten, in dieser Nacht mit ihr ausgehen zu dürfen.

Ich rechnete mit einer Absage, doch überraschenderweise antwortete sie mir: »Ja, an deinem Geburtstag nehme ich dich mit, versprochen!« Erstaunt schaute ich sie an, aber sie lächelte nur verschmitzt.

Endlich war mein Geburtstag gekommen. Voller Vorfreude sprang ich morgens aus dem Bett. Ich fragte mich, womit Cäcilia mich wohl überraschen würde, und malte mir die schönsten Szenarien aus. Allerdings, als ich die Küche betrat, war alles wie immer – die Jalousien herunter gezogen, kein Kuchen, keine Kerze und auch keine Cäcilia, die mir freudestrahlend gratulierte. Stattdessen lag sie im Bett und holte ihren verpassten Schlaf von der letzten Nacht nach.

Enttäuscht, mit Tränen in den Augen, setzte ich mich auf einen Stuhl an unserem Küchentisch. Ich wartete Stunden auf sie, horchend, ob sie aufstand, doch meine Hoffnung erfüllte sich nicht. Letztendlich verbrachte ich den Vormittag allein, traurig und wütend zugleich.

Am Mittag reichte es mir. Zornig entschied ich mich, ohne Cäcilia zu feiern. Ich zog die Jacke an und verließ das Haus. Somit widersetzte ich mich ihren Anweisungen und zog alleine am Tage los!

Als ich ankam, erlebte ich eine Enttäuschung. In den Nächten, die ich Cäcilia hierher begleitete, erschienen mir die Straßen wunderschön. Das Glitzern der Lichter der Bars und Geschäfte gaben mir das Gefühl eine verzauberte Welt zu betreten. Jetzt am Tage, blieb nichts von dieser Faszination übrig. Alles – die Straßen, die Läden und auch die Menschen – sahen grau und langweilig aus. Meinem ersten Impuls, umzudrehen und zurück nach Hause zu gehen, widerstand ich. Wenn Cäcilia aufwachte, sollte sie sich ruhig um mich sorgen und spüren wie es ist, auf den anderen zu warten. Ziellos

wanderte ich durch die Straßen, bummelte in den Geschäften, ohne wirklich meine Freiheit zu genießen.
Während ich die Zeit totschlug, dachte ich nur an Cäcilia. Mehrmals glaubte ich verfolgt zu werden, dass mich jemand beobachtete, doch ich hielt es für eine Einbildung, hervorgerufen von Gewissensbissen, weil ich etwas Verbotenes tat. Wer sollte mich denn auch verfolgen? Mit meiner Vergangenheit hatte ich abgeschlossen. Nach einem Jahr hatte Gabriel bestimmt die Suche nach mir aufgegeben.

Am Abend machte ich mich zurück auf den Heimweg. Zuhause angekommen, betrat ich kleinlaut die Wohnung. Erwartete ich doch, von Cäcilia Vorwürfe zu hören. Verdient hatte ich es ja! Als ich die Tür öffnete, lag der Flur im Dunkeln und keine Cäcilia, die mich wütend empfing, war zu sehen. Schlief sie etwa immer noch oder war sie auf der Suche nach mir? Einen Moment sorgte ich mich um sie. Doch als ich das Licht anknipste und den Flur hochlief, hörte ich sie .»Maria«, sanft rief sie meinen Namen, ohne auch nur einem Hauch von Ärger in der Stimme. Verwundert eilte ich zu ihrem Zimmer. Gedanklich legte ich mir währenddessen Entschuldigungen für mein Verhalten zurecht. Dass ich fort gewesen war, hatte sie mit Sicherheit herausgefunden.
Jedoch, als ich ihre Zimmertür öffnete, traute ich meinen Augen kaum. Der komplette Raum wurde von unzähligen Kerzen in ein warmes Licht getaucht. Mittendrin lag Cäcilia, nackt ausgestreckt, auf dem samtroten Überwurf ihres Bettes und raubte mir den Atem. Wie eine Katze, behaglich schnurrend, lächelte sie mich an. Jedes Detail ihres Körpers war perfekt und das Schönste, was ich jemals gesehen hatte. Mein Mund war trocken und die Entschuldigung blieb mir im Hals stecken. Ich starrte sie an, unfähig meinen Blick von ihr abzuwenden. Hilflos stammelte ich unzusammenhängende Worte, die absolut keinen Sinn machten.
»Maria Magdalena, komm zu mir«, wie ein Flüstern aus einer anderen Welt nahm ich ihre Stimme wahr. Ihre Augen ver-

sprachen mir die Liebe und ich konnte ihnen nicht widerstehen. Gefangen von dem sanften roten Funkeln zog es mich zu ihr ans Bett. Schritt für Schritt, bis ich zitternd vor ihr stehen blieb. Einladend streckte sie mir die Arme entgegen und ich beugte mich hinab, ließ mich von ihr aufs Bett ziehen.

Nie hatte ich körperliche Nähe gespürt, nie die nackte Haut eines anderen Menschen gefühlt. Willenlos ließ ich zu, dass sie mir die Kleidung Stück für Stück abstreifte, bis wir vollkommen nackt nebeneinanderlagen. Zärtlich begannen ihre Hände über meinen Körper zu wandern. »Lass mich dir zeigen, was Liebe ist. Ich habe so lange darauf gewartet, dass du endlich siebzehn bist!« ,flüsterte sie, wobei sie nicht aufhörte mich zu streicheln. »Ich werde dich mitnehmen auf eine Reise, die du niemals vergessen wirst. Du wirst, wenn du aufwachst, jemand anders sein und doch du selbst. Dein wahres Ich wird hervorbrechen und endlich frei sein.« Diese Worte verstand ich nicht und Cäcilia ließ mir keine Zeit herauszufinden, was sie damit meinte. Ihr Atem an meinem Hals, während sie langsam mit den Lippen an ihm hinunterwanderten, entlockte mir ein Seufzen. Ein Schauer lief über meine Haut und ich schloss die Augen, bereit mich für sie zu öffnen. Sie erforschte küssend meinen Körper und flüsterte mir in den kurzen Pausen dazwischen zärtliche Komplimente zu. Ich trieb fort von der Realität, getragen von Gefühlen, die mich immer heftiger durchströmten. Cäcilias Stimme klang für mich wie Musik. Und als sie meinen Körper nach hinten auf das Bett drückte, wehrte ich mich nicht und ließ es geschehen.

Als ihr Mund meine Brustwarzen umschlossen, daran saugten und knabberten, stöhnte ich auf und erschrak vor der Gier nach mehr in mir. Dennoch wollte ich, dass sie niemals aufhörte, und Cecilia erfüllte mir meinen Wunsch. Immer tiefer streiften ihre Lippen und ihre Hände über meinen Körper, bis sie zwischen meinen Beinen kurz innehielt. Mittlerweile war aus meinem Stöhnen ein Keuchen geworden. Ich bettelte sie an, nicht aufzuhören. »Das werde ich nicht!«, versprach sie mir, allerdings klang ihre Stimme jetzt anders, triumphierend und hart. Mit beiden Händen spreizte sie meine Beine auseinander und ihr heißer Atem strich über meine Schenkel. Mit den Fingernägeln fuhr sie an den Innenseiten hoch bis unter meinen Po. Vorsichtig hob sie ihn an und beugte ihren Kopf herunter, bis er zwischen meinen Beinen verschwand. Langsam begann Cecilia ihr forderndes zärtliches Zungenspiel. Doch bevor ich in dem Taumel der Gefühle versank, hörte ich, wie sie sagte: »Wir sind zwei Körper und doch Geschöpfe vom gleichen Blute. Heute Nacht werden wir eins, denn so ist es und so soll es sein.«

Einen Augenblick ließ mich diese mir fremde Stimme aufhorchen. Doch mein Versuch, aus meiner Leidenschaft aufzutauchen, scheiterte. Das, was Cäcilia mit mir anstellte, verhinderte es. Es ließ mich aufschreien und alles andere vergessen. Selbst als ich spürte, wie sie ihre Zähne in meinen Oberschenkel vergrub und zubiss, stoppte ich sie nicht ... Ein süßer Schmerz, der nur kurz andauerte und mir unbändige Lust schenkte ...

Sprachlos, unfähig zu begreifen, was soeben mit mir geschehen war, lag ich in ihren Armen. Unsere verschwitzten Körper waren eng aneinander geschmiegt und ich versuchte, meine Gefühle zu verstehen. Ein zweckloses Unterfangen, bei dem mir meine Augen zufielen und ich erschöpft, aber glücklich einschlief.

Mitten in der Nacht weckte mich ein höllischer Krach im Haus. Erschrocken sprang ich aus dem Bett. Ich rief Cäcilias Namen, bekam aber keine Antwort. Das Bett, das Zimmer – leer. Sie war fort und hatte mich zurückgelassen.

Schritte nährten sich der Zimmertür, poltern kamen sie den Gang hoch. Angsterfüllt sah ich zum Fenster, bereit hinauszuspringen, um zu flüchten. Zu spät – keine Minute später wurde die Tür aufgerissen und drei Männer stürmten herein. Ich erkannte sie sofort. Gabriel, der Pfarrer und ein Mann aus unserer Nachbarschaft standen im Zimmer. Ohne zu zögern

packten sie mich und hielten mich mit ihren Armen gefangen. Nackt, wie ich war, zerrten sie mich zu einem vor dem Haus parkenden Wagen. Ich schrie, wehrte mich mit Händen und Füßen, biss und kratzte. Es war zwecklos und schließlich gab ich auf. Gegen ihre Stärke hatte ich keine Chance.
Während der langen Fahrt sprach keiner ein Wort mit mir. Zwischen ihnen eingeklemmt, fuhr ich mit ihnen dem Ziel entgegen – meinem alten Zuhause. Dort angekommen, schleppten sie mich in den Keller und sperrten mich ein. Gefangen von Ketten, die an der Wand befestigt waren, und gefesselt von Handschellen an meinen Händen, kauerte ich weinend auf dem kalten Boden. Schlotternd vor Kälte und Angst, rief ich verzweifelt Cäcilias Namen. Sie war meine letzte Hoffnung, aus diesem Kerker zu entfliehen. Vielleicht wartete sie schon draußen auf eine Möglichkeit, mich zu befreien?
Stunden vergingen, meine Stimme versagte, die Hoffnung verschwand und die Tränen versiegten. Cäcilia kam nicht und völlig entkräftet ergab ich mich dem Schicksal, eine Gefangene zu sein und zu bleiben.
Ein Lichtschein fiel durch das vergitterte Kellerfenster, aus dem man in den Hof schauen konnte. Vor Erschöpfung musste ich eingeschlafen sein, denn ein neuer Tag brach an. Der Sonnenaufgang breitete seine Strahlen auf dem Kellerboden aus und sie krochen auf mich zu. Unangenehm grell stachen sie mir in die Augen und brannten auf der Haut meiner ausgestreckten Beine. Vor Schmerz schrie ich auf, schloss die Augen und zog die Beine an den Körper. Ganz an die Wand drückte ich mich, um dem Lichtschein zu entgehen, bis ich ein Geräusch an der Kellertür wahrnahm. Jemand öffnete sie und kam stampfend die Treppe herunter.
»Ihr Idioten habt vergessen das Fenster abzudecken. Schnell, Weib, hol ein paar Decken, bevor sie hier jemand sieht!«, wütend brüllte der Pfarrer, den ich an seiner Stimme erkannte. Ich nahm an, dass seine Worte an meinte Mutter gerichtet waren. Eilige Schritte entfernten sich und es dauerte nur kurz, bis sie zurückkehrte.

Der brennende Schmerz lies nach und vorsichtig blinzelte ich. Der Keller war abgedunkelt und erleichtert öffnete ich meine Augen. Abwartend musterte ich die beiden vor mir Stehenden. Mutter hielt ein Glas Wasser in der Hand und sah mich mit ausdruckslosem Blick an. Der Pfarrer dagegen starrte auf meinen nackten Körper. Ich las Begierde in seinem Gesicht und fühlte einen Würgereiz in mir hochsteigen. Endlich wendete er den Blick ab und widmete der Bibel in seinen Händen seine Aufmerksamkeit. Räuspernd schlug er eine Seite auf und las Bibelverse vor, die von Sünde und der Hure Babylons handelten,. Die monotone Worte prasselnden auf mich herunter, ließen mich jedoch kalt. Mein Interesse galt Mutter, die stumm und ergeben, den Blick auf den Boden gesenkt, seiner Stimme lauschte.

Endlich schwieg er, und sobald er den Keller verlassen hatte, eilte Mutter zu mir. Vorsichtig setzte sie ein Glas Wasser an meine Lippen. Gierig trank ich einige Schlucke und ihr mitfühlender Blick ließ es mich wagen, sie anzusprechen: »Mutter, bitte ...«

Es war ein Fehler, denn sie zog das Glas mit Wasser zurück und sprang auf. Hastig entfernte sie sich von mir und lief zur Treppe. Aber ich wollte sie nicht einfach so gehen lassen.

»Warum?«, schrie ich sie an, »warum lässt du zu, das sie mir das antun?«

»Dir etwas antun? Verstehst du denn nicht, sie wollen dich retten!«. Kalt hallte ihre Stimme durch den Raum.«Du bist die, die jemand etwas antun wird, falls es uns nicht gelingt, dich aufzuhalten!«

Mich aufhalten, wovor? Doch sie bot mir keine Chance zu fragen.»Wir suchten nach dir, bis wir dich an deinem Geburtstag in der Stadt gefunden haben. Schau dich an, was aus dir geworden ist! Man sieht sie bereits, die Bestie in dir. Sie wartet darauf, hervorzubrechen, denn du bist vom Blute deines Vaters.« Hysterisch kreischte sie und zeigte mit dem Finger auf mich.

»Mein Vater?«

»Ja, dein Vater! Er war lange Jahre Gabriels bester Freund. Dann ging er für einige Jahre fort und als er zurück kam, hatte der Teufel von ihm Besitz genommen. Damals ahnte keiner, wie gefährlich die Wahrheit über ihn war. Wir waren blind, naiv, wie du es heute bist, und ich ließ mich durch seine süßen Worte und seine Versprechungen von Gabriel fortlocken. Seine Lügen über Liebe brachten mich dazu, mich der Sünde hinzugeben. Doch alles, was er wollte, war ein Geschöpf seinesgleichen und von seinem Blut. Ein eigenes Kind, ein Nachkomme – dich! Gabriel erkannte den Teufel in ihm und tötete deinen Vater. Danach tat er alles, um dich vor dem Fluch zu bewahren. Er fand heraus, dass dein einziger Schutz Gottes Hände waren. Solange, bis du siebzehn bist. Und wenn du die Nacht deines Geburtstages, ohne einem der Ihrigen zu verfallen, überstehst, wärst du erlöst! Alles schien gut zu gehen, bis diese Cäcilia auftauchte. Zuerst erkannte ich nicht, wer sie ist, sondern erst später, nachdem du fortgelaufen warst und wir sie beobachteten. Ich hoffe, es ist noch nicht zu spät für dich. Wir werden dich von den Ketten befreien, sobald wir wissen, dass deine Seele immer noch Gott gehört. Danach wird Gabriel deine Freundin jagen und für immer von dieser Erde verbannen!«

Fassungslos hörte ich ihr zu. Was redete sie da? Sie glaubte doch nicht wirklich, dass diese verrückte Geschichte der Wahrheit entsprach! Doch Mutters Gesicht, mit rot gefärbten Wangen, mit irrsinnig aufgerissenen Augen machte jeglichen Zweifel in mir zunichte. Für sie entsprach diese absurde Schilderung von Monster, Dämon, einem Fluch des Teufels der Wahrheit. Ohne Zögern würden Gabriel, der Pfarrer, ja selbst meine Mutter, Cäcilia töten. Sie waren überzeugt davon, dass sie das einzig Richtige im Namen Gottes taten. Es gab nur eine Möglichkeit für mich, es zu verhindern – ich musste an ihr Muttergefühl appellieren, sie überzeugen, mich frei zu lassen!

Ich flehte sie an: »Mutter ich bin es Maria Magdalena, deine Tochter. Ich weiß, ich habe einen Fehler begangen, und es tut

mir leid. Ich habe dich lieb und du hast mir gefehlt. Glaube mir, wenn du mich von den Ketten befreist, laufe ich nicht wieder fort, sondern bleibe bei dir!«
Als ich das Mitleid in ihrem Gesicht sah, wagte ich zu hoffen. Für einen kurzen Moment glaubte ich daran, dass es mir gelang, sie zu überzeugen. Ein Irrglauben, so schnell wie das Mitleid aufflackerte, genauso schnell erlosch es auch wieder. Zurück blieb nur eine unnachgiebige harte Mimik.
Ich probierte es erneut, bettelte verzweifelt: »Mutter, bitte...«. Ein aussichtsloser Versuch, dem sie keine Beachtung schenkte. Stattdessen musterten Ihre Augen skeptisch meinen Körper. »Warum warst du nackt, als wir dich fanden? Hast du mit ihr gesündigt und hat dieses Miststück dich dabei gebissen?«, kalt hallte ihre Stimme in den Mauern des Kellers herüber zu mir.
Die Erinnerung an unsere gemeinsame Nacht, der kleine süße Schmerz als ich Cäcilias Zähne in meinem Fleisch spürte, flammte in mir auf. Instinktiv schüttelte ich den Kopf und drückte die Beine zusammen. Ich ahnte, es wäre mein Tod, wenn Mutter die Wahrheit erfuhr und den Biss entdeckte. Zu meinem Glück schien es ihrer Aufmerksamkeit zu entgehen, wie ich krampfhaft versuchte die Innenseiten meines Oberschenkels zu verdecken.
»Dann gibt es ja noch Hoffnung für dich!«
Ich zitterte vor Erleichterung – sie hat mir geglaubt! Als sie weiter sprach, klang ihre Stimme weich und mitfühlend: »Dir muss kalt sein. Ich werde dir später, wenn der Pfarrer und Gabriel es erlauben, eine Decke bringen!« Ich bemühte mich, dankbar zu lächeln und atmete erleichtert auf, als sie die Treppe hochging und den Keller verließ.
Mein Vater – ein Dämon, eine Bestie und Cäcilia seinesgleichen? Niemals! Sie war ein Mensch, wie meine Mutter und ich, er einzige wirklich gute Mensch, den ich kannte. Ich zweifelte an Mutters Verstand und kam zu der Überzeugung, dass Sie durch Gabriels Schuld dem Wahnsinn verfallen war.
Kälte, Hunger, Durst marterten mich und forderten bald

ihren Tribut. Ich kämpfte gegen den Schlaf an, aber so angsterfüllt wie ich war und am Ende meiner Kräfte, verlor ich den Kampf.
Die Dunkelheit der Nacht empfing mich, als ich wieder aufwachte. Stimmen klar und deutlich, sodass ich jedes Wort verstand, drangen an mein Ohr. So laut, als würden die Sprechenden neben mir stehen. Und doch war niemand außer mir in diesem Keller. Ich begriff, dass im Raum über mir gesprochen wurde und erkannte Gabriels und Mutters Stimmen. Sie stritten sich deswegen, weil Mutter vorhatte, mir Essen und eine Decke zu bringen. Gabriel wollte es nicht erlauben und drohte ihr mit Schlägen.
Während ich ihnen lauschte, wurde mir noch etwas anderes bewusst. Ich sah alles, erkannte jedes Detail im Keller, trotz der Dunkelheit. Was passierte mit mir?
Mein Magen schmerzte vor Hunger. Einen Hunger, wie ich ihn nie zuvor empfunden hatte. Bilder von blutigem Fleisch entstanden in meinem Kopf, die mich gierig mit der Zunge über die ausgedörrten Lippen lecken ließen.
Plötzlich unterbrach die Stimme des Pfarrers den Streit meiner Eltern. »Gott hat zu mir gesprochen! Er befahl mir, Maria Magdalena zu töten!«. Worte, die nichts Gutes für mich verhießen.
»Sie ist doch mein Kind. Das könnt ihr nicht tun!«, schrill erklang Mutters Stimme.
»Glaubst du ihr wirklich, dass sie nicht gebissen wurde? Wie naiv bist du, Weib, dass du den Worten einer Bestie Glauben schenkst! Du hörst doch, was der Pfarrer sagt! Heute Nacht muss Maria Magdalena sterben! Es ist, wie es ist. Du weißt, was sonst geschieht!«, brüllte Gabriel sie an.
Für ihn stand mein Tod fest und mit seiner Zustimmung besiegelte er mein Schicksal. Ich musste etwas unternehmen, doch ich lag in Ketten gefesselt und gefangen in diesem Keller, unfähig auch nur einen Schritt zu tun, der mich der Freiheit näher brachte.
Die Angst und der Hunger machten mich verrückt. Wut über

meine Hilflosigkeit brannte in mir und ließ keinen logischen Gedanken mehr zu. Ich sprang auf, ries verzweifelt an den Ketten, ein scheinbar letztes sinnloses Aufbegehren.
Ein Wunder geschah, das Eisen der Kette zerriss wie dünnes Band. Ihre Glieder fielen auf den Boden und ich erkannte, dass ich frei war. Eine Kraft pulsierte in meinem Blut und durchströmte meine Muskeln. Sie wuchsen, dehnten sich und ich spürte, wie meine Knochen es ihnen gleich taten. Kein Schmerz, keine Angst existierten mehr für mich, allein die gewaltige Lebendigkeit meines wahren Ichs lenkte mich. Laut lachte ich auf, es fühlte sich gut an. Mein Instinkt und der Hunger trieben mich vorwärts und sie zeigten mir meinen Weg.
Schleichend bewegte ich mich auf die Treppe zu. Dort angekommen, kroch ich lautlos auf allen Vieren Stufe für Stufe empor. Auch in den Raum über mir kam Bewegung. Ich hörte Schritte, die sich auf den Weg zu mir machten. Ein leises Knurren erklang aus meinem Mund, während ich ihre Witterung aufnahm, das Blut roch und das Klopfen ihrer Herzen laut in meinen Ohren dröhnte. Auf der vorletzten oberen Stufe kauerte ich mich hin. Die Muskeln zum Sprung angespannt, erregt vor Vorfreude, erwartete ich sie. Und als sie die Tür öffneten, die Treppe betraten, sprang ich. Im Flug erkannte ich die Augen meiner Mutter, ungläubig schreckgeweitet, und doch wissend, was mit ihr geschehen würde. Ich empfand kein Mitleid, kannte kein Erbarmen. Als die Welt um mich herum in rotes Licht versank, stürzte ich mich, ohne zu zögern auf sie.

Jetzt sitze ich hier in der Küche meines Elternhauses. Die Welt steht wieder still, die Erinnerungen verblassen. Der Kaffee, den ich mir vor Stunden zubereitete, bleibt unberührt vor mir auf dem Tisch. Ich habe keinen Durst mehr und auch keinen Hunger. Sie sind gestillt, jedenfalls im Moment.
Ein Spiegel hängt mir gegenüber an der Wand. Neugierig

mustere ich das Gesicht in ihm. Entdecke eine fremde Frau und doch weiß ich, dass ich es bin, die sich dort spiegelt. Meine Augen sind rot, so rot wie meine Lippen. Gefärbt von dem Blut, das ich getrunken und von dem Fleisch, das ich aus ihren Körpern gerissen habe. Wenn ich den blutverschmierten Mund öffne, schimmern strahlend weiße spitze Zähne hervor. Kleinste Bluttropfen sind auch auf ihnen zu entdecken.

Das, was ich sehe und was ich getan habe, jagt mir keine Angst ein. Kein Grauen vor dem, was ich bin, nimmt Besitz von meinem Körper. Ich fühle keine Reue und will nicht von dem Fluch erlöst werden. Im Gegenteil, ich fühle mich wohl und freue mich auf das nächste Mal, wenn mein wahres Ich wieder zum Vorschein kommt.

Immer noch spüre ich das Gefühl der Macht, das mich ergriff, als ich mich auf sie stürzte, spüre, wie meine Zähne und meine Hände sich in ihren Körper bohrten, die Haut aufrissen und ich endlich den Hunger stillen konnte. Noch jetzt schmecke ich ihren Geschmack auf der Zunge, fühle das Blut die Kehle herunter rinnen. Selbst als ich Mutters pochendes Herz in den Händen hielt, zögerte ich nicht. Ich biss zu und, ehrlich gesagt, war es für mich eine Genugtuung, ihre Mörderin zu sein. Sie hatte zugelassen, dass Gabriel mir meinen Vater nahm. Durch sie musste ich mein Leben an Gabriels Seite ertragen. Nein sie hatte es nicht besser verdient.

Ich wende mein Gesicht vom Spiegel ab und betrachte die drei Leichen um mich herum auf dem Küchenboden. Ich sehe, wie sich das wenige restliche Blut, welches ich übrig ließ, in einem feinen Rinnsal auf den Fliesen verteilt. Viel ist nicht mehr zu erkennen von dem, was diese Körper einst waren. Aber auch das lässt mich kalt.

Etwas anderes – ein Laut, den ich jetzt vernehme, ist das Einzige, das Gefühle in mir weckt. Glücklich und aufgeregt, hebe ich den Kopf und schaue aus dem Fenster in die Nacht hinaus. Weit entfernt höre ich Cäcilias Stimme … Sie lebt! Sie ruft mich und ich kann ihre Anwesenheit spüren.

Ich bereite mich vor, aufzubrechen, mein Elternhaus für immer zu verlassen. Ich muss zu Cäcilia, denn sie wird mir erklären, wer und was ich bin. Sie wird mich führen und alles lehren, was ich wissen muss. Gemeinsam werden wir auf die Jagd gehen und mein Dasein wird endlich seinen Sinn erhalten.

Ein letzter Blick auf die menschlichen Hüllen, die einst meine Welt und meine Familie waren. Langsam stehe ich auf, lege den Stift zur Seite und klappe das Tagebuch zu. Ich frage mich, wer es sein wird, der dieses Buch findet, und ob er das, was er liest, glauben wird. Ich bezweifle es, aber das ist mir auch gleichgültig!

Ohne mich noch einmal umzudrehen, gehe ich zur Tür. Es ist Zeit für mich! Zeit, mein neues Leben mit Cäcilia zu beginnen.

Remember

Renate Becker

Sie saß am Rand des Ufers auf einem Stein, ließ die langen Beine ins Wasser gleiten und stöhnte leise auf. Wie lange sollte sie noch warten? Wie oft musste sie noch leben, um endlich Frieden zu finden. Sie erinnerte sich an jedes Leben, welches sie einmal gelebt hatte. Aber es war keine spektakuläre Existenz dabei gewesen, bis auf die Letzte vor ihrem jetzigen Dasein. Nun saß sie hier und niemand nahm Notiz von ihr. Remember wartete auf einen geeigneten Körper, den sie übernehmen konnte. Ihr Blick fiel auf eine schwangere Frau, die dicht an ihr vorbei ging, ohne sie sehen zu können.

Vor 200 Jahren …
Ein Kind kam auf die Welt. Jedoch verlor die Gebärende zu viel Blut und starb in dem Augenblick, als das Kind seinen ersten Schrei von sich gab. Der blutbeschmierte Säugling – ein Mädchen – schrie nur einmal, dann öffnete es die Augen. Mit einem Lächeln auf seinen blutroten Lippen blinzelte es die Geburtshelferin an. Entsetzt über das eben Geschehende, legte diese der toten Frau ihre Tochter in den Schoß, verließ fluchtartig das Haus und rannte dem nahen Wald entgegen.
Die Großmutter, die in ihrer Kammer geruhte, wurde durch den Schrei des Kindes aufgeschreckt. Mit Mühe schaffte sie es, nach ihrer Tochter zu sehen. Was sie erblickte, brachte die alte Frau zum Erstarren. Das Wimmern des Kindes brachte sie in die Wirklichkeit zurück. Sie säuberte den Winzling vom Blut der Toten und versorgte den Nabel. Liebevoll und doch sehr traurig sah sie ihr Enkelkind an und wiegte es in ihren Armen. Dann legte sie es in die bereitgestellte Wiege.
»Mein Gott, wie soll ich, eine alte Frau, das alles schaffen«, klagte sie und machte sich schließlich an die Arbeit. Sie begrub ihre Tochter unter der großen Linde, die unweit des alten Waldhauses mit dem Reetdach stand.
Für einen Augenblick verharrte sie am Grab ihres geliebten

Kindes und Erinnerungen aus glücklichen Zeiten wurden wach. Nun wusste sie, welchen Namen sie ihrer Enkelin geben wird. REMEMBER. Er sollte die ewige Erinnerung an ihre viel zu früh verstorbene Tochter verkörpern.
Das Kind schloss die eigenartig wissenden Augen, deren Farbe ins gelbliche ging.
Die Jahre vergingen und Remember wuchs zu einer schönen jungen Frau heran. Ihr ausdrucksstarkes Gesicht mit hellen, wachen Augen war von leuchtend rotem Haar umrahmt. Remember wusste um ihre Schönheit, der sich niemand entziehen konnte, und setzte diese auch listig und bösartig ein.
Selbst die Großmutter, der im Laufe der Jahre klar wurde, welch ein Ungeheuer sie großgezogen hatte, bezahlte es mit ihrem Leben.
Die Menschen aus dem naheliegenden Dorf sahen in der jungen Frau einen Dämon. Auf unerklärliche Weise verschwanden aus dem Ort die Männer. Sie gingen auf die Jagd oder wollten in die Stadt und kamen nicht mehr zurück. Ihre entsetzlich entstellten Leichen fand man dann in der Umgebung. Das Fleisch war von den Knochen gerissen worden.

Die schöne Remember saß vor dem offenen Kamin und das Feuer zauberte Lichtreflexe auf ihr rotes Haar. Das gleichfarbige Kleid war aus feinster Seide. Die roten, flachen Schuhe, die sie trug, vervollständigten ihre Garderobe. Plötzlich hob sie den Kopf und lauschte. Ein eigenartiger Geruch weckte ihr Interesse. Langsam stand sie auf und verließ das Haus. Der Mond hatte eine rote Farbe angenommen. Mit starrem Blick, wie ferngesteuert, schlich Remember langsam durch den kleinen Gemüsegarten auf den Waldrand zu und in die Dunkelheit des Forstes hinein.
Sie folgte einem schmalen Pfad, der sich durch das Dickicht wand, wie eine riesige, alles verschlingende Schlange. Je weiter sie vordrang, umso schneller lief sie ihrem Ziel entgegen.
Remembers Gestalt veränderte sich. Aus einer schönen jungen Frau war ein Monster geworden, mit rotem Fell und

furchterregenden Augen, Zähnen und Klauen. Geifer tropfte in langen Fäden aus dem Maul der Kreatur, die geradewegs der Hölle entsprungen schien. Sie erreichte eine große Lichtung inmitten des Waldes und blieb witternd stehen. Auf der anderen Seite war ein Hochsitz. Der Wind wehte den Geruch eines billigen Rasierwassers über die Lichtung.
Remember schloss halb ihre Augen und vermied somit den Lichteinfall, der sie zu hellen Flecken im Dickicht werden ließ. Langsam, vorsichtig, jedes Geräusch vermeidend, schlich sie durch das Unterholz. Als sie unter dem Hochsitz anhielt, stieg der Rauch von einer Zigarette in ihre Nase ...
Dann schlug das Monster zu. Mit zwei schnellen Klauenhieben durchschlug sie zwei der vier Holzpfähle, die den Hochsitz stützten. Langsam kippte er nach vorn. Ein Schrei durchschnitt die helle Vollmondnacht.
Der Mann, der auf Wild gehofft hatte, sah sich einer unheimlichen Kreatur gegenüber. Weit ausgebreitete, rot behaarte Arme und ein geiferndes Maul jagten ihm Angstschauer über den Rücken. Er hatte seine, mit Sauposten geladene Flinte, fest umklammert bei dem Sturz. Nun riss er sie hoch und schoss – dem Monster direkt in die Brust. Der Einschlag schleuderte die Kreatur zurück. Aber sie kam von neuem auf ihn zu. Er feuerte den zweiten Lauf ab. Wieder traf der Schuss die Brust Remembers. Abermals wurde sie zurückgeschleudert und fiel diesmal auf den Rücken. Einen kurzen Augenblick glaubte der Mann, sie erledigt zu haben, aber sie kam wieder hoch.
Er versuchte zu entkommen, den keuchenden Atem in seinem Nacken ... Eine Baumwurzel ließ ihn stolpern. Doch er fing sich wieder und rannte, was seine Beine hergaben. Immer tiefer trieb die Bestie ihn in den Wald, der anhaltend undurchdringlicher wurde. Schließlich ging es nicht mehr weiter. Die Dornen eines Brombeergewächses stoppten seine Flucht.
Remember war am Ziel. Die Gier nach Blut und warmem Fleisch war übermächtig in ihr. Sie kostete die Angst des

Mannes aus, weidete sich an seinem Anblick – an den weit aufgerissenen Augen, den zum Schrei geöffneten Mund. Immer langsamer näherte sie sich ihm.
Ein gellender Schrei, der abrupt abbrach, durchschnitt die Vollmondnacht. Ein schneller Hieb mit den langen, dolchartigen, gebogenen Krallen trennte den Kopf des Mannes von den Schultern. In einem hohen Bogen flog er mit aufgerissenen Augen und dem geöffneten Mund, eine Blutspur nach sich ziehend, hoch in einen Baum. Dort blieb er in einer Astgabel hängen und es sah so aus, als schaue er von da aus zu, was mit dem Rest seines Körpers passierte. Rotes warmes Blut schoss aus dem Hals des getöteten Mannes. Remember schlug ihre zu Hauern mutierten Zähne in das warme Fleisch ihres Opfers. Es knirschte, wenn ihre Zähne die Knochen streiften. Ein wohliges Grunzen begleitete die grausame Blutorgie.
Plötzlich hob Remember den Kopf. Sie lauschte.
Sie war nicht allein. Hinter ihrem Rücken hatten sich vier Männer aus dem Dorf herangeschlichen. Die Bewohner des Ortes hatten das Haus Remembers unter Beobachtung gestellt und waren ihr gefolgt. Immer darauf bedacht, gegen den Wind zu gehen. Als das Monster den Kopf hob, erstarrten sie in ihren vorsichtigen Bewegungen. Sie wagten kaum zu atmen. Langsam hoben sich vier Gewehrläufe und zielten auf die dämonische Gestalt.
Ihre Gewehre waren mit geweihten Kugeln geladen. Vorne abgeflacht, würden sie riesige Austrittswunden hinterlassen.
Remember richtete sich auf und machte einen Schritt auf die im Unterholz versteckten Männer zu. Sie witterte nach allen Seiten. Noch einen Schritt und noch einen ... da verlor einer der Männer die Nerven.
Ein lauter Knall zerriss die Nacht. Drei weitere Kugeln trafen Remembers Körper, der unter der Wucht der Einschläge zurück geschleudert wurde. Ein Projektil traf ihren Kopf. Mitten in der Stirn riss es ein kleines Loch. Der Austritt des Geschosses zertrümmerte die Hirnschale. Die übrigen drei

zerfetzten den Rest des Körpers und zerlegten ihn in seine Einzelteile. Es war ein grausiger Anblick. Einer der Männer übergab sich. Die anderen waren kreideweiß im Gesicht.
Im Dorf wurden sie schon erwartet. Sie berichteten, was sich zugetragen hatte. Der Leichenbestatter rief zwei seiner Gesellen zu sich. Ihnen war die Beseitigung der menschlichen Überreste im Wald aufgetragen worden. Obwohl sie schon einiges gesehen hatten, verrichteten sie diese Arbeit mit Widerwillen und Abscheu. Einer der Gesellen musste in den Baum klettern und den Kopf aus der Astgabel befreien. Den Getöteten legten sie in einen mitgebrachten Leichensack. Remembers Überreste ließen sie liegen für die Aasfresser des Waldes. Als die Männer den Platz verlassen hatten, stieg aus dem zerfetzten Körper des Monsters ein feiner schwarzer Nebel auf. Er verdichtete sich zu einem Schatten, der magisch angezogen wurde vom Haus, in dem Remember gewohnt hatte.
Als der Schatten das Haus erreichte, fuhr er durch den offenen Kamin hinein. Gleich darauf trafen die Bewohner des Dorfes ein. Mit Pechfackeln bewaffnet, umstellten sie die Behausung. Dann flogen die Fackeln von allen Seiten auf das Reetdach. Es dauerte nur einen Moment und das Gebäude brannte in einem lodernden Inferno. Als ein fürchterlicher, hasserfüllter Schrei aus den Flammen zu hören war, ergriffen die Leute die Flucht. Von der Angst gepeitscht, rannten sie, sich gegenseitig behindernd, auf dem schmalen Waldpfad zu ihrem Dorf zurück ...

Ihre Seele saß auf einem Stein im flachen Wasser eines Sees. Remember musste 200 Jahre warten. Erst dann bekam eine der Nachfahren der vier Männer, denen sie ihren Tod verdankte, ein Mädchen. Sie stand auf. Die schwangere Frau wird sie nicht mehr aus den Augen lassen. Es wird ein hübsches Mädchen werden ... Mit roten Haaren ...

wie die Liebe

Sex und 1000 Lügen

Rudi Treiber

Wohl eines der schaurigsten und Märchen, die uns nächtelang den Schlaf rauben, ist das der Sexualität.

Sex ist in der heutigen Zeit immer und überall präsent. In Zeitungen, TV, Radio und Internet. Sex ist zum milliardenschweren Geschäft geworden.

Aber nirgendwo wird mehr gelogen und Übertrieben, nirgendwo gibt es derart viele Hemmungen, Verklemmungen, Unausgesprochenes, Unbewältigtes und Perverses. Er ist aktiv, gewünscht, erhofft oder gefürchtet.

Schon ein Blick, ein Atmen, Lachen oder ein Seufzer kann Kräfte mobilisieren und auf den anderen „überspringen“ lassen. Das knisternde Etwas kann aber auch durch ein einziges Wort, Ton oder Gesten zerstört werden. Denke man zurück an das erste Treffen mit der Angebeteten. Coles Outfit, geile Frisur, Zähne geputzt und schickes Auto, wenn vorhanden. Schnell kann man alles kaputt machen wenn man blöde Meldungen schiebt, rülpst oder vor Aufregung einen „fahren“ lässt. Dann hat sich alles besprochen.

Es wird gerne und viel über Sex gesprochen. Überall, am Arbeitsplatz, im Wirtshaus, im Büro und zu Hause.

Sex beginnt nicht erst mit dem Körper, sondern schon lange vorher mit dem Wort, mit einer Geste oder einem tiefen Blick.

Haben die Teens in den 7o-er Jahren noch alles „weggebrettert“ was nicht rechtzeitig auf die Bäume kam, so muss man heute schon sehr vorsichtig sein. Jeder flüchtige „One-Night-Stand“ kann auch gleich ein First Class Ticket in die kühle Heimaterde bedeuten. Die jungen Menschen haben es heute nicht leicht.

In Zeiten von Aids, Rauschgift, Krebs und Strahlung zu leben, ist wahrlich kein Vergnügen. Man muß sich gewöhnen an den Babystrich, die Heroinleichen, Gewalt und Agresssion, an Korruption, Neid, Hass und Stress, Egoismus, Mani-

pulation und Neurosen. Kriege außen und Kriege nach innen. Sie beginnen schon in der Familie.
Wie traurig muss es um unsere Gesellschaft bestellt sein, wenn sich Väter auf ihre leiblichen Töchter stürzen, wenn fettbäuchige Geilspechte einen Billigflug nach Thailand buchen, um dort Sex mit kleinen Mädchen oder Buben zu haben, wenn primitive „Proletenpartien" sich nach Ungarn oder in die Slowakei aufmachen und mit harten Devisen armen Ostblockmädchen ihre Selbstachtung nehmen.
Diese Auswüchse werden durch die Häufigkeit zur Selbstverständlichkeit und es wundert sich keiner mehr darüber, denn die Quantität des Horrors härtet ab, auch unsere Seelen.
Sex ist jedoch nicht nur Ausdruck körperlicher Kommunikation, sondern auch als Waffe bekannt und gefürchtet.
Übergeordnete schlafen mit Untergeordneten, Chefs mit Angestellten, Ärzte mit der Nachtschwester, Herr Filmproduzent mit dem Starlet, der Pilot mit der Stewardess, der Filialeiter mit dem Kassafräulein, Herr Referent mit Frau Kursteilnehmer, Herr Landesrat mit Frau Wahlhelferin, Herr Vertrauen mit Frau Naiv und Herr Schwuchti mit Kollegen Lauwarm.
Sex wird immer mehr zum Aus- und Benützen des anderen, ob durch Geben oder durch Nehmen.
Es gibt bei ehrlicher Sexualität zwischen Partnern keine Fehler. Alleine das Vertrauen gibt schon die Sicherheit, sich in all seine Bedürfnisse, seine Wünsche und Befriedigungen fallen zu lassen. Den eigenen Körper für diese Zeit zu verschenken, die Berührung des anderen zu spüren, ausleben zu können, was der Höhepunkt der Begierde ist, das ist das schönste und ehrlichste Geschenk, zudem wir Menschen fähig sind.
Sex ist sehr gewaltig in seinen Formen, leider auch gewalttätig. Es ist traurig, dass sich meist Männer dazu fähig sind.
Daher prahlen die Dummen eher mit der Quantität als mit der Qualität und Intensität ihres Liebeslebens. Die koitäre Zeitspanne ist für manche noch immer wichtiger, als die Streicheleinheiten davor und danach. Sex allein macht einsam

auf die Dauer und verkümmert zu einem Animalismus des Triebes denn ein jeder Hund oder Stier hat mehr Ausdauer beim Sex als ein Mensch.
So manche schöngesoffene Erscheinung entpuppt sich frühmorgens als Fata Morgana des Grauens.
Sich durchs „Bumsen" zu versöhnen ist die größte Dummheit einer Beziehung, wird aber vielfach praktiziert.
Dass Geld allein erotisch macht, glauben wirklich nur die, die diese Tatsache als Argument für sich selbst benötigen, um nicht in ihrer Lebenslüge unterzugehen. Aber vielen genügt diese Gefühlsreduktion, im Austausch für ein schönes materiell abgesichertes Leben, im Kreise vieler prostituierender gleichgesinnter Männer oder Frauen, wobei hier die Frauen statistisch die Nase weit vorne haben. Dieses „Lebenspuff" ist größer als man denkt und wenn man so sieht mit welch hässlichem Mann so manch hübsche Frau verheiratet ist dann fragt man sich, wie schwer muss es dieser doch fallen ihren eigenen Lebensunterhalt selbst zu verdienen??
Die Wertigkeiten einer Beziehung verschieben sich im Laufe der Jahre, nicht jedoch die Basis, sie hält sich auch bei einem kleinen Regen, die Sonne ist ohnehin leicht zu ertragen.
Die Phantasie, als Regulator und das immer wieder neue Bemühen, um den anderen, ist nicht zuletzt ein hoffnungsvoller Garant, dem Trend der neuen Zeit entgegenzuwirken.
Der Mensch ohne Liebe ist ein verkümmertes Individuum, das unzufrieden durch das Leben schlurft. Nicht umsonst heißt es oft „machen wie Liebe" um das Wort Sex zu umschreiben, aber die Wahrheit ist:
ALL YOU NEED IS LOVE

Kostümfest in Rot
Elfride Stehle

‚Was ist denn das', fragt sie sich und bleibt ruckartig stehen. Dann geht sie näher an das Plakat heran. Sie kneift die Augen leicht zusammen, macht einen Schritt zurück, und holt schließlich ihre Brille aus der Tasche. Jetzt kann sie besser erkennen, was dort steht.

KOSTÜMFEST in …

»Na, was gibt es Interessantes zu entdecken?«

Erschrocken fährt Eva herum und sieht in das hübsche, lachende Gesicht von Markus.

»Musst du mich so erschrecken«, faucht sie ihn an, kann sich dann aber ein Grinsen nur schwer verkneifen. Mit seinem struppigen roten Haarschopf wirkt er wie ein Lausbub auf sie. Markus kommt näher und schaut Eva über die Schulter.

»Das ist ja schon heute Abend um acht! Wo nehme ich nur so schnell ein rotes Kostüm her?«, fragt er und sieht Eva entgeistert an.

»Wieso rot?«

»Steht doch hier – KOSTÜMFEST in ROT, und weiter unten – das beste rote Kostüm wird prämiert.«

Statt zu antworten, lacht Eva jetzt los.

Markus wird rot bis zum Haaransatz, was die Situation nicht gerade entschärft – im Gegenteil. Weil sich Eva gar nicht beruhigen kann, blafft Markus sie jetzt an:»Musst du mich immer auslachen? Nur weil wir uns eine WG teilen, hast du noch lange nicht das Recht dazu!«

Im Grunde genommen verstehen sie sich ganz gut. Nur zieht ihn Eva gerne wegen seiner roten Haare auf. Dabei gefällt er ihr, als Freund und als Mann. Eva mag auch seinen Humor. Deshalb meint sie nun einlenkend zu ihm:»Sei nicht gleich beleidigt, ich stellte mir nur dein Kostüm bildlich vor.«

»Welches Kostüm?«, will Markus wissen.

»Na ja, du könntest doch als Streichholz gehen, mit deinem Haarschopf kein Problem …«

Nun reicht es Markus. Mit zornigen Augen funkelt er Eva an und macht auf dem Absatz kehrt.
Leicht schmunzelnd sieht sie ihm nach, denn sein Zorn ist nur gespielt, das weiß Eva genau. Immerhin kennen sie sich schon zwei Jahre.
Gut gelaunt setzt sie ihren Weg fort. Dabei kehren ihre Gedanken immer wieder zu dem abendlichen Kostümfest zurück. Bis dahin blieben ihr noch acht Stunden. Nicht gerade viel. Mit einem Mal steht sie vor dem Modegeschäft ihrer besten Freundin. Eva starrt auf das Kleid im Schaufenster. Sie war doch erst vor einer Woche hier … da hing das gleiche Kleid im Fenster. Aber war es auch rot? Sie kann sich nicht daran erinnern. Grübelnd geht Eva die sieben Stufen zum Geschäft rauf, öffnet die Tür und geht hinein. Die Türglocke lässt die Ladenbesitzerin herbeieilen. Sie umarmt Eva und fragt überrascht: »Wie kommt es, dass du mich so schnell wieder besuchst? Was kann ich dir Gutes tun, meine Liebe?«
Rosa bereitet ihrer Freundin eine Tasse mit duftendem Kaffee. Die Frauen setzen sich an einen kleinen Besuchertisch mit zwei Stühlen. Eva wundert sich, dass diese Metallmöbel ebenfalls die Farbe Rot haben. ‚War das schon immer so‘, überlegt sie. Auch daran kann sie sich nicht erinnern. Aber sie sagt nichts, sondern genießt den Kaffee, der wie immer vorzüglich schmeckt.
Rosa entgeht die Nervosität ihrer Freundin nicht. Sobald sie nämlich an ihren lackierten Fingernägeln knabbert, ist etwas im Busch.
»Was ist los?«, fragt sie deshalb geradeheraus, steht auf und schließt die Tür ab, nicht, ohne vorher das Schild mit der Aufschrift ‚Geschlossen’ nach außen zu drehen. Dann setzt sie sich wieder zu Eva und sieht sie mit aufmerksamen Augen an.
Nach drei Stunden verlässt Eva »ROSAS Moden« mit rotgefärbten Haaren und vier großen Einkaufstüten. So vollbepackt betritt sie zehn Minuten später die WG, die sich in einer Altbauwohnung am Stadtrand befindet. Markus scheint

noch nicht da zu sein, jedenfalls kommt keine Remmidemmimusik aus seinem Zimmer. Auch gut, denkt Eva und zieht sich erleichtert in ihr kleines Reich zurück.
Bevor Eva ihre Einkaufstüten inspiziert, springt sie noch schnell unter die Dusche. Dann nimmt sie eine Tüte nach der andern, bis sie alles auf dem Bett ausgebreitet hat. Zufrieden über die wunderschönen roten Sachen, beginnt sie sich langsam anzukleiden. Zuerst die Korsage mit den Strümpfen. Bevor sie sich aber das Kleid überstreift, schminkt sie die Lippen, natürlich in dem passenden Rot, wie ihre Fingernägel. Sie betrachtet die Nägel und ist froh, dass Rosa sie noch mal in Form gebracht hat.
Sie seufzt bei dem Gedanken an ihre Freundin, denn es ist wirklich schade, dass sie so gar nichts übrig hat für Kostümfeste …
Eine halbe Stunde vor zwanzig Uhr ist Eva fertig angezogen und gestylt. Sie betrachtet eingehend und zufrieden ihr Spiegelbild. Plötzlich hört sie eine Feuerwehr. ‚Schon wieder ein Brand!', denkt sie verwundert und geht zum Fenster. Vor dem Haus sieht sie Markus in Uniform stehen. Er macht eine einladende Bewegung in Richtung Feuerwehrauto älteren Modells. Erst jetzt fällt Eva auf, dass ihr WG-Kumpel die ganze Zeit nicht zu Hause war. Sie nickt ihm zu und geht hinaus.
»Lady in Red«, stellt sie sich vor und macht einen Knicks. Markus verbeugt sich elegant, um dann die Beifahrertür zu öffnen. »Wozu bin ich schließlich Feuerwehrmann?«, fragt er augenzwinkernd und hilft Eva beim Einsteigen. Ihr Herz beginnt schneller zu klopfen. Sie freut sich mit einem Mal auf den Abend mit Markus.
»Ich bin froh, dass du nicht als Streichholz gehst«, raunt sie ihm zu, »denn sonst hätte ich jetzt laufen müssen.«
Markus grinst nur, nimmt den Helm ab und fährt los. Eva aber kann es nicht lassen und streicht ihm zärtlich über sein Haar … erst dann entdeckt sie die rote Rose auf dem Armaturenbrett.

Code Red!
Veronika M. Dutz

Das Chicago Matt war ein Lehrkrankenhaus, aus diesem Grund arbeiteten hier viele Assistenzärzte. Tarnice war im dritten Jahr ihrer Facharztausbildung. Die junge Frau hatte ihre Faszination für Viren entdeckt, was ihre Familie und Freunde überhaupt nicht verstehen konnten. Ärztin zu sein, war für Tarnice mehr als ein Job, es war ihre Berufung. Aus diesem Grund machten ihr die extrem langen Schichten sowie die unzähligen Überstunden auf der Arbeit nichts aus. Als jemand zur Unterstützung für ein Forschungsprojekt in der virologischen Abteilung gesucht wurde, war Tarnice sofort klar, das war ihre Chance. Sie überstand das Auswahlverfahren und bekam die Stelle. Die Arbeit war hart, man durfte sich keinen Fehler in dieser Abteilung erlauben, das konnte tödlich sein. Tarnice arbeitete viel zu viele Stunden in dem abgeschirmten Labor oder dem Glaskasten, wie alle den hermetisch abgeschotteten Bereich nannten. Dessen Wände waren alle durchsichtig, damit die Studenten bei einzelnen Verfahrensweisen zuschauen konnten. Heute war nur Conny, ihre Freundin und Kollegin anwesend. Conny hatte sich der Orthopädie verschrieben. Die junge Frau liebte es, Knochen zu richten. Conny betätigte die Gegensprechanlage und sagte: »Hey … du Arbeitstier, heute ist Freitag und wir gehen in Charlys Bar! Das hast du mir versprochen, deine doofen Viren sind Morgen auch noch da. Los, jetzt komm schon!« Danach drückte sie ihre Nase an die Scheiben und schnitt Grimassen.

Tarnice schüttelte den Kopf und antwortete: »Okay, Süße, einen kleinen Moment musst du dich gedulden, ich muss diese Probe des Ablegers von einem gefährlichen Virenstamm ordentlich verstauen.« Conny mochte es nicht, wenn Tarnice über Viren sprach, das machte ihr Angst. Die junge Frau wollte nicht, dass ihre beste Freundin mit Viren oder Ähnlichem hantierte, aber was blieb ihr übrig, als es zu akzeptieren. Es war schließlich Tarnices Leidenschaft geworden. Würde man ihr die nehmen, würde man ihr die Luft zum Atmen abschneiden. Conny musste sie ab und zu aus dieser sterilen Welt herausholen.

In Charlys Bar war Freitag am Abend die Hölle los, genau aus diesem Grund wollte Conny hierher. Meistens trafen sich hier die Jungs vom Firedepartment, was Conny schier verrückt machte. Die junge Frau stand auf Feuerwehrmänner. Tarnice konnte das nicht verstehen und außerdem bediente es in ihren Augen ein Klischee. Aber wenn Conny sich etwas in den Kopf gesetzt hatte, war sie schwer davon abzubringen, also begleitete Tarnice ihre Freundin brav. Schließlich musste jemand ein Auge auf sie werfen, nicht dass sie heillos den Kopf verlor. Die Männer vom Firedepartment waren schon ein Hingucker, allesamt durchtrainiert, was bei diesem Job unerlässlich war.
Die beiden Mädels betraten Charlys Bar und kämpften sich bis zum Tresen durch. Danach genehmigten sich die jungen Frauen erst mal einen Drink. Conny war begeistert, heute Abend wimmelte es nur so von starken Feuerwehrmännern im Charlys. Conny flirtete, was das Zeug hielt. Tarnice hielt sich zurück, genoss ihren Drink und lauschte der Musik. Es spielte eine Einmann-Liveband, der Gitarrist gab sein bestes. Er sang leicht lyrisch angehauchte Texte, was ihr gefiel. Tarnice hatte das Gefühl, dass jemand sie anvisierte. Die junge Frau blickte sich in der Bar um, bis sie ihn sah, sein Blick traf sie bis ins Mark. Tarnice konnte ihren Blick nicht von ihm abwenden. Dieser verdammt gut aussehende Feuerwehrmann zwinkerte ihr zu, dann prostete er ihr zu. Der Typ stand am anderen Ende der Bar. Sein muskulöser Körper zeichnete sich eindeutig unter seinem Shirt ab. Das blonde Haar hatte leichte Wellen, seine Gesichtszüge waren markant und schnittig. Bei diesem Anblick sollte frau nicht schwach werden? Tarnice fühlte, wie ihr das Blut in die Wangen schoss. Zum Glück waren die Lichtverhältnisse im Charlys nicht wie

im Krankenhaus, sonst würde sie sich in Grund und Boden schämen. Tarnice war auf dem Gebiet mit dem Kokettieren nicht unbedingt die Beste. Dieser Kerl blickte sie direkt und unverhohlen an. Zudem signalisierte er offen sein Interesse an ihr. Die Assistenzärztin fühlte sich geschmeichelt und war zugleich froh, dass dieser atemberaubende Typ an der anderen Seite des Tresens stand. Zurzeit war ein Durchkommen nicht möglich, was Tarnice in Sicherheit wog und aufatmen ließ! Der Feuerwehrmann wurde von seinen Kumpels abgelenkt, genau diesen Moment nutzte Tarnice, um sich aus dem Staub zu machen. Zum Glück lag der Ausgang der Bar auf ihrer Seite. Das Ganze hier wurde ihr zu heiß und eigentlich wollte sie nicht ins Charlys. Tarnice zog Conny im Vorbeigehen am Ärmel, die daraufhin sofort ihren Kopf zu der Freundin drehte.

Tarnice sprach dicht in Connys Ohr: »Ich werde gehen, ich bin müde, es war ein langer Tag.« Conny blickte sie ein wenig schmollend an, nickte dann und gab der Freundin zu verstehen, dass sie hier bleiben würde, um den Abend vollends auszukosten. Ihr Blick fiel in diesem Moment auf ihr Gegenüber: ein Feuerwehrmann – was an seinem Shirt mit dem Aufdruck Firedepartment schwer zu übersehen war. Dieser Typ stand dem Kerl am Tresen in nichts nach, was Connys Augen zum Leuchten brachte.

Die beiden Frauen umarmten sich zum Abschied.

Tarnice war mit ihren Gedanken bei dem Virenstamm, den sie zurzeit untersuchte und diese Ergebnisse protokollierte. Die junge Frau machte ihre Arbeit gewissenhaft. Außerdem war sie ordnungsliebend, was dieser Arbeit zuträglich war.

Einen Moment später schrak Tarnice hoch, als die Gegensprechanlage anging und sie Connys Stimme hörte, die sagte: »Hey … du hast echt was verpasst! Der Typ war der Renner, ich liebe diese starken Kerle. Die heben dich hoch als seist du eine Feder! Ich bin echt müde, die Nacht war zu kurz!«

»Mann … Conny, du hast mich voll erschreckt! Zum Glück habe ich nichts fallen lassen. Es freut mich zu hören, dass du und dein Feuerwehrmann eine schöne Nacht zusammen verbracht haben«, erwiderte Tarnice leicht genervt.
»Er heißt Steve und will mich wiedersehen, wir haben unsere Telefonnummern ausgetauscht!«, bei diesen Worten hüpfte Conny vor dem gesicherten Arbeitsbereich herum.
»Oh … das ist schön zu hören, dass der Kerl diesmal einen Namen hat«, antwortete Tarnice, dabei umspielte ein Schmunzeln ihre Mundwinkel, was Conny zum Glück nicht sah.
»Sehen wir uns in der Pause? Ohne dass du in diesem Glaskasten steckst?«, fragte ihre Freundin. Tarnice nickte, damit gab sich Conny zufrieden und war verschwunden.
Tarnice fragte sich oft, wie ihr Alltag ohne diesen rotblonden Wirbelwind aussehen würde? Conny war anders als sie selbst, trotzdem war die junge Frau ihr sehr ans Herz gewachsen.

Das Projekt, an dem Tarnice momentan arbeitete, war fast abgeschlossen. Für heute zumindest, und die junge Frau begann, die Viren entsprechend der Sicherheitsvorschrift zu verstauen. Als sie damit fertig war, erschrak sie ein weiteres Mal, doch diesmal war es nicht Conny, sondern etwas viel Ungemütlicheres: Ein Alarmsignal war zu vernehmen. Augenblicklich verriegelten sich alle Türen zu dem hermetisch abgeschirmten Raum. Als Tarnice den ersten Schreck verdaut hatte, schaute sie auf die Anzeigentafel. »Code Red« leuchtete immerwährend auf. Himmel das fehlte noch, dachte Tarnice, zum Glück waren die Viren bereits sicher verwahrt. Leider konnte sie die Türen von innen nicht öffnen. Das war aus Sicherheitsgründen nicht möglich, damit im Fall einer Kontamination nichts nach außen drang. Für die junge Frau war die Situation eher schlecht, denn sie war hier drinnen gefangen. Es gab unzählige Codes in einem Krankenhaus, »Code Red« stand für Feueralarm!

In diesem Augenblick wünschte sich Tarnice, die Feuerwehrmänner aus Charlys Bar wären hier, um das Problem zu lösen. Im Moment sah Tarnice kein Feuer, sie wusste nicht, wie weit es von ihrem Bereich entfernt war. Die junge Frau befand sich in einem gesicherten Bereich für die Viren. Leider wurde hier auch die Luftzufuhr unterbrochen, um jegliche Ausbreitung über die Lüftungsanlage zu verhindern. Also wie lange würde Tarnice noch genügend Sauerstoff zur Verfügung stehen? Langsam bekam die junge Frau es mit der Angst zu tun. Würde sie es hier wieder herausschaffen? Vielleicht sollte Tarnice ihre Leidenschaft zu diesem Arbeitsbereich ein wenig überdenken. Außerdem wusste die junge Frau jetzt, was in der Abteilung dringend benötigt wurde! Eine Sauerstoffflasche!

Die Sekunden wurden zu gefühlten Stunden, das Luftholen wurde beschwerlicher. Die Raumtemperatur war merklich angestiegen. Imaginär fühlte man die Hitze des Feuers, das zum Glück nicht zu sehen war. Durch die fehlende Sauerstoffzufuhr schien die junge Frau zu halluzinieren. Tarnice war auf den Boden gesunken, sie hatte ihren Kopf an den Schrank neben die Tür gelehnt. Erschöpft fielen ihr die Augen zu. Sie hoffte, das Feuer würde diesen Bereich nicht erreichen und ihren Körper lebendig einschließen.

Es klopfte jemand an die Scheibe. Tarnice öffnete langsam die Augen. Die junge Frau schien zu träumen, vor ihr kniete der Feuerwehrmann aus der Bar. Sein Lächeln war zauberhaft, er war dermaßen dicht bei ihr, dass sie die Sprenkel in seinen Augen sehen konnte. Diese schönen rehbraunen Augen, man konnte sich in ihnen verlieren. Der Kerl schien mit ihr zu sprechen. Tarnice sah, wie sich seine Lippen bewegten, hören konnte sie nichts. Der jungen Frau war es unerträglich heiß, atmen konnte sie kaum, der Sauerstoff in dem hermetisch abgeriegelten Raum war gleich null. Tarnice verlor das Bewusstsein.

Die Feuerwehrleute entriegelten nach dem Sicherheitsprotokoll den Glaskasten und befreiten die Assistenzärztin. Ethan, der auf die junge Frau eingeredet hatte, trug ihren bewegungslosen Körper ins Freie. Während des Laufens kehrte ‚Leben' in Tarnice zurück und sie bemerkte, dass sie von starken Armen getragen wurde. ‚Seinen' Armen … Die junge Frau kostete diesen Augenblick ein wenig aus und ließ ihren Kopf gegen seine Brust sinken.

Als der Feuerwehrmann seine kostbare Fracht in Sicherheit gebracht hatte und absetzte, fragte er: »Wie ist Ihr Name?«
»Tarnice«, gab die junge Frau ohne zögern von sich. Ihr Blick haftete auf seinen Augen.
»Sehr schön, mein Name ist Ethan. Geht es Ihnen wieder gut? Kann ich Sie loslassen?«, fragte der Feuerwehrmann.
»Nein … ach ich meinte ja«, antwortete Tarnice etwas verwirrt. Die junge Frau wollte in diesem Moment nicht, das er sie losließ, was kühn für sie war.
Er lachte und sagte: »Okay … erst vor mir die Flucht ergreifen und dann doch nicht mehr loslassen wollen. Wenn ihr Frauen doch nur wüsstet, was ihr wollt.«
»Ich bin schüchtern und kenne eigentlich nur meine Arbeit!«, sprudelte es aus Tarnice Mund. Hatte sie das wirklich eben gerade gesagt?
Ethan setzte ein breites Lächeln auf und antwortete: »Na … das erklärt so einiges!« Er hauchte ihr einen zarten Kuss auf die Stirn und sagte: »Nächsten Freitag im Charlys um 19.00 Uhr und wehe du kommst nicht, ich weiß jetzt ganz genau, wo ich dich finde!« Augenblicklich drehte er sich um und war verschwunden. Tarnice blieb keine Zeit darüber nachzudenken, ihre Kollegen schauten nach ihr, ob sie unverletzt war. Im nächsten Moment war Conny bei ihr und sagte: »Man … hattest du ein Glück, dass das Virenlabor verschont geblieben ist. Das Feuer ist im selben Stockwerk ausgebrochen. Ich hatte solche Angst um dich.« Bei diesen Worten nahm die Freundin sie ganz fest in den Arm.

Die Woche hatte sich gezogen. Tarnice hatte dem Freitag regelrecht entgegengefiebert, was sie sich selbst nicht erklären konnte. Die junge Frau betrat Charlys Bar. Ethan stand am Tresen. Er drehte sich augenblicklich um, als ob er gespürt hatte, dass sie eingetreten war. Tarnice ging auf ihn zu, und es fühlte sich an, als ob in ihrem Magen tausend Schmetterlinge flatterten.

Ethan blickte sie gefühlsvoll an und sagte: »Hallo, schöne Frau!« Tarnice fühlte, wie das Blut in ihre Wangen strömte und sie antwortete verstohlen: »Hi, Ethan.« Mehr kam ihr für den Augenblick nicht über die Lippen.

Er legte seinen Arm um ihre Taille und zog sie zu sich heran. Die junge Frau war in seinem Bann gefangen. Ethan verschloss ihren Mund mit seinen Lippen. Die beiden küssten sich innig, als wäre es das normalste der Welt. Hier hatten sich zwei Seelen gefunden. Das spürte jeder für sich, ohne dass es ausgesprochen werden musste.

Das Spektrum der Sehnsucht

Katharina Kraemer

Ich sehnte mich nach einer Schulter, an der vergangene Zeiten wieder lebendig würden. Nach einem Menschen, der mir Vergessen schenkte und gleichzeitig die Gegenwart ebenso einzigartig machte wie das, was sich mit all seinen Details in mein Gedächtnis eingegraben hatte. Nein, das stimmte nicht! Ich sehnte mich nach ihr! Alles was mich mit ihr verband und ich hatte erleben dürfen, ließ mich nicht los. Besonders in der Nacht. Wenn ich aus diesen Fantasien erwachte, überkam mich Verzweiflung über das Unwiederbringliche, und ich konnte dem grenzenlosen Verlangen nicht Herr werden, sie zu spüren und zu lieben, wie ich nie zuvor einen Menschen geliebt hatte.

Wie ein guter Wein mit den Jahren besser wird, nahmen die Erinnerungen in meinen Träumen greifbare Gestalt an. Obwohl es Ewigkeiten her war, war sie mir noch so nah, dass ich ihre Stimme zu vernehmen glaubte, und ich erinnerte mich der Worte, die meinen Ohren zärtlich schmeichelten. Und ich konnte die rotgoldzüngelnde Glut des offenen Kamins auf meiner Haut spüren. Ich roch das Odeur der Zärtlichkeit, ihre Augen sahen mich unendlich liebevoll an.

Sobald ich die Augen schloss und mich der Erinnerung hingab, verzehrte ich mich nach jener sinnlichen Zärtlichkeit, der innigen Wärme und Geborgenheit, die das Feuer der Leidenschaft entfacht und meinen Körper, meinen Geist und meine Seele gewärmt hatten – in der Erinnerung lebendig, still, nicht weniger heftig aufbegehrend, wiederentdeckt zu werden. Jede Nacht, in der ich meiner unerfüllten Leidenschaft nachhing, jeder Tag, der mir das Vergessen verwehrte, ließ die Begierde nach jenen feinfühligen Liebkosungen, der nicht enden wollenden Ekstase und der anregenden Bedürfnislosigkeit danach reifen. Würde es noch einmal jemand geben, der in mir nicht weniger als den Abglanz jener Glut zu schüren verstand? Gab es da draußen einen Menschen, dem ich mich, einem Vulkan gleich, hingeben konnte? Wie sollte ich mich von der Inkarnation der Leidenschaft lösen, die ich selbst geschaffen hatte? Wie sollte die Frau sein, die mir die Erinnerung wiedergeben und Auftakt für eine Wiedergeburt jener Gefühle sein konnte? Konnte mir die Zukunft Vergessen und jene einzigartig schönen Empfindungen schenken? Was ließ mich an sie denken, sobald sich mein körperliches Verlangen nicht mehr ignorieren ließ?

Diese und viele andere Fragen marterten mein Hirn, das gefangen schien von der Reminiszenz an das lodernde erotische Feuer und dem Bild dieser Frau, das in meinen Träumen Gestalt annahm.

Sie hatte vom ersten Moment an Facetten meiner Persönlichkeit zutage gefördert, derer ich mir zuvor nicht bewusst war; sie hatte mich gelehrt, ich zu sein. Und ich stand da mit der Erinnerung an jene Tage und Nächte und den erotischen Fantasien, die mit ihr Wirklichkeit geworden waren, und mit dem Anspruch an eine Frau, die ihr gleichen und Neues für mich sein sollte. Blaue Augen musste sie haben! Das tiefe Blau, mit einem Stich grau oder grün darin, faszinierte mich schon immer. Mal glichen sie einem wolkenlosen Frühlingshimmel, mal einem dunklen See, in dem sich ein sommerlicher Himmel spiegelte. Ein anderes Mal schienen sie klar wie ein seicht dahin plätschernder Bach, dann wiederum wie ein friedlicher Gebirgssee, in dem sich schneebedeckte Berge zeigten. Sie waren strahlend und lebendig zugleich, sodass ich meinte, dahinter die Seele erblicken zu können.

Ihnen gehörte meine erste Aufmerksamkeit, sie erregten mein Interesse für den Menschen dahinter. Ihre Augen hatten all das für mich gehabt! In Erinnerung an sie, die mir die schönsten Wochen geschenkt und die ich durch eigene Schuld verloren hatte, schien nichts gut genug, kein Augenpaar ausreichend blau, keine Haut weich und keine Liebkosung zart genug, die Illusion des Auferstehens jener Gefühle und Erlebnisse zu verbannen.

Die Farben der Liebe sind rot, blau und grün, zusammen ergeben sie das unschuldige Weiß des Lichts, kam mir in den Sinn. Und inmitten dieser Retrospektive fügten sich einzelne Sequenzen meiner Erinnerung zu einer Bildfolge, die mich die Gegenwart vergessen ließ.
Ich folgte mit zitternden Händen dem Profil ihres Gesichts, das mir perfekt erschien wie kein anderes. Das Blau ihrer Augen, in denen sich die rötlichen Flammen spiegelten, der seidige Glanz auf ihren Wangenknochen. Meine Finger zitterten leicht, während sich die kleinen Härchen über ihren blutroten Lippen aufstellten.
Kein Geräusch durchbrach die Stille und das stumme Einverständnis, mit dem sie empfing. Ihr Atem ging gleichmäßig und ruhig, gleich einer See vor dem Sturm, wenn der Wind in der Luft zu stehen schien. Ich hatte alle Zeit der Welt!
Wortlos folgte ich ihren Konturen, an den empfindsamen Seiten entlang, um den Bauchnabel herum. Dann glitt ich scheinbar achtlos an ihrem Schoß vorbei und zeichnete ihre Schenkel nach, die sich leicht öffneten. Ich kreiste wie ein Adler mit weit ausgebreiteten Flügeln über der See, getragen von der Thermik. Leise Vibrationen folgten meinen angedeuteten Berührungen. Das Meer belebte, die aufkommende Brise brach die spiegelglatte Oberfläche, in der sich die Sterne des nächtlichen Firmaments gespiegelt hatten. Nunmehr strebte ich der Pforte der Lust und berührte sanft ihre Scham, der ein lieblicher Duft entströmte. Wie Odysseus den Klängen der Sirenen lauschte, zog ich begierig die Süße ihres Leibes ein. Meine Hände zitterten, als ich die Pforte öffnete. ‚Wie schön sie ist!', dachte ich bei mir, während ich behutsam an den rosa Innenseiten entlang strich. Ich gehorchte ihrer stummen Aufforderung und wurde von feuchter Wärme und einem feinen Stakkato der mich umgebenden Wände empfangen. Mit jeder Sekunde schwoll der Wind mehr zu einem Orkan, dessen Kraft mir zuvor nie begegnet war. Er riss mich mit, und ich folgte willig. Der weiche Schaum, der von meinen Fingern troff, schien den weißglitzernden Kronen dieser

mächtigen Wellen gleich, in denen wir gemeinsam zu ertrinken drohten.
Sie bog sich unter meinen Händen, wie ich mich nach ihr verzehrte. Als habe sie meine Gedanken erraten, glitt sie in mich. Ich genoss die stetig steigende Anspannung. Übersinnlich blau war alles um mich! Mein Geist entschwebte in die tiefblaue Nacht und blickte hinab auf uns, die wir auf den Wolken tanzend die Ekstase erlebten. Wie der Seeadler, der seine Beute erblickt und hungrig hinabstürzt, tauchten wir ein in die tosende See, in das Ultramarin, das uns umhüllte. Viel zu schnell verebbte der Sturm, die weißen Schaumkronen schwanden und die aufgepeitschte See beruhigte sich, bis sich darin das nächtliche Firmament spiegelte, das gen Osten von der Morgendämmerung abgelöst wurde. Der Augenblick, in dem die Sonne aufging und der Nacht ein Ende bereitete, rückte unaufhaltsam näher. Noch sträubte sich alles in mir, mich der Unvermeidbarkeit des Erwachens zu stellen. Als alles Tosen verstummte, hielt ich sie noch in den Armen. Glücklich und zufrieden ging ich in Gedanken zurück in die Nacht, die mich die Farbe des Himmels hatte erblicken lassen.

Treffpunkt: Rote Ampel

Beate Kidd

Lisa sah auf die Uhr. Oje, ihr sorgfältiges Makeup hatte länger gedauert, als gedacht. Aber sie wollte unbedingt gut aussehen. Seit zwei Wochen stand ein absolut umwerfender Mann jeden Morgen um die gleiche Zeit neben ihr an der roten Fußgängerampel. Er kam immer aus der linken Querstraße, währenddessen Lisa von rechts kam. Sie hatten auch nur die paar Schritte über die Straße gemeinsam, dann bog jeder wieder in eine andere Richtung ab. Lisa schätzte ihn auf Ende 20 und war fasziniert von seinen dunklen Augen und den markanten Gesichtszügen. Sie hatte ihn einmal telefonieren hören und beim Klang seiner Stimme hatte sie eine Gänsehaut bekommen. Lisa hatte sich fest vorgenommen, den selbsterklärten Traummann heute anzusprechen. Und jetzt kam sie fast zu spät zur Ampel!

Nach einem letzten Blick in den Spiegel schnappte sie sich ihre Jacke und Tasche und hetzte aus der Wohnung. Sie rannte Richtung Straßenkreuzung und verlangsamte ihr Tempo kurz vor der Ampel. ‚Er' stand schon dort und wartete darauf, dass die Ampel grün wurde. Lisa war so außer Atem, dass sie beschloss, ihn doch nicht sofort anzusprechen. Das musste bis morgen warten, sie wollte sich nicht blamieren. Stattdessen nutzte sie die Zeit dafür, um ihn verstohlen zu mustern. Seine Jeans saß perfekt und sein dicker Strickpullover wirkte leger und edel zugleich. Vermutlich hätte er auch in einem Kartoffelsack einfach blendend ausgesehen.

Lisa seufzte innerlich, als die Ampel von Rot auf Grün sprang. Noch ein paar Schritte und ihre Wege würden sich für heute wieder trennen. So schade.

Später am Tag ertappte sich Lisa immer wieder dabei, dass sie an den Fremden von der roten Ampel denken musste. Sein Aussehen und seine Ausstrahlung ließen sie gar nicht mehr los. Sie konnte lange nicht einschlafen, weil sie im Geiste die Worte formulierte, mit denen sie ihn beim nächsten Mal doch ansprechen wollte, und sich vorstellte, wie er reagieren würde. Entsprechend nervös war Lisa am darauf folgenden Morgen. Sie ging rechtzeitig aus dem Haus und schlenderte so lange langsam auf die Ampel zu, bis sie ihn kommen sah. Dann beschleunigte sie ihr Tempo und kam zeitgleich mit Mr. Perfect an der roten Ampel an. Sie betrachtete ihn kurz von der Seite und hoffte, dass man ihr ihre Aufregung nicht ansehen konnte.

„Guten Morgen", sagte Lisa laut und strahlte den Mann an. Dieser schenkte ihr jedoch nur einen kurzen Blick und nickte ihr höflich zu. ‚Na toll', dachte sich Lisa. Das war nun wirklich nicht die Reaktion, die sie erwartet hatte. Aber was hatte sie eigentlich erwartet? Irgendwie wusste sie das selbst nicht so genau.

Die folgenden Tage verliefen wie gewohnt. Sie standen beide nebeneinander an der Ampel, keiner sprach auch nur ein Wort und nach dem Überqueren der Straße trennten sich ihr Wege auch schon wieder.

Als Lisa beruflich für ein paar Tage bis zum Ende der Woche verreisen musste, fehlte ihr die morgendliche Begegnung. Wie konnte man nur so vernarrt in jemanden sein, den man noch nicht einmal kannte? Vielleicht sollte sie künftig einen anderen Weg zur Arbeit einschlagen. So konnte das ja nicht weitergehen. Alle ihre Gedanken kreisten um diesen einen Mann, der noch nicht mal ein gesprochenes „Guten Morgen" wiedergeben konnte.

Noch immer unschlüssig darüber, was sie tun sollte, stand Lisa zu Wochenbeginn wieder an der Ampel. Anscheinend war es aber gar nicht nötig, sich weiter Gedanken zu machen, denn Lisa stand diesmal alleine da. Kein Mann weit und breit. Und dieser eine ‚Spezielle' schon gar nicht.

Lisa wusste nicht, ob sie geknickt oder erfreut sein sollte, und ging, ganz in Gedanken vertieft, über die Straße. Erst, als sie jemand am Ärmel zupfte, schaute sie auf … und direkt in die wunderschönen dunklen Augen des Mannes, der sie so beschäftigte. Er lächelte sie an und sagte: „Schön, dass du wie-

der hier bist. Ich wollte dich letzte Woche schon fragen, ob du Zeit hast, einen Kaffee mit mir zu trinken."
Jetzt war es Lisa, die nur nicken und kein Wort sagen konnte. Er nahm sie bei der Hand: „Na, dann komm. Ich freue mich schon sehr darauf, mehr über dich zu erfahren, aber fürs Erste reicht mir auch dein Name." Er lachte Lisa an und zog sie in das nahe gelegene Café.

Blutspende der besonderen Art

Karin Kaiser

Mit einem skeptischen Blick nahm Emilio die kleine Phiole und ging damit an das Fenster seiner Wohnung. In Vinissa, der Parallelwelt von Venedig, zu der gewöhnliche Menschen keinen Zutritt hatten, zog sich immer etwas Nebel durch die Straßen, aber das Licht reichte ihm aus, um zu sehen, ob sein Blutexperiment angeschlagen hatte. Gewiss, zuvor hatten schon mehrere Wissenschaftler aus der Vampirzunft versucht, das menschliche Blut haltbar zu machen, damit die Vampire nicht täglich auf die Jagd gehen mussten. Sicherlich gefiel es so manchem Vampir, die Menschen das Fürchten zu lehren, sich an ihrer Angst zu weiden, aber es gab auch viele Blutsauger, die es leid waren, immer wieder auf die Jagd zu gehen und die Menschen in Angst zu versetzen.

Emilio hatte schon mit etlichen Ingredienzen experimentiert, aber nichts hatte das Blut hindern können zu gerinnen. Kürzlich hatte er sich in seiner Verzweiflung über die immer wieder misslingenden Experimente selbst Blut abgezapft, um zu sehen, wie sich das Vampirblut auf das menschliche Blut auswirkte.

»Wenn dieses Experiment auch missglückt, gebe ich auf, so wahr ich Emilio Giarotti heiße«, zischte er durch die Zähne und hielt die Phiole ans Licht. Ein Jubelschrei entfuhr ihm sogleich, als er sah, dass das Blut nicht geronnen war und sich dickflüssige, rote Schlieren an den Glaswänden der Phiole herunterzogen, als er sie bewegte. Endlich, endlich würde er nicht mehr auf Menschenjagd gehen müssen, um an genug Blut für sein Fortbestehen zu kommen. Er würde nur noch die lustvolle Seite des Bisses ausleben und sich zuvor mit den Blutkonserven sättigen. Sicher würde er den Menschen noch Blut abnehmen müssen, aber für diese Zwecke hatte er eine kleine Anlage gebaut, die dem Menschen relativ schmerzlos eine gewisse Menge an Blut abzapfen konnte. Sicher, auf diese Art von Blutspendern musste man jedoch gut achtgeben, denn der große Blutverlust machte schwach und müde. Seine Gönner in Vinissa, allen voran Oktavian, der Herrscher über diese Stadt, hatten ihm versprochen, ein Haus für die Spender zu errichten, sobald seine Experimente von Erfolg gekrönt waren. Doch bevor er Oktavian unterrichtete, würde er noch ein paar Eigenexperimente durchführen und einige Versuche machen. Denn ob diese Blutmischung auch wirklich nahrhaft für die Vampire war, musste sich noch zeigen. Ein Glück, dass er nicht nur diese eine Phiole Blut mit seinem eigenen Lebenssaft angereichert hatte!

Aber heute Abend würde er feiern! Er würde zu Signora Fabbricis Bordell gehen und die Nacht mit Tiziana verbringen.

Tiziana hatte vor ungefähr einem Jahr dort angefangen zu arbeiten und ihre Ausstrahlung hatte Emilio sofort gefangen genommen. Jedes Mal, wenn er an sie dachte, tauchte sofort ihr porzellanhelles Gesicht, die großen saphirblauen Augen und ihr süßer, sinnlicher Mund vor seinem inneren Auge auf und er fühlte wieder ihren warmen, verführerischen Körper in seinen Armen. Schnell wurde er ihr Stammkunde und stets verbrachte er die ganze Nacht mit ihr, ganz gleich, wie viel ihn das kostete.

Er musste sich eingestehen, dass er sich unsterblich in sie verliebt hatte. Sie hatte ihm wohl ihren Körper angeboten und all ihre Verführungskünste angewendet, um ihm zu größter körperlicher Befriedigung zu verhelfen, doch er hatte sie nie küssen dürfen. Küssen könne sie nur jemanden, den sie liebte.

Emilio seufzte. Vielleicht würde es ja irgendwann geschehen, dass sie sich in ihn verliebte. So lange war er froh, immer wieder eine ganze Nacht im Bordell mit ihr zu verbringen, nach dem Akt einfach noch mit ihr im Bett zu liegen und sie in seinen Armen zu halten. Dass er ein Vampir war und es ihm unsäglich schwer fiel, sie nicht zu beißen, wenn er ihr Blut durch ihre Adern schießen hörte, wenn er den süßen schweren Geruch ihres roten Lebenssaftes wahrnahm, hatte

er ihr wohlweislich verschwiegen. Oft genug war er schon kurz davor gewesen, Tiziana zu beißen, aber jedes Mal, wenn er ihrem Hals so nahe kam, spürte er einen großen inneren Widerstand, ihr wehzutun. Auch ein Vampir schaffte es nicht, einem Menschen Schmerzen zuzufügen, den er liebte. Er musste sich mit dem begnügen, was sie ihm zu geben bereit war. Und dies war mehr, als er als Vampir erwarten konnte. Dennoch freute er sich auf den heutigen Abend.
Emilio warf noch einen kurzen Blick in den Spiegel im Badezimmer und fuhr zusammen. Er war nun schon lange ein Vampir, aber an dieses überirdische Leuchten seiner hellgrünen Augen hatte er sich nie gewöhnen können. Langes, hellbraunes Haar umrahmte sein feingeschnittenes alabasterblasses Gesicht und ließ seine Augen noch mehr leuchten. Mit einer schwarzen Schleife fasste Emilio es zusammen. Nun war er mit seinem Äußeren zufrieden. Er lächelte seinem Spiegelbild zu, setzte den Dreispitz auf und verließ seine Wohnung.

»Du Miststück! Du hast mich um mein Geld gebracht, du elende Hure!«, zischte der Freier wütend. Sein ohnehin brutales Gesicht war vor Hass und Trunkenheit verzerrt und er gab Tiziana eine so heftige Ohrfeige, dass sie gegen die Hauswand des Bordells prallte. Dieser Mann war so erbarmungslos, dass Tizianas Herz voller Angst gegen ihre Rippen schlug. Sie musste hier weg. Doch kaum hatte sie das gedacht, riss der Mann sie wieder hoch und wollte wieder zuschlagen. In Panik zog sie ihre Fingernägel über sein Gesicht und versetzte ihm einen Tritt zwischen die Beine. Vor Schmerz fluchend, ließ er los und Tiziana stürmte davon. Sie hatte jedoch nicht mit seiner Kaltblütigkeit gerechnet. Nur ein paar Sätze und er hatte sie eingeholt und drehte sie grob zu sich um. Seine Augen waren nur noch zwei hasserfüllte Schlitze, das Blut tropfte von seiner Wange. Bevor Tiziana irgendetwas tun konnte, spürte sie einen scharfen Schmerz in der Seite und kurz darauf sah sie den Dolch in seiner Hand.

Er war blutverschmiert. Erstaunt blickte sie an sich herunter und sah, wie an der rechten Seite des Oberteils ihres Kleides ein Blutfleck sich rasch vergrößerte. Es war ihr Blut, das an seinem Dolch klebte.
»Du wirst sterben wie es einer Hure geziemt. Auf der Straße.« Immer weiter zog er sie, unbarmherzig und ohne Gnade. Tiziana fühlte sich so entsetzlich schwach. Ein paar Schritte weiter brach sie zusammen, doch der Freier riss sie hoch, immer wieder und immer wieder, bis sie in der dunklen Gasse eines der weniger vornehmen Viertels von Venedig ankamen. Dort ließ er sie endlich los. Erneut blitzte der Dolch in seiner Hand auf und Tiziana wusste – er würde sie töten und wahrscheinlich hier entsorgen. Sie konnte nichts dagegen tun. Tränen schossen ihr in die Augen. Dann traf sie der nächste Stich am Hals und sie sackte zusammen.
Tiziana versuchte aufzustehen, doch die Beine versagten ihr immer wieder den Dienst. Nach einer gefühlten Ewigkeit kam sie endlich hoch. Doch sie war so schwach, dass sie sich an die kalte Wand des alten Hauses stützen musste. Tiefrote Blutspuren zogen sich über den Kai zu ihren Füßen und das Blut floss in das brackige Wasser des kleinen Kanals. Tränen traten aus ihren Augen, rannen über ihre Wangen und ihren Hals. Der Freier hatte sich schon zum Gehen gewandt, drehte sich aber, als er Tiziana hörte, überrascht um. Schnell wurde seine Überraschung zu ungestümer Wut.
»Verdammtes Weib. Bist du noch immer nicht tot?«, zischte er und stürzte sich auf sie.
Tiziana war so schwach, dass sie sich nicht mehr wehren konnte. Ihre Knie gaben nach und sie sank auf die kalten Steine.
»Lass sie in Ruhe, du armseliger Wicht«, erklang eine kühle Stimme hinter Tizianas hasserfülltem Freier.
Dieser fuhr herum. »Wer seid Ihr, dass Ihr mir das befehlen könnt?«
Nun erkannte Tiziana, wer ihren Freier angesprochen hatte: es war Emilio. Er war vor einem Jahr ihr erster Freier in Sig-

nora Fabbricis Bordell gewesen. Und seitdem hatte er sie immer wieder besucht. Er spielte nie verrückt, im Gegenteil, seine Manieren waren gut, und er behandelte sie immer wie eine Göttin, obwohl sie nur eine Hure war. Immer wieder hatte sie sich auf ihn gefreut, ihm aber nie gestehen können, dass sie ihn liebte. Ein Mann wie er würde niemals eine Hure lieben können. Oder doch? … Warum würde er sich sonst einem Mann entgegenstellen, dem er körperlich ganz und gar nicht gewachsen war? Das war Wahnsinn!

»Emilio, geht. Geht, bevor er Euch auch tötet«, sagte sie tonlos. Emilio schien sie nicht zu hören. Sein Blick war der Blick eines Raubtiers, das gleich seinen Gegner töten würde.

»Ihr könnt der elenden Hure geradewegs in die Hölle folgen«, zischte der Freier und stürzte sich auf Emilio. Er packte rasch den Arm des viel größeren und entwand ihm mit Leichtigkeit den Dolch. Tiziana sah gerade noch, wie Emilio den Mund öffnete und wie zwei lange Fangzähne aufblitzten. Sie nahm den Ausdruck von blanker Panik bei dem brutalen Freier wahr und dann wurde es schwarz um sie.

Die Frau erwachte, als jemand sie sachte auf ein Bett legte und sich zu ihr setzte. Mit unendlich viel Mühe öffnete sie die Augen und erkannte Emilio. Warum leuchteten seine Augen so im Dunkeln? Plötzlich erinnerte sie sich, dass er ja ein Vampir war. Oder hatte sie sich dies im Fieberwahn eingebildet? Große Besorgnis stand in seinem Blick. Dennoch lächelte er ihr aufmunternd zu und strich ihr die wirren Haare aus dem Gesicht.

»Emilio … werde ich sterben?«, fragte sie ihn mit kaum hörbarer Stimme, dann fielen ihr die Augen wieder zu.

»Nein, Tiziana. Ich werde dir helfen. Aber zuerst muss ich die Blutungen stillen.«

Behutsam machte er sich daran, sie zu entkleiden, und erschrak über das Ausmaß ihrer Wunden. Er musste sofort handeln.

Emilio brachte Tiziana vorsichtig in eine sitzende Position. Gerade als er sich ihrem Hals nähern wollte, schlug sie die Augen auf und als sie sah, dass Emilios Fangzähne aus seinem Oberkiefer schossen, sobald er den Mund öffnete, zuckte sie mit einem panischen Aufschrei zurück. Er war doch ein Vampir!

»Du … bist ein Vampir! Bleib mir vom Leib!«

»Wenn ich das tue, wirst du sterben, Tiziana. Das will ich nicht. Habe keine Angst. Ich gehöre nicht zu der Sorte Vampir, der seine Spender abschlachtet wie Vieh. Und dich kann ich ohnehin nicht beißen. Ich will nur deine Wunden verschließen.«

»Nein, lass mich!«

Tizianas Gegenwehr war trotz ihrer Schwäche heftig. Emilio packte sie am Haar, damit sie endlich still hielt und näherte sich ihrem Hals. Leicht leckte er das Blut und ließ seine Zunge über die Bisswunde streichen. Sofort hörte die Wunde auf zu bluten und die Haut zog sich zusammen. Kaum hatte Emilio losgelassen, sank Tiziana schwach gegen seinen Körper. Ein Schluchzen schüttelte ihren Körper. Zärtlich strich Emilio mit der Hand über Tizianas bebenden Rücken.

»Du musst keine Angst mehr haben, Tiziana. Du bist hier in Sicherheit.« Sanft legte er sie zurück. Wie verführerisch ihr nackter Körper auf dem Bett aussah. Aber nun hatte er keine Zeit, sie länger zu betrachten, sonst starb sie unter seinen Händen weg. Er beugte sich zu ihr hinunter und versorgte die Wunde an der Seite. Dann zog er ihr eines seiner Hemden über und breitete die warme Decke über ihren zitternden Körper.

Eilig lief Emilio in sein Arbeitszimmer, wo er die Blutphiolen aufhob. Er nahm drei Stück und füllte sie in einen großen Becher. Dann ging er zurück zu Tiziana, hob sanft ihren Kopf und flößte ihr das Blut ein.

»Nun, spürst du, wie es dir warm wird, Tiziana?«, fragte er leise.

»Nein, mir ist noch immer so kalt«, antwortete sie und schon überkam sie der nächste Schüttelfrost. Verdammt, das bisschen Vampirblut, mit dem er das Menschenblut angereichert hatte, war zu wenig. Er musste Tiziana von seinem Blut geben. Ohne weiter nachzudenken, hetzte er zurück in das Arbeitszimmer und holte ein Messer aus der Schublade seines Sekretärs. Dann ging er zurück zu Tiziana.

Ihre Augen weiteten sich panisch, als er sich zu ihr setzte und das Messer in seiner Hand aufblitzte.

»Du musst noch immer keine Angst haben, Tiziana«, beruhigte Emilio die zitternde junge Frau. Ein Schmerzenslaut entfuhr ihm, als er sich mit dem Messer in die Handfläche schnitt. Sofort schoss das dunkelrote Blut heraus.

»Was tust du da?«, fragte Tiziana mit leicht unbehaglichem Blick auf Emilios Wunde.

»Ich spende dir mein Blut. Es wirkt heilend für dich.«

»Ich kann kein Blut trinken!«

»Willst du lieber sterben?«

»N-nein.«

»Dann trink.«

Emilio hielt ihr seine Hand hin und ließ sie trinken, so lange, bis er anfing, sich selbst schwach zu fühlen. Dann entzog er ihr die Hand und verschloss seine Wunde auf die gleiche Art wie zuvor Tizianas.

»Oh, ich werde so müde«, sagte sie mit kaum vernehmbarer Stimme, bevor ihr Körper schwer gegen Emilios sank. Er legte sie wieder auf den Rücken, deckte sie zu. Leicht strich er über Tizianas Wange.

»Das ist gut so. Du wirst eine Zeitlang schlafen und wenn du wieder aufwachst, wirst du dich stärker fühlen, als je zuvor.«

Ein schwaches Lächeln glitt über Tizianas Lippen.»Ich danke dir, Emilio.« Dann fielen ihr die Augen zu

Auch er lächelte.»Schlaf jetzt, Tiziana, und werde wieder gesund.«

Als Emilio sich vom Bett erhob, wurde es ihm beinahe schwarz vor Augen. Tiziana hatte mehr Blut gebraucht, als er gedacht hatte. Er schaffte es gerade noch, um das Bett herumzugehen, die Schuhe auszuziehen und sich auf den Platz neben Tiziana zu legen. Dann überfiel ihn ein schwerer, steinerner Schlaf.

***

Als Tiziana am nächsten Morgen erwachte, fühlte sie sich wie neugeboren. Sie streckte sich und öffnete die Augen. Wo war sie? Das hier war eindeutig nicht ihr Mansardenzimmer in Signora Fabbricis Haus. Sie richtete sich auf. Die Vorhänge der beiden Fenster waren noch zugezogen und tauchten das Zimmer in unwirkliches rötlich-violettes Licht. Lediglich ein Schrank und ein kleiner Waschtisch gehörten zur Ausstattung des Raumes.
Plötzlich kam Tiziana die Erinnerung an die gestrige Nacht zurück. Einer ihrer Freier hatte wild auf sie eingestochen, weil er der Ansicht war, sie hätte ihn um sein Geld betrogen. Tiziana schauderte, als sie sich an den Hass in den Augen des Mannes erinnerte. Mit Sicherheit hätte er sie getötet, wenn nicht just im richtigen Augenblick Emilio aufgetaucht wäre, der den Mann mit Leichtigkeit in die Flucht geschlagen hatte.
Ein Anflug von Panik überkam Tiziana, als sie daran dachte, dass Emilio ein Vampir war – ein Wesen, noch gefährlicher als die größten Raubtiere. Dennoch hatte er keine Sekunde gezögert, ihr beizustehen, obwohl sie doch ein leichtes Opfer für ihn sein musste. Und anstatt sie als Blutspenderin zu nutzen, hatte er ihr sein eigenes Blut gegeben, um ihr Leben zu retten.
Dies musste wohl seine Wohnung sein. Tiziana stand auf und zog die Vorhänge zur Seite. Venedig war wieder mit Nebel verhangen. Oder war das gar nicht ihre Heimatstadt? War das eine andere Welt? Und wo war Emilio? Wie auf ein geheimes Stichwort hörte sie jemanden in einem anderen Zimmer rumoren. Es musste Emilio sein.
Tiziana wandte sich um und fuhr zusammen, als sie in den

Spiegel an der Zimmerwand sah. Ihre Augen leuchteten in einem unwirklichen Glanz, ihr Gesicht war totenblass und ihr rotblondes Haar völlig derangiert. Sie musste sehr viel Blut verloren haben. Aber warum fühlte sie sich schon jetzt wieder so gut? Verlegen stellte sie fest, dass sie lediglich ein Männerhemd trug, das ihr fast bis zu den Knien reichte. Nun ja, in einem Haus, wo ein Junggeselle lebte, gab es nicht unbedingt Frauenkleider.

Tiziana machte sich auf die Suche nach Emilio. Im nächsten Zimmer fand sie ihn. Er stand an einem Tisch mit dem Rücken zu ihr, füllte eine dunkelrote Flüssigkeit in ein Fläschchen ab, verkorkte es sorgfältig, bevor er den Inhalt schüttelte und stellte es auf den Tisch..

»Guten Morgen«, begrüßte Tiziana ihn mit heiserer Stimme.

Er drehte sich um und sie sah sein erleichtertes Gesicht.

»Guten Morgen. Wie geht es dir?«

Tizianas Herzschlag beschleunigte sich. Sie trat zu ihm und lächelte.

»Dank deiner Hilfe fühle ich mich wie neugeboren.«

Ihr Blick glitt zu der Versuchsanordnung und die Tiegel und Phiolen auf dem Tisch, an dem Emilio arbeitete.

»Was tust du hier?«

Er lächelte.

»Ich versuche, menschliches Blut haltbar zu machen.«

»Ist es denn für euch Vampire nicht leichter, Jagd auf die Menschen zu machen?«

»Es ist sicher leichter, aber nicht jeder Vampir geht gerne auf die Jagd. Wir wirken zwar auf die Menschen wie gefährliche Raubtiere, aber in unserem Inneren sind wir noch immer die Menschen, die wir vor der Verwandlung waren. Manche Vampire lieben es, mit den Menschen Katz und Maus zu spielen und ihre Stärke gegen sie auszunutzen, aber ich gehöre nicht zu jenen Blutsaugern. Für die Vampire, die ähnlich fühlen wie ich, möchte ich es möglich machen, die Menschen auf weniger furchterregende Art zur Blutspende zu bewegen.«

»Wie machst du es haltbar?«

Emilio lächelte.
»Meine Wissenschaft scheint dich sehr zu interessieren. Nun, ich mische ein wenig von meinem eigenen zum menschlichen Blut. Dadurch bleibt es haltbar. Diesen Erfolg wollte ich gestern mit dir feiern, als dieser Schuft dich niederstach.«
»Es war eine schlimme Nacht«, antwortete Tiziana und spürte wieder eine eisig kalte Gänsehaut über ihren Rücken kriechen, als sie daran zurückdachte. Emilio trat näher zu ihr und ehe sie sich versah, hatte er sie in seine Arme gezogen. Sie schmiegte sich eng an ihn, ohne dass ihr Willen etwas dagegen ausrichten konnte. Sein schwerer Duft nach weißen Lilien zog in ihre Nase, so verführerisch, dass sie sich ihm am liebsten sofort hingegeben hätte. Sanft streichelte er ihr Haar.
»Aber es ist vorbei.«
Tiziana blickte auf und versank sofort in seinem leuchtenden Blick, in dem so viel Wärme stand, dass sie schlucken musste.
»Das habe ich dir zu verdanken, Emilio. Aber ich muss gehen, Signora Fabbrici wird nicht erbaut sein, wenn ich nicht in ihrem Haus erscheine. Gib mir bitte meine Kleider.«
»Du wirst nicht mehr dorthin zurückkehren.«
Erstaunt hob Tiziana die Augenbrauen.
»Wie soll ich das verstehen? Zurück nach Hause kann ich nicht, dort will mich niemand mehr sehen.«
»Du wirst hierbleiben. Ich war heute früh bei Signora Fabbrici und habe ihr klargemacht, dass du nicht mehr für die Arbeit im Bordell zur Verfügung stehst.«
»Aber ich habe Angst, mich mit einem Vampir einzulassen.«
Ein Lächeln stahl sich auf seine Lippen.
»Ich bin dennoch ein Mensch wie du, Tiziana.«
Er streckte die Hand aus und strich ihr leicht über die Wange.
»Ein jeder Vampir war einmal ein Mensch. Das vergisst man nicht, Tiziana«, sagte Emilio leise. Er zog sie noch enger an sich. Sein Gesicht näherte sich ihrem Hals und sie versteifte sich sofort.»Wirst du mich beißen?«, wisperte sie ängstlich.
»Ich kann dich nicht beißen, selbst wenn ich es wollte.«
Leicht streiften seine Lippen ihren Hals und ließen Tiziana

erschauern.
»Du kannst mich nicht beißen?«, fragte sie überrascht. Seine Lippen ließen ihren Hals los und als sie aufsah, schenkte er ihr wieder ein Lächeln.
Seine Augen strahlten so hellgrün, dass Tizianas Herz heftig gegen ihre Brust trommelte.
»Nein. Ich kann niemanden beißen, der mir etwas bedeutet. Und du bedeutest mir viel. Ich liebe dich, Tiziana«, sagte er leise.
Großer Gott, noch nie hatte ein Mann sie mit so großer Liebe angesehen.
»Dir scheint es nicht so zu ergehen, Tiziana?« Enttäuschung mischte sich in seinen Blick.
Sie versank in seinen herrlichen, leuchtenden Augen und war unfähig, zu sprechen. So lange hatte sie sich selbst vorgemacht, Emilio sei nur einer von den vielen Freiern, die sie hatte. Stets war er so zuvorkommend gewesen, er hatte sie immer wie eine Königin behandelt und nicht wie eine kleine Bordellhure. Dafür war sie ihm so dankbar gewesen und auch für die Gespräche, die sie geführt hatten. Die anderen Männer waren immer sofort verschwunden, sobald sie ihre Befriedigung erreicht hatten, aber Emilio hatte ihre Dienste stets die ganze Nacht in Anspruch genommen, obwohl ihn dies ein Vermögen kosten musste. Schon nach den ersten Begegnungen hatte sie viel mehr als nur Dankbarkeit empfunden und es war ihr mit der Zeit immer schwerer gefallen, ihn am Morgen gehen zu lassen.
Tiziana schluckte die Unsicherheit herunter und schenkte Emilio ein Lächeln. »Oh doch, Emilio. Ich habe mich schon nach unserer zweiten Begegnung in dich verliebt. Aber ich habe mir versagt, dir diese Gefühle zu zeigen. Die Männer, die in das Bordell kommen, suchen sinnliche Abenteuer, Zerstreuung. Ich war der Meinung, dass niemand eine Hure lieben konnte.«
»Nun, Zerstreuung war es ja, was ich gesucht hatte, Ablenkung von diesem elenden ewigen Leben und dem Gefühl der

Trauer und der Einsamkeit, das Vampire so oft überfällt. Und dann traf ich dich und mein Herz fühlte nach langen Jahren endlich wieder Wärme und Liebe«, antwortete er leise.
»So viel Liebe, dass du ohne Zögern dein Blut geopfert hast. Wird dies Folgen für dich haben?«
Emilio lächelte. »Ich werde nicht mehr ganz so große Vampirkräfte haben, denn ich habe mit meinem Blut auch einen Teil dieser Kräfte an dich weitergegeben. An dich zu denken, mit dir zu sprechen, deine warme Haut zu fühlen, machte mein Leben endlich erträglich. Endlich musste ich mich nicht mehr in meiner Arbeit vergraben, um nicht verrückt zu werden oder mit einem Pflock meinem Leben ein Ende zu setzen.«
Sie ließ es zu, dass er sie noch näher an sich heranzog, dass seine Lippen die ihre berührten. Sanft begann sein Kuss und steigerte sich zu glühender Leidenschaft; seine Lippen, seine Zunge waren so heiß, dass Tiziana glaubte, in ihrem roten Feuer zu verbrennen, doch sie konnte nicht von seinem sinnlichen Mund ablassen, der ihren so erregend liebkoste. Nach einer süßen gefühlten Ewigkeit ließen seine Lippen ihren Mund los. Die Leidenschaft in Emilios Blick nahm Tiziana beinahe den Atem, als sie zu ihm hochsah. Eine Sehnsucht danach, ihn noch viel tiefer zu fühlen, bemächtigte sich ihrer. Er zog sie noch enger an sich, sodass sie seine Härte an ihrem Unterleib fühlte. Seine Fingerspitzen strichen über ihren Hals und hinunter zum Ausschnitt des Hemdes, das sie trug. Langsam öffnete Emilio Knopf für Knopf des Kleidungsstückes. Seine Hand glitt unter den dünnen Stoff und umfasste ihre linke Brust. Seine andere Hand schob das Hemd bis zur Hüfte hoch. Nur einem Wimpernschlag später lag sie nackt und verführerisch in seinem Bett. Mit fliegenden Fingern entkleidete er sich und legte sich zu ihr. Er beugte sich über sie und seine Lippen berührten sanft ihre Stirn, ihre Wangen und trafen ihren Mund zu einem langen, zärtlichen Kuss. Leicht strichen seine Fingerspitzen über ihren Hals und ihr Dekolleté. Er strich sanft über ihre Brustwarze, die sich erregt auf-

richtete. Seine Hand glitt zu ihrer rechten Brust und liebkoste diese in der gleichen Weise. Seine Fingerspitzen bewegten sich immer weiter an ihrem Körper entlang, streichelten zart ihren Bauch, die Innenseiten ihrer Schenkel, sodass sie aufseufzte. Seine Hand glitt zwischen ihre Beine und tauchte ein in ihre warme Feuchtigkeit, bis seine Finger ihre Lustknospe fanden und sie zum Aufblühen brachten. Emilio schob sanft Tizianas Beine auseinander und drang schnell und leicht in sie ein, ohne dass sie auch nur den leisesten Hauch von Schmerz verspürte. Zunächst bewegte er sich langsam und vorsichtig in ihr, doch dann wurden seine Stöße immer schneller und heftiger. Ihr Schoß weitete sich; ein innerliches Beben erfasste ihren Körper und dann brach eine heiße Welle über Tiziana zusammen. Hart schlug ihr Herz gegen ihre Rippen und Tränen schossen in ihre Augen. Die Lust pochte noch zwischen ihren Beinen, als sie seinen Höhepunkt in sich spürte. Emilios Körper lag schwer auf dem ihren, sein Atem strich warm an Tizianas Ohr vorbei und sie spürte seinen schnellen Herzschlag an ihrer Brust. Er hob den Kopf und küsste sie zärtlich auf die Stirn, bevor er aus ihr glitt. In seinen hellgrünen Augen lag ein liebevoller Blick und Tiziana spürte eine seltsame Enge in ihrem Hals. Am liebsten hätte sie diesen Augenblick ewig festgehalten. Sie fühlte sich so glücklich und geborgen in seiner Nähe, wie schon sehr lange nicht mehr. Ja, sie würde bei ihm bleiben, sie musste jeden Augenblick in seiner Nähe auskosten. Für immer.

»Nun, willst du immer noch zurück zu Signora Fabbrici?«, klang Emilios Stimme liebevoll-ironisch an Tizianas Ohr. Sie schaute auf und begegnete seinem warmen Blick, in dem nun auch etwas Herausforderung lag.

Sie lächelte. »Nein. Mein Zuhause ist jetzt hier bei dir.«

Liebe im Kornfeld

Michaela Kaiser

Roter Mohn im Kornfeld glüht!
Überschwänglich aller Freuden.
Ach, du Herz, wie brennt im Lied
Dieser roten Blumen Weisen.

Roter Mohn im Kornfeld brennt!
Und der Tag brennt in ihm nieder
Armes Herz, warum bekennst
Du nicht deine Liebeslieder?

Roter Mohn, ach du allein,
sollst Zeuge meiner Flamme sein.
Die für ihn ganz allein
Liebestränen weint im Hain.

Roter Mohn im Kornfeld weint!
Tau benetzt sind deine Lippen
Morgenrot fand mich allein
mit des roten Mohnes Zittern.

Roter Mohn im Korn verbrennt!
Mit der reifen Frucht, der Schnitter
mäht, und alles nimmt ein End.
Noch eh der Mohn im Korn verbrennt.

Wenn nicht eine liebe Hand
eine kleine Weile noch
birgt als Liebesunterpfand,
roter Mohn, dein Liebgewand.

Maya

Marena Jovic

Maja saß auf der gemütlichen Couch im Wohnzimmer. Es war schon spät, die Sonne war bereits untergegangen. Das Leben mit einem Vampir hatte einiges verändert. Vor allem die Nächte, welche jetzt zum Tag wurden.

Wie aus dem Nichts stand Damien auf einmal in der Tür. Sie hatte ihn nicht kommen hören.

»Maja, Liebling.« Er setzte sich zu ihr, zog sie in seine Arme, nahm ihr Gesicht in beide Hände und küsste sie sanft.

»Was ist los, Damien?«, fragte Maja.

»Du weißt, ich liebe dich mehr als alles andere. Heute Nacht haben wir Vollmond. Nur in diesen Nächten können wir uns vereinen und für immer zusammen gehören. Maja, willst du meine Gefährtin werden?«

Sie sah ihn freudestrahlend an. »Ja, Damien, ja, ja, ja. Natürlich will ich deine Gefährtin werden«, rief sie, schlang ihre Arme um seinen Hals und küsste ihn innig.

»Ich muss jetzt noch in den Club. Wirst du so lange auf mich warten? Dann haben wir die Nacht für uns.«

»Ja, Liebster. Geh nur, ich werde hier sein, wenn du kommst«, antwortete Maja.

Nochmals zog Damien sie in seine Arme, um sie zu küssen. Dann ging er. Wieder spürte sie diese Leere, wie immer, wenn er nicht bei ihr war. Ja, sie liebte Damien unendlich und wollte bis in alle Ewigkeit bei ihm bleiben. Nun wusste sie auch den Grund, warum er so geheimnisvoll war die letzten Tage.

Sie musste die Neuigkeit Lisa erzählen. Ihr vertraute sie. Lisa war ihre Freundin seit der Schulzeit. Sie war die Gefährtin von Victor, ebenfalls einem Vampir. Durch Lisa hatte sie Damien kennengelernt und von ihr wusste sie alles über Vampire.

Sie nahm das Handy aus ihrer Tasche und wählte Lisas Nummer. Über eine Stunde sprachen die Frauen miteinander, bevor sie sich verabschiedeten.

Maja ging ins Schlafzimmer und legte sich versonnen auf das geräumige Bett. Sie dachte an Damien.
Ein Geräusch weckte Maja. Sie musste zwischenzeitlich eingeschlafen sein. Kurz darauf betrat Damien das Zimmer.
Maja stütze sich gähnend auf einem Arm ab und sah ihn erwartungsvoll auf sich zukommen.
»Du hast geschlafen?«
»Nur ein bisschen«, gähnte sie wieder.
Damien zog den Mantel aus und warf ihn über den Hocker. Dann setzte er sich aufs Bett, beugte sich zu ihr und küsste sie, während er zart über ihre Wange strich ...
Irgendetwas war anders, das fühlte sie.
»Vertraust du mir, Maja?«
»Ja, natürlich vertraue ich dir.« Es war nur ein Flüstern.
»Gut«, meinte Damien zärtlich. »Leg dich in die Mitte, Maja!«
Sie gehorchte. Er holte drei Seidentücher aus seiner Tasche. Das erste band er um ihr linkes Handgelenk und verknotete es vorsichtig. Danach tat er das Gleiche mit ihrer rechten Hand. Maja beobachtete ihn. Jetzt setzte er sich auf sie. Nun band er das rechte Tuch über ihrem Kopf an eine Strebe des Metallbettes, Maja nicht aus den Augen lassend. Dasselbe wiederholte er mit dem linken Tuch. Mit dem Dritten verband er Maja die Augen.
Dann erhob er sich, ging aus dem Zimmer und kam kurz darauf, nur in Unterhose bekleidet, wieder.
»Damien?«
»Ja, Maja, ich bin hier.«
Er setzte sich wieder auf Maja, die nichts sehen konnte, nahm eine Schere aus der Schublade des Nachttisches und schnitt langsam Majas Kleid von unten nach oben auf.
»Nicht Damien, das ist mein Lieblingskleid!«, bettelte Maja, aber Damien ließ sich nicht aufhalten. Das Gleiten der Schere entfachte ein Prickeln auf ihrer Haut, was auch Damien nicht entging. Danach schnitt er das Kleid auf jeder Schulter durch. Da es ärmellos war, konnte er beide Seiten auseinanderklappen, um ihren Körper zu betrachten.

»Du bist so schön, Maja«. Er beugte sich über sie und küsste ihren Mund. Ihre Lippen gewährten ihm sofort Einlass, sodass ein zartes Spiel ihrer Zungen begann, welches jedoch alsbald beendet wurde. Seine Zunge wanderte über ihren Körper zu ihrem Bauchnabel und hinterließ eine feuchte Spur, sodass ihre Haut zu kribbeln begann. Er umkreiste ihren Bauchnabel einige Male, bevor er weiter über ihre Lenden und Innenschenkel die Zunge kreisen ließ. Ein wohliges Stöhnen kam von Maja. Jetzt nahm er das andere Bein und ging in derselben Reihenfolge zurück an ihren Bauchnabel, dann an der äußeren Seite der linken Brust vorbei, um wieder über ihren Hals auf ihre Lippen zu treffen. Er erstickte ihr Stöhnen mit einem weiteren Kuss, der jetzt fordernder war. Jedoch wurde auch dieser sofort wieder abgebrochen.

Maja erschrak, als sie die kalte Schere wieder auf ihrem Körper spürte. Sie merkte, wie ihre Brüste keinen Widerstand mehr hatten. Nun wurden auch der rechte und linke Träger ihres BHs durchtrennt, der eben noch ihre vollen Brüste hielt. Das Gleiche passierte jetzt mit ihrem Slip.

Es war ein erregendes Gefühl, so nackt vor Damien zu liegen, ohne etwas sehen zu können. Wieder beugte er sich über Maja und strich mit der Zunge über ihre Lippen, sodass sie ihn bereitwillig einließ. Ihre Zungen waren eng umschlungen. Er beendete das Spiel und Maja spürte, wie seine Lippen mit tausenden kleinen Küssen Richtung ihrer rechten Brust wanderte. Er umkreiste ihren schon steifen rosigen Nippel und saugte ihn in seinen Mund. Mit der anderen Hand knetete er ihre linke Brust, nahm den Nippel, zog an ihm und rollte ihn zwischen seinen Fingern. Seine Zähne knabberten und zogen abwechselnd an der anderen Brustwarze. Majas Stöhnen ging langsam in ein Keuchen über. Nun verwöhnte er ihre andere Brust mit seiner Zunge. Die linke Hand wanderte zu ihrer Scham und fand alsbald ihre intimste Stelle. Während er sie umspielte und ihre Knospe zwischen seinen Fingern rollte, wurde ihr Keuchen immer lauter und schneller. Ihr Nippel versteifte sich noch mehr, sie wand sich unter ihm. Er ließ von ihrer Brust ab, um sich ganz ihrer schon feuchten Spalte zu widmen. Mit zwei Fingern drang er sanft in sie ein, mit seiner Zunge verwöhnte er ihren Kitzler. Immer schneller wurden seine Bewegungen, ihre Muskeln verkrampften sich und schon durchflutete sie ein heftiger Orgasmus. Sie drückte ihren Oberkörper durch und gab sich ganz dem Gefühl hin. Er zog seine Finger heraus und nahm das Tuch ab, welches ihre Augen bedeckte.

Jetzt hob er ihr Becken an und ließ seinen inzwischen harten Schwanz in sie gleiten. Bis auf die Spitze zog er ihn wieder aus ihrer Enge, bevor er wieder zustieß. Immer schneller und heftiger wurden seine Stöße. Ihr Stöhnen wurde wieder zu einem Keuchen, er erhöhte sein Tempo, bis sie abermals mit einem heftigen Orgasmus explodierte. Noch ein letzter Stoß und auch Damien entlud sich in ihr. Beide schwammen auf einer Welle der Befriedigung.

Majas Kopf lag wieder auf der Seite.

»Heute nehme ich dich zu meiner Gefährtin.« Damien beugte sich über sie und grub seine bereits ausgefahrenen Fangzähne in ihre Vene. Ihr Blut schmeckte köstlich. Besser, als alle Nächte zuvor. Er berauschte sich daran. Nie hatte er etwas Köstlicheres geschmeckt. Nachdem er getrunken hatte, leckte er über ihre Wunde, um diese so zu verschließen.

Er zog sein, mittlerweile weiches Glied heraus und löste die Fesseln von Majas Händen. Dann legte er sich neben sie auf den Rücken und zog sie in seine Arme, sodass ihr Kopf auf seiner Brust zu liegen kam. Er küsste sanft ihr Haar.

»Nun bist du für immer und ewig meine Gefährtin, Maja. Lange habe ich auf diese Nacht gewartet. Du wirst nie mehr altern, solange ich von deinem Blut trinke. Du wirst unsterblich sein an meiner Seite.« Als sie ihn ansah, bemerkte er eine Träne, die sich aus ihrem Auge stahl. Sanft wischte er sie fort.

»Ich will immer die Frau an deiner Seite sein, Damien. Ein größeres Geschenk hättest du mir nicht machen können.«

Mit diesem Wissen schlief sie in Damiens Armen ein.

Das rote Herz und der Verstand

Sally Bertram

Es war einst ein kleines übermütiges Herz, das in die weite Welt ging. Hoffnungsvoll begab es sich auf die Suche nach Liebe. Etwas naiv und ungestüm, glaubte es an das große Glück.

Schließlich fand es ein anderes Herz, welches ihm perfekt erschien. Immerhin war es auch rot. Rot wie die Liebe, so sagte man ja immer. Das andere Herz war allerdings schon groß und von Schmerz gezeichnet. Es mochte dieses kleine ungestüme Wesen, aber es war dessen Liebe nicht gewachsen. So schob es dieses kleine unbeholfene Herz ohne böse Absicht zur Seite.

Das kleine Herz litt, weinte bitterlich. Rote Tränen rannten ihm die Wangen hinunter. Zu groß war die Enttäuschung. Diesen Anblick konnte das große Herz nicht ertragen und nahm es in den Arm, um es zu trösten. Immerhin hatte es doch das kleine Herz lieb.

»Wollen wir Freunde sein?«, schlug es deshalb vor.

»Ja! Einen Freund wie dich brauche ich«, antwortete das kleine Herz und lächelte vorsichtig.

»Das freut mich. Du bist mir wichtig. Vergiss das nicht!«, sagte das große Herz.

Das kleine Herz nickte eifrig. Der Gedanke an Freundschaft erfreute es tatsächlich. Im Innersten aber war es dennoch verunsichert. Warum wollte das große Herz seine Liebe nicht, wenn es ihm wichtig war? Es traute sich nicht zu fragen, nahm es einfach so hin. Solange das große Herz glücklich war, war alles gut. So ist das in einer Freundschaft, wenn man sich mag.

Während das große Herz erleichtert war, fühlte das kleine Herz jedoch einen ständigen Schmerz. Es wusste nicht genau, was es war. Es weinte viel und fühlte sich irgendwie komisch. Alles schien plötzlich falsch, alles wurde grauer. Auch sein

Rot verblasste zu einem schwachen Rosa, vielmehr wurde es durchsichtig.

Das kleine Herz fühlte sich nicht komplett. Ein wichtiger Teil fehlte. Dieser wichtige Teil war das große Herz. Es wusste, dass sie zusammengehörten. Aber was nützte es, wenn das große Herz es nicht wollte, oder es nicht fühlte. So machte das kleine Herz das Einzige, was es machen konnte – tapfer lebte es weiter. Aber selbst das tapferste Herz konnte nicht alleine existieren, sonst würde es für immer seine rote gesunde Farbe verlieren.

Trotzdem, dass es sich einsam fühlte, das kleine Herz hatte einen guten alten Freund – den Verstand. Er war alt und farblos, aber sehr weise und liebevoller als man denken mochte. Daher holte es sich schließlich bei ihm Rat.

»Du, lieber Verstand, warum fühle ich mich nutzlos?«, fragte das kleine Herz und war traurig.

»Du bist nicht nutzlos, kleines Herz. Du bist sehr wichtig«, antwortete der Verstand liebevoll.

»Aber keiner will mich«, weinte das kleine Herz.

»Das darfst du nicht sagen. Es gibt in der Welt Herzen, die auf dich warten. Das weiß ich«, sagte der Verstand.

»Du bist immer so klug. Weißt du wirklich, dass jemand auf mich wartet?«, fragte das kleine Herz hoffnungsvoll. Die rosa Wangen wurden wieder rötlich.

»Ich bin ganz sicher. Du bist nur so ungeduldig, noch so zart und klein. Warte etwas, dann wirst du es selbst erfahren.«

Der Verstand lächelte und legte seine Hand behutsam auf die Schulter seines kleinen Freundes.

»Ich will nur ein wenig Liebe. Sie soll so schön sein!«, sprudelte es aus dem kleinen Herzen heraus. »Aber das große Herz will sie nicht. Es ist doch rot wie ich! Wir gehören doch zusammen!«

»Das große Herz ist nur eines von vielen. Außerdem braucht die Liebe viel Zeit. Es dauert, bis man das richtige zweite Herz dafür findet«, meinte der Verstand.

»Was ist, wenn auch ein anderes Herz nur Freundschaft will?«, hakte das kleine Herz ungeduldig nach.
»Freundschaft ist sehr wertvoll. Du bist etwas Besonderes als Freund. Es gibt so viele Arten von Liebe, jede ist auf ihre Weise kostbar. Freundschaft ist eine davon«, erklärte der Verstand.
»So habe ich das noch gar nicht gesehen«, sagte das kleine Herz nachdenklich.
»Du bist nicht alleine. Das ist wichtig, das ist Freundschaft«, betonte der Verstand.
»Aber es tut so weh!«, weinte das kleine Herz erneut.
»Es tut weh, kleines Herz, doch es wird vorbeigehen. Das ist nur ein schwacher Trost, aber es ist wahr. Jeder Schmerz geht vorbei.«
Mit diesen Worten und einem liebevollen Lächeln wischte der Verstand ihm eine neue rote Träne von der Wange. Dann ließ er das kleine Herz verdutzt zurück.
Am nächsten Tag besuchte das große Herz seinen kleinen Freund. Das kleine Herz staunte und freute sich. Zumindest hatten sie sich nicht verloren.
»Es tut mir leid. Ich brauche dich«, sagte das große Herz.
Dann griff es nach der Hand vom kleinen Herzen. So standen sie für einen Moment Hand in Hand. Beide leuchteten so rot wie nie zuvor.

Die rote Laterne
Evelyn Kühne

Endlos zog sich die Straße durch die schwedische Einöde. Der Schneefall wurde immer stärker und Sandra konnte die Begrenzungspfähle kaum noch erkennen.
»Was für eine bescheuerte Idee, im Dezember nach Schweden zu fahren«, murmelte sie leise vor sich hin. Irgendwie beschlich sie langsam das Gefühl, sich verfahren zu haben. Vielleicht hätte sie in der letzten Kleinstadt doch die linke Abfahrt nehmen sollen. Der Blick auf die Straßenkarte war nicht besonders hilfreich, denn Sandra konnte vieles, aber eines ganz sicher nicht – Karte lesen. Der Akku ihres Handys hatte vor zwei Stunden schon seinen Geist aufgegeben, also galt es momentan erst einmal auf gut Glück weiterzufahren.
Durch das dichte Schneegestöber tauchte ein rötliches Licht auf, erst dachte sie, ein anderes Fahrzeug würde am Straßenrand parken, doch beim Näherkommen erkannte sie das Schild einer Gaststätte. Sie sah irgendwelche asiatische Schriftzeichen und darunter den Namen: Rote Laterne.
Etwas unschlüssig blieb sie vor der Einfahrt stehen und schaute auf das typisch schwedische Holzhaus. Heimeliges Licht fiel nach draußen und sah einladend gemütlich aus. Ein Blick auf ihre Uhr sagte, dass es fast 21 Uhr war. Zeit, zumindest eine kleine Pause zu machen.
Sandra parkte ihr Auto neben das einzige auf dem Parkplatz stehende Fahrzeug.
Hinter der Tür bimmelte bei ihrem Eintreten melodisch eine Glocke. Überrascht schaute sie sich um. Es schien, als würde man in eine andere Welt kommen. Die Wände waren dunkelrot gestrichen und mit goldenen Schriftzeichen und Ornamenten verziert. Auf den kleinen Holztischen brannten rote Papierlaternen, die dem Restaurant wohl ihren Namen gaben. Außer ihr war kein anderer Gast zu sehen, was bei dem Schneetreiben sicher auch nicht weiter verwunderlich war.

Eine junge Frau, nicht viel älter als sie, kam hinter dem Tresen hervor. »Hallo, herzlich willkommen. Puh, was für ein Wetter hast du dir denn ausgesucht. Ich bin Linh«, lächelnd streckte sie Sandra ihre Hand hin.

»Hallo, ich bin Sandra. Ja, ich glaube, es gibt bessere Zeiten zum Verreisen, da hast du sicher Recht.«

»Was meinst du, Sandra, möchtest du erst mal einen chinesischen Tee, der von innen wärmt und entspannt?«, fragend schaute Linh sie an.

Kurze Zeit später kam sie mit einem kleinen Tablett zurück und setzte sich zu Sandra an den Tisch. Eine rote Teekanne mit ebensolchen Schalen stand darauf. »Ich habe mir selbst auch einen gemacht. Ich darf doch …, also, ich hoffe, es stört dich nicht, wenn ich mich ein wenig zu dir setze?«

Nein, das störte Sandra überhaupt nicht, im Gegenteil ... Sie fühlte sich hier unglaublich wohl und merkte, wie die Last der letzten Tage von ihr abfiel. Und der Tee schmeckte einfach köstlich, so etwas Leckeres hatte sie noch nie getrunken.

Neugierig musterte Linh sie. »Und was treibt dich in unsere Gegend, noch dazu um diese etwas unwirtliche Zeit?«

Sandra überlegte kurz, immerhin kannte sie die andere Frau gerade mal fünf Minuten. Ach, was soll‘s, vermutlich würde sie Linh nie wiedersehen. »Ich bin auf dem Weg nach Lasgund zu meiner Mutter. Sie ist vor vier Jahren zu ihrem Lebensgefährten gezogen, nun möchte ich sie mal wieder besuchen. Aber ich habe das Gefühl, ich bin irgendwo falsch abgebogen. Ich war immer Sommer hier, da sah alles irgendwie anders aus.«

»Ach, so falsch bist du gar nicht. Sag mal, hast du Hunger, ich könnte uns was zum Abendbrot zubereiten, wenn du magst?«

In Sandras Magen war ein flaues Gefühl, zum letzten Mal gegessen hatte sie heute Mittag. Danach war sie nur noch an eine Tankstelle gefahren und hatte einen Kaffee getrunken.»Das wäre wunderbar, ich merke, ich habe Hunger.«

»Gut, komm doch einfach mit in die Küche, dann sitzt du hier nicht so allein und ich habe beim Kochen Gesellschaft.«

Die Küche war klein, aber mit allem ausgestattet, was man in einem Restaurant vermutlich so brauchte. Linh band sich eine rote Schürze um und schnitt dann mit atemberaubender Geschwindigkeit verschiedene Gemüsesorten in Streifen.
Nebenbei warf sie Nudeln in einen Topf mit kochendem Wasser. Anschließend wurde Fleisch kleingeschnitten und nach und nach wanderten alle Zutaten in einen großen alten Wok. Ein köstlicher Duft durchzog die ganze Küche und Sandras Magen knurrte mittlerweile unangenehm laut.
Beide Frauen unterhielten sich über belanglose Themen. Sandra schaute der kleinen Chinesin fasziniert zu, wie sie mit schlafwandlerischer Sicherheit Gewürze in den Wok warf oder aus verschiedenen Fläschchen Flüssigkeiten hinein schüttete.
»Fertig«, sagte Linh schließlich. »Wir können essen, magst du mir beim Raustragen helfen? Nimm einfach die Teller, die dort stehen und ich bringe den Rest.«
Sie richtete das Geschirr auf dem Tisch an und verteilte den Inhalt des Woks auf den beiden Tellern.
Das Essen war einfach perfekt, man schmeckte süßliches, scharfes, lauter unbekannte Gewürze. In Sandra breitete sich ein Gefühl der Ruhe aus, wie sie es schon lange nicht mehr gespürt hatte.
Nach dem Essen sah Linh aus dem Fenster und schüttelte sich. »Was für ein Sturm! Willst du heute wirklich noch weiter? Ich habe ein paar Gästezimmer, du kannst gerne eine Nacht hier schlafen und morgen früh weiterfahren. Bis dahin ist sicher das Schlimmste vorbei.«
Das war natürlich eine Überlegung wert – ob sie nun diese Nacht oder morgen ankam, machte keinen Unterschied. »Einverstanden, eine Nacht könnte ich wirklich hier schlafen.«
Linh nickte beruhigt. »Fein! Und nun erzähl mal, was treibt dich wirklich hier her? Einfach nur ein normaler Besuch? Aber nur, wenn du es mir erzählen willst. Manchmal ist es leichter mit jemand Fremden zu sprechen.«

Nach einem Moment des Schweigens fing Sandra schließlich an zu reden.»Tja, warum bin ich hier? … Eigentlich ist es eine Flucht. Ich bin vor meinem eigenen Leben davongelaufen. Ja, so kann man es sagen. Ich arbeite in einer Werbeagentur, die letzten Wochen manchmal fünfzehn Stunden täglich. Wir hatten einen Großauftrag in Aussicht. Bekommen haben wir ihn nicht, nun soll ich schuld sein, zumindest meint das mein Chef. Und zu allem Überfluss hat vor zwei Tagen nun auch noch mein Freund Schluss gemacht. Er stellte mich vor eine klare Entscheidung – entweder er oder der Job. Weißt du, ich habe nur einen Moment gezögert und das hat ihm gereicht. Er hatte in letzter Zeit sehr viel Geduld mit mir. Mehr als jeder andere. Und gestern dachte ich, ich muss einfach mal raus, und bin los gefahren.«
Nachdenklich sah Linh sie an. »Liebst du ihn denn noch? Vermisst du ihn?«
Das waren zwei kurze Fragen, aber sie brachten es irgendwie auf den Punkt. Sandra überlegte. »Ja ich liebe ihn noch, sehr sogar. Und vermissen tu ich ihn auch. Könnte ich die Zeit zurückdrehen …«
»Dann ruf ihn an und sag ihm das oder schick eine SMS. Was hast du schon zu verlieren?«
Seufzend antwortete Sandra: »Das geht nicht, mein Akku ist leer und überhaupt … Ach, ich weiß nicht ... Er hat sich umgedreht und ist einfach gegangen, weißt du.«
Linh verdrehte die Augen. »Da ist eine Steckdose und nun, mach! Schreib ihm und du wirst sehen. Egal, was geschieht, du hast es auf jeden Fall versucht. Glaub mir, das ist es wert.«
Sandra nahm ihr Handy, schloss das Ladekabel an und schrieb eine kurze Nachricht. Doch es kam keine Reaktion. Naja, es war auch mitten in der Nacht, vermutlich schlief ihr Freund schon längst.
Dann sah sie Linh an. »Und was hat dich mit einem chinesischen Restaurant mitten in die schwedischen Einöde getrieben?«

»Es gehörte meinem Vater, er kam vor vielen Jahren hierher und hatte den Wunsch, seine Kultur, aber besonders das Essen, den Menschen hier nahezubringen. Ich glaube, das ist ihm sehr gut gelungen. Meine Eltern sind vor drei Jahren bei einem Unfall gestorben und nun habe ich hier die Regie.«
»Oh, das tut mir leid. Und warum das ganze Rot hier, ist das eine chinesische Tradition?«
Linh lachte. »In China nicht, aber bei uns, es ist sozusagen unsere Familienfarbe, sie hat uns immer begleitet. Mein Vater hat meine Mutter kennengelernt, als sie beide Studenten waren, und sie trug damals ein rotes Kleid. Aus der Masse der vielen Menschen stach sie ihm ins Auge, sonst hätte er sie vielleicht übersehen und nie das Glück seines Lebens gefunden.«
Es war eine schöne Geschichte, die Sandra nachdenklich stimmte.
»Hier«, Linh hielt ihr eine Schale mit Glückskeksen hin. »Nimm … Das ist auch so eine Tradition.«
Sandra nahm einen Keks, öffnete die Verpackung und brach ihn entzwei. *Der Weg ist das Ziel*, stand auf dem kleinen Papierstreifen.
»Wenn ich meinen Weg nur kennen würde? Momentan habe ich keinen.«
»Doch, du hast einen, du willst zu deiner Mutter – das ist schon mal ein Ziel. Aber nun ist es spät, soll ich dir dein Zimmer zeigen? « Linh erhob sich und ging voraus.
Wie nicht anders zu erwarten war, strahlte das ganze Zimmer in einem warmen Rotton, selbst die Bettwäsche und Handtücher. Kurz vor dem Schlafen schaute Sandra noch einmal auf ihr Handy, doch das Display war leer. Kaum hatte sie sich in das weiche Bett gelegt, war sie auch schon eingeschlafen.
Am nächsten Morgen wachte sie gestärkt und erholt auf, selten hatte sie so tief und fest geschlafen. Linh wirbelte schon in der Küche herum und hatte ein kleines Frühstück für sie beide zubereitet. Nach der Mahlzeit verabschiedete Sandra sich und wollte die Rechnung bezahlen. Linh lehnte

dies jedoch kategorisch ab.»Ich hatte so einen schönen Abend, als wäre eine Freundin hier gewesen. Dafür nimmt man kein Geld.«

Draußen lag die Landschaft unter einer dichten weißen Decke, doch die Straße war bereits geräumt. Sandra umarmte Linh zum Abschied herzlich, selten hatte sie sich so willkommen gefühlt, wie hier. Nach ein paar Metern drehte sie sich noch einmal um – die junge Frau stand auf dem Parkplatz und winkte ihr immer noch hinterher.

Sie war kaum fünf Minuten gefahren, da tauchte das Ortseingangsschild von Lasgund vor ihr auf. Erstaunt betrachtete sie die kleinen Holzhäuschen am Straßenrand und nur wenige Minuten später stand sie vor dem Haus ihrer Mutter. Diese kam herausgestürmt und schloss sie in die Arme; sie hatte sich schon Sorgen wegen des Unwetters gemacht.

»Ach, Mama, keine Angst, ich habe ein paar Minuten von hier übernachtet, in dem kleinen chinesischen Gasthaus an der Straße. Wenn ich natürlich gewusst hätte, das ich fast da war … Aber egal.«

Verblüfft sah ihre Mutter sie an. »Wie meinst du das, übernachtet?«

»Bei Linh, sie hat mir ein Zimmer gegeben und vorher haben wir zusammen zu Abend gegessen.«

»Aber das kann nicht sein, dass Haus steht doch seit drei Jahren leer. Die Familie kam bei einem Autounfall ums Leben. Alle drei, die Eltern und ihre Tochter, waren sofort tot. Normalerweise fuhr die Familie immer mit einem knallroten Ford herum, überhaupt hatten sie ein gewisses Faible für die Farbe Rot. Damals war ihr Auto in der Werkstatt und sie hatten einen Ersatzwagen. Ich glaube, ein anderer Autofahrer nahm ihnen die Vorfahrt. Es war ein großer Schock für uns alle; sie waren sehr beliebt und das Essen dort war einfach fantastisch.«

Sandra war verwirrt, so sehr, dass sie beschloss, noch einmal die kurze Strecke zurückzufahren. Ihre Mutter saß auf dem Beifahrersitz und sah sie besorgt von der Seite an.

Und da war es, das Schild, welches sie gestern gesehen hatte und gleich dahinter das Haus. Na also, sagte sie sich innerlich. Doch dann stutzte sie – die Eingangstür war mit Brettern vernagelt, genauso wie die Fenster im Erdgeschoß. Das Haus sah heruntergekommen aus, überall blätterte die Farbe ab. Im Obergeschoß gab es sogar eine kaputte Fensterscheibe.

Gerade als sie etwas sagen wollte, piepte ihr Handy, sie zog es aus der Tasche und ein kleiner Zettel fiel zu Boden.

Ihr Freund hatte ihr geschrieben, nur ganz kurz, um es genau auszudrücken – nur drei Worte: ‚Ich liebe dich.'

Dann bückte sie sich zu dem weißen Papierstückchen. Es war ein Zettel, wie er in Glückskeksen steckt, und darauf stand: ‚Der Weg ist das Ziel.'

Incubus

T.B. Ems

Roman, der Incubus, stand unruhig und angespannt in dem großen Saal, in dem er schon lange nicht mehr gewesen war. Riesige Aktgemälde zierten die blutroten Wände. Kronleuchter hingen von den hohen Decken. Leuchtende Rubine und Feueropale waren in ihnen verarbeitet, die das Licht warm und geheimnisvoll scheinen ließen. Der Boden war aus schwarzem und rotem Marmor.

Er befand sich vor den Stufen und blickte nach oben auf den Thron, der aus einem einzigen roten Rubin gemeißelt und geschliffen wurde. Wie ein aufgewühltes Herz pulsierte ein Feuer in ihm und ließ den Thron in roten Facetten erstrahlen. Romans Herr und Gebieter saß auf ihm. Er trug ein schwarzes Seidenhemd, eine schwarze Lederhose und hatte um die Schultern einen Scharlachroten Umhang. Seine Aura strahlte Macht und Wissen aus. Er sah Roman mit glühenden Kohleaugen an und seine Stimme donnerte durch den Saal.

»Was hast du dir dabei gedacht? Wieso besuchst du jede Nacht dieselbe Frau? Deine Aufgabe ist es, jeder Frau in ihren Träumen Lust zu schenken und nicht nur einer.«

Roman wusste, dass sein Gebieter es erfahren würde, hatte nur nicht damit gerechnet, so schnell zu ihm zitiert zu werden. Unterwürfig senkte er den Kopf und flüsterte: »Verzeiht mir, Herr, aber diese Frau ist anders. Sie fasziniert mich und ihr Geruch, der mich in den Wahnsinn treibt, ist einzigartig. Ich muss jede Nacht zu ihr gehen, um sie zu verwöhnen, ob ich will oder nicht. Alle meine Sinne schreien nach ihr, wenn ich nicht bei ihr bin. Ich weiß nicht, warum das so ist, Herr. Ich habe so etwas noch nie erlebt.«

Er hob sein engelsgleiches Gesicht und blickte mit rotfunkelnden Augen in die seines Gebieters. Der wusste sofort, warum Roman von dieser Frau gefangen war. Es kam sehr selten vor, dass ein Incubus eine Menschenfrau riechen und ihren Duft wahrnehmen konnte. Vor über fünfhundert Jah-

ren fand ebenso ein Paar zueinander. Sie war eine Succubus – ein weiblicher Sexdämon und auch sie konnte den Mann riechen, mit dem sie sich in seinen Träumen einließ. Sie verließ ihre Welt, ging in seine und zog bei ihm ein. Erst als der Mann im hohen Alter starb, kehrte sie zurück zu ihren Brüdern und Schwestern.
Der Gebieter räusperte sich, bevor er sprach. »Das ist Schicksal, Roman, dagegen kann keiner von uns etwas unternehmen. Sie ist deine Bestimmung. Solange sie lebt, wirst du keine andere Frau in ihren Träumen beglücken können.«
Die Dämonen sahen sich an. Roman verstand jetzt endlich, was mit ihm geschehen war.
»Was soll ich deiner Meinung nach tun, Herr?«, fragte er beklommen. Er liebte sein Dasein. Er war schon seit Jahrhunderten ein Incubus, erschaffen in der Hölle, um die Menschenfrauen nachts zu besuchen und ihnen wilde, hemmungslose, erotische Träume zu schenken, die sie in den Wahnsinn trieben. Nach seinem Besuch würden sie nie mehr Erfüllung im Bett eines Menschen finden.
»Nimm Menschengestalt an und geh zu ihr. Bleibe bei ihr, bis sie stirbt. Dann komme zurück in unsere Welt.«
Der Herr erhob sich und kam zu ihm. Er legte seine Hand auf Romans Kopf, seine Muskeln spannten sich an und aus den Augen sprühten rote Blitze, die in Roman eindrangen. Ein Prickeln durchlief seinen durchtrainierten Körper und die Welt um ihn wurde schwarz. Er hörte die leise Stimme seines Herrn: »Du bist frei, bis zu ihrem Tod und du wirst die Welt, so wie sie ist, in nur einer Farbe sehen, damit du nie vergisst, wer du bist und wohin du gehörst.«
Die Worte hallten in seinem Kopf nach, doch er verstand deren Bedeutung nicht.

Als er erwachte, lag er auf einer Wiese. Verwirrt blickte sich Roman um. »Wo bin ich? Was ist geschehen?«
Langsam erhob er sich und erkannte den Park, der an Ellens Haus grenzte. Entsetzt stellte er fest, dass er alles in einer

Farbe sah. Der wolkenlose Himmel über ihm, das Gras zu seinen Füßen, die Blumen – die ganze Welt um ihn herum war rot. Wie durch eine stark getönte Sonnenbrille sah er alles in Rottönen.

»Was ist das? Wieso erkenne und sehe ich keine anderen Farben? Nur rot. Alles ist rot!« Nervös stand er unschlüssig in dem Park und wusste nicht, wohin er gehen oder was er als Nächstes tun sollte. Er sah an sich hinunter. Er trug eine Jeans und ein Hemd und er war barfuß. Auch die Farbe seiner Kleidung war rot, so sah es zumindest für ihn aus. Ob es stimmte, wusste er nicht, er ging aber davon aus, dass die Jeans blau war, nur er konnte es nicht erkennen.

»Das meinte mein Herr, als er sagte, ich würde die Welt, wie sie ist, in nur einer Farbe sehen, damit ich nicht vergesse wer ich bin«, kam ihm die Erkenntnis.

Da Roman nur nachts auf der Erde unterwegs war, sah er alles in Grau und in schwarzen Schattierungen. Manchmal hatten die Frauen ein kleines Licht an ihrem Bett an, dann konnte er die warmen Farben sehen, die ihn umgaben, und die schwarzen Schatten verzogen sich in die Ecken.

Das Rot um ihn herum verlor langsam seinen Schrecken und allmählich gewöhnte er sich daran.

Roman bewegte sich auf den Park-Ausgang zu. Schon bald konnte er das prachtvolle Renaissancehaus mit den hohen Fenstern und den Bögen darüber sehen, in dem Ellen wohnte.

***

Dunkle Schatten lagen unter ihren blutunterlaufenen Augen. Müde stand Ellen im Bad, sah in den Spiegel und putzte sich mit der einen Hand die Zähne, mit der anderen kämmte sie mit der Bürste ihr langes, blondes Haar, dass sie nach dem Zähneputzen zu einem Pferdeschwanz band.

‚Ich werde wieder zu spät kommen‘, dachte sie entnervt. ‚Magnus wird mich noch kündigen, wenn das so weiter geht.‘

In den letzten Tagen fiel es ihr schwer aufzustehen, wenn der Wecker sie unsanft aus dem Schlaf riss. Mit Mühe und eini-

gen Tassen Kaffee überstand sie den ständigen Stress im Hotel, in dem sie im Management arbeitete. Magnus, ihr Chef war ein Perfektionist und Perfektion erwartete er auch von seinen Mitarbeitern. Abends fiel sie erschöpft und völlig ausgelaugt ins Bett. Dann kamen die Träume.
Ein Mann, der aussah wie ein Engel, besuchte sie seit einer Woche jede Nacht. Er legte sich zu ihr ins Bett und fing an, sie zu streicheln und zu verwöhnen. Dabei flüsterte er ihr wunderschöne Worte ins Ohr, die sie so noch nie gehört hatte. Zumindest hatte keiner ihrer Freunde je so mit ihr gesprochen. Er verwöhnte sie auf jede erdenkliche Weise, die sie jedes Mal zum Höhepunkt kommen ließ. Der Fremde hatte keinen Namen. Wenn er in ihr Zimmer kam, begann die Luft zu vibrieren. Nackt stand er plötzlich vor ihr. Sein Körper war sexy und durchtrainiert. Die dunklen Locken, die immer zerzaust aussahen, fielen ihm in die Stirn und in den Nacken. Die feuerroten Augen funkelten voller Begierde, wenn er sie ansah, und ein verführerisches Lächeln lag auf seinen sinnlichen Lippen. Ellen seufzte leise, als sie an ihn dachte. »Alles wäre perfekt, wenn mein Traummann auch in der Realität existieren würde«, dachte sie traurig.
Sie lebte seit zwei Jahren alleine in ihrer kleinen Zweizimmer-Dachgeschosswohnung, die allerdings einen Balkon hatte, auf dem sie jeden Abend saß und auf die Stadt hinunter blickte. Das Lichtermeer unter ihr, die Geräusche und Gerüche, die zu ihr hinauf drangen, die Sterne über ihr ... Sie hatte sich sofort in die Wohnung verliebt, als der Makler sie ihr zeigte.
Ein Blick auf die Uhr ließ sie zusammenschrecken. In Windeseile zog sie einen schwarzen Rock und eine helle Bluse an, schlüpfte in die hochhackigen schwarzen Schuhe, riss die Handtasche von der Garderobe und stürmte das Treppenhaus hinunter. Einen Aufzug hatte das fünfstöckige Haus nicht, was ihr jedoch nichts ausmachte. Sie war jung und gesund und sah es als ihren morgendlichen Frühsport an, wenn sie eine Etage nach der anderen hinunter lief.

***

Ellen stieß mit Roman zusammen, als sie die schwere Haustür öffnete und die beiden Stufen hinunter springen wollte. Sie sah ihn nicht an, sondern murmelte nur ein flüchtiges »Sorry«. Erschrocken und empört blieb sie stehen, als der Fremde sie am Arm festhielt. Sie blickte auf und sah in zwei funkelnde rote Augen, deren dunkle Wimpern Schatten auf sein markantes und ebenmäßiges Gesicht warfen. Die Worte, die sie gerade sagen wollte, blieben ihr im Hals stecken und sie starrte ihn an. »Mein Traummann«, flüsterte sie heiser und schluckte den Kloß herunter, der in ihrer Kehle brannte.

Roman starrte sie ebenfalls an und konnte sich nicht an ihr satt sehen. Obwohl er sie durch diesen verdammten roten Schleier sah, wusste er sofort, dass sie blond war und ozeanblaue Augen hatte, in denen er versank.

»Du …«, stammelte sie ungläubig. »Wie kann das sein? Du bist der Mann aus meinen Träumen.« Sie zweifelte an ihrem Verstand. Kein Mensch konnte so verboten gut aussehen und diese roten Augen, die Funken sprühten, waren niemals echt.

»Hallo, Ellen«, sagte er mit seiner samtweichen, dunklen Stimme, die sie sofort zum Beben brachte und die sie aus ihren erotischen Träumen kannte.

Bevor sie irgendetwas erwidern konnte, liefen drei Jugendliche an ihnen vorbei und musterten sie ungeniert. »Wow!«, rief einer von ihnen aus, »habt ihr seine Augen gesehen?«

Die beiden anderen lachten laut. »Idiot. Hast du noch nie was von farbigen Kontaktlinsen gehört? Manchmal glaube ich echt, du lebst hinter dem Mond.«

Herumalbernd entfernten sie sich von dem Paar, das noch immer vor der Eingangstür stand und einander ansah.

»Am besten, wir gehen rein, du bist viel zu auffällig«, sprach Ellen leise und zog ihn ins Treppenhaus. Die Tür schlug laut zu und sie blickte sich erschrocken um.

»Halte deinen Kopf nach unten, wenn uns jemand begegnet, und sieh niemanden direkt an«, riet sie ihm und ging schnell die Stufen hinauf. Er sah ihr nach und folgte.

In ihrer Wohnung griff sie zuerst zum Telefon. Zum Glück war einer ihrer Kollegen am Apparat und nicht Magnus, ihr Chef. Sie sagte, dass sie ein paar Tage Urlaub nimmt, weil sie eine Familienangelegenheit klären musste. Mit einem Schmunzeln auf den sinnlichen Lippen sagte Roman, als sie den Hörer aufgelegt hatte:»Du hast nicht gelogen, Ellen.«
Sie sah ihn entgeistert an. »Gehen wir ins Wohnzimmer. Dann erklärst du mir, wie es sein kann, wie du aus meinen Träumen in die Realität gelangen konntest.«

Mit staunenden, ungläubig aufgerissenen Augen hörte sie ihm angespannt zu, als er zu erzählen begann.
»Das ist doch Wahnsinn«, kam es aus ihrem Mund. »Das gibt es doch nicht! Du willst mir allen Ernstes weiß machen, dass du ein Incubus, also ein Sexdämon bist, der nachts schlafende Frauen in ihren Träumen vernascht?«
Roman nickte und sah ihr dabei tief in die Augen.»Es ist die Wahrheit, was anderes kann ich dir nicht erzählen«, gab er ihr mit dieser sexy Stimme Antwort.
Ellen konnte nicht still sitzen bleiben. Hastig sprang sie auf und lief unschlüssig in dem Zimmer umher. Sie ging zur Balkontür und öffnete sie. Erhitzt atmete sie die frische Luft ein, die sie augenblicklich ruhiger werden ließ. Der Mann, der einem Engel glich, machte sie nervös und versetzte sie in Erregung. Kopfschüttelnd sah sie immer wieder zu ihm hinüber. Lässig saß er auf dem cremefarbenen Ledersofa.
Roman beobachtete Ellen und hoffte, dass sie ihm Glauben schenkte. »Ich kann dir von deinen Träumen mit mir erzählen, vielleicht kannst du dann die Wahrheit erkennen«, versuchte er ihr Vertrauen zu gewinnen.
»Oh Gott, nur das nicht!«, schrie sie beinahe entsetzt. Hitze schoss ihr ins Gesicht und ließ sie erröten. An die erotischen Nächte mit ihm wollte sie jetzt am allerwenigsten erinnert werden. »Ich glaube dir«, flüsterte sie und in ihren Augen konnte er sehen, dass sie es auch so meinte.

Sie sprachen den ganzen Vormittag miteinander. Er konnte so lebhaft von seiner Welt erzählen, dass Ellen sie vor sich sehen konnte. Sie beneidete Roman. Seine Welt war schillernd, bunt und ihr Herr und Gebieter war gütig und weise. Er kannte keinen Krieg, keine Feinde. Er und sein Volk wurden einzig dafür erschaffen, die Menschenfrauen und Männer in ihren Träumen zu besuchen. Sie verführten, lockten, reizten und erregten sie, bis sie zum Höhepunkt kamen. Jeder Incubus kam nur einmal zur ein und derselben Frau, so wie jede Succubus nur einmal zu einem Mann ging.
»Wieso bist du dann jede Nacht zu mir gekommen, Roman? Verstößt das nicht gegen irgendein Gesetz deines Volkes?« Fragend sah sie in seine Feueraugen, die wie glühende Kohlen brannten.
»Ich konnte deinen Geruch wahrnehmen. Deshalb kam ich jede Nacht zu dir.« Mit angehaltenem Atem hörte sie ihm zu, als er weiter sprach.
»Unser Volk kann euch Menschen normalerweise nicht riechen. Das kommt sehr selten, beinahe gar nicht vor, dass ein Incubus oder eine Succubus euren Duft wahrnimmt. Wenn aber einer aus meinem Volk, einen von euch riechen kann, gehören die beiden zusammen. Wenn das geschieht, können wir zu keinem anderen Menschen mehr gehen. Der Dämon oder die Dämonin müssen jede Nacht zu dieser Person, die sie magisch anzieht und sie sind an diesen Menschen gebunden. Egal was wir uns vornehmen für die kommenden Nächte, welchen Weg wir auch gehen wollen, es geht nicht mehr. Unser Weg führt uns nur noch in das Schlafzimmer desjenigen, der unser Schicksal ist.«
Mit offenem Mund hörte Ellen zu. Sie verliebte sich von Minute zu Minute mehr in ihn. Der Mann da auf ihrem Sofa sah blendend aus. Seine Stimme so sanft und dunkel, der gestählte Körper und diese beeindruckenden, rotglühenden Augen – alles an ihm war perfekt. Genauso, wie er in ihren Träumen war.

»Ich bin dein Schicksal«, flüsterte sie heiser. Ihre blauen Augen strahlten vor Freude. Roman stand auf, ging zu ihr und nahm sie in seine starken Arme.

»Ich bin dein Gefährte, Ellen. Ich werde bei dir bleiben und dich glücklich machen, solange du lebst«, flüsterte er ebenso leise und voller Sinnlichkeit in ihr Ohr.«

wie im Märchen

Sunyva
~ Erste Annäherung ~

Artur Belja

Moriana hatte genug. Die Konsequenzen waren ihr egal. Temulin konnte so viel toben, wie er wollte. Sie suchte nach einem Ort, wo er sie nicht finden würde. Morianas Geduld war am Ende. Kein Lichtfunke war mehr aufgetaucht. Das Licht des Lebens lag gut verborgen in einer Welt, die nur so vor Magie und Geheimnissen strotzte.

Selbst Orakel und Seher waren ihr keine Hilfe gewesen. Die einzigen, die sicher wussten, wo sich das Licht befand, waren die Traumwächter, doch die verrieten es mit keinem Wort. Sie waren breit verstreut und gut abgeschottet. Moriana musste einen anderen Weg finden, wie sie zu dem Licht des Lebens gelangen konnte. Sie wurde beobachtet, doch sie nahm es nicht wahr. Evoluna glich einer lebenden Oase, voller seltsamer Tiere und merkwürdiger Märchengestalten.

Moriana war so in Gedanken versunken, dass sie nicht merkte, dass sie von einem Schwarm Wendelingen verfolgt wurde. Wendelinge waren kolibriähnliche Schmetterlinge, die es liebten, andere Geschöpfe zu ärgern. Doch Moriana schenkte ihnen weiterhin keinerlei Beachtung und so zogen sie ihrer Wege in die rot blühenden Wiesen mit den silberblättrigen Bäumen zurück.

Moriana ging den kleinen Bach entlang und sah in der Ferne eine kleine Hütte. Vor der Hütte spielte eine Mutter mit ihrem Baby. Die Wäsche baumelte im Wind, darunter ein schlichtes, weißes Tuch.

„Wie schön, der Tag!", sagte die Frau.

Moriana schaute sie mürrisch an und nickte knapp.

„Wieso so trübsinnig? Die Rolanen blühen so schön!", rief die Frau mit heiterer Stimme.

Moriana wusste, dass sie das Spiel mitspielen sollte. Also setzte sie ein Lächeln auf und meinte: „Wie wahr, das habe ich gar nicht gemerkt."

„Was betrübt deine Gedanken?", fragte die Frau mit ihrer

Tochter im Arm.
„Ich habe schon lange nicht mehr geschlafen", erwiderte Moriana mit aufgesetzter Freundlichkeit.
„Dann kommt, seid unser Gast.Und ruht euch bei uns aus", sagte die Frau und lud Moriana mit einer freundlichen Geste in die kleine Hütte ein.
Die Hütte war sporadisch eingerichtet. Ein großes Bett und daneben eine kleine Hängematte befanden sich darin. Die Frau führte Moriana jedoch weiter in ein kleines Hinterzimmer, in dem noch ein kleineres Bett stand. „Hier könnt ihr euch ausruhen."

*

„Wo steckst du?", fragte Sunyva in ihr leeres Zimmer hinein. Die Farbkugelkrise war erfolgreich abgewendet. Und ihr Vater hatte ihren geheimen Gast noch immer nicht bemerkt.
„Pssst, komm' raus!", flüsterte Sunyva, mittlerweile etwas verärgert. Taaz hatte die dumme Angewohnheit, sich in verschiedene Gegenstände oder Personen zu verwandeln. Jetzt stand Sunyva wieder einmal vor der schweren Aufgabe, herauszufinden, was nicht zu ihrem Gemach gehörte. Das Suchspiel machte ihr Spaß, doch sie hatte immer Angst, dass irgendjemand Taaz vor ihr finden könnte.
Sunyva tastete sich ruhigen Schrittes in ihrem Zimmer voran. Einige Male schien ihr, dass Taaz hinter ihr stand. Sie wirbelte herum, doch niemand war zu sehen.
Die Regenbogenprinzessin war zu einer kleinen Lady herangewachsen. Ihr Vater verbrachte die meiste Zeit im Turm der Farben. Darum hatte Sunyva beinahe den ganzen Kristallpalast für sich. Jedoch hatte sie Taaz befohlen, ihr Gemach keinesfalls ohne sie zu verlassen.
Auf einmal spürte Sunyva ein Geräusch hinter sich. Wieder wirbelte sie herum. Diesmal stand Taaz nun wirklich hinter ihr, mit einer Wolkenblume in der Hand.
„Hier, für dich!"
„Du Spinner, warst du draußen?", fragte ihn Sunyva misstrauisch.

„Nein, sie wachsen in deinem Zimmer", sagte Taaz und deutete mit einem breiten Grinsen zum Balkon, wo sich einige Wolkenblumensamen angesiedelt und dort aufgegangen waren.
Sunyva lächelte. „Ich dachte schon, du wärst ungehorsam", scherzte die Regenbogenprinzessin.
„Ich doch nicht. Ich würde unsere gemeinsame Zeit doch nicht gefährden", entgegnete Taaz, und dieses Mal kamen seine Worte vom Herzen.
„SUNYVA! Mala ist zurück!", ertönte die Stimme ihres Vaters durch den gesamten Palast.
„Versteck' dich und komm erst raus, wenn ich alleine bin!" Sunyva geriet in Panik, weil sie wusste, dass man vor Mala nicht so leicht etwas verheimlichen konnte. Mala war für Sunyva wie eine zweite Mutter.
„Ich bin gehorsam", flüsterte Taaz und gab Sunyva noch schnell einen Kuss auf die Wange.
Während die Regenbogenprinzessin nicht wusste, wie ihr geschah, verwandelte sich Taaz in einen strahlenden Kristall an der Wand neben ihrem Bett.

*

„Ihr sucht etwas?"
Moriana schüttelte verneinend den Kopf.
„Also seid ihr nicht auf der Suche nach dem Licht des Lebens?"
Moriana stockte der Atem. Wer war diese Frau? Hatte Moriana im Schlaf gesprochen? Sie wusste es nicht. „Nein", antwortete sie knapp.
„Gut, ich dachte, ihr seid eine der Verlorenen."
Die Frau sprach in Rätseln. Erst das Licht und jetzt irgendwelche Verlorenen. Moriana schaute sie an. Ihre Augen waren klar und olivgrün.
„Ich versteh dich nicht", sagte Moriana gefasst.
„Doch, das tust du! Nur wirst du das, was du suchst in unserer Welt nicht finden", flüsterte die Frau.
Moriana wusste nicht, wie sie reagieren sollte. Sie stand auf. „Danke, ich muss weiter!", rief sie und verließ die kleine Hütte.

*

„Man sucht nach ihr!“, sagte Mala angespannt.

„Sie ist hier sicher“, verharrte Syvon weiterhin auf seinem Standpunkt.

„Fragt sich, wie lange?“ Die Traumwächterin war erbost. Alle verharmlosten die Gefahr, selbst die Oberen der Zauberer.

„Mala!“, rief Sunyva freudig, als sie den Festsaal betrat. Die kleinen Lichtwesen schwirrten zur Seite.

„Mein Kind, wie groß du geworden bist!“, freute sich Mala. Die beiden umarmten sich. Sunyva reichte Mala mittlerweile bis zur Schulter.

„Wo warst du?“

Syvon schaute Mala warnend an.

„Ich musste ein paar Sachen erledigen!“

„Was für Sachen? Erzähl!“, bat Sunyva aufgeregt.

Mala wusste nicht, was sie der kleinen Regenbogenprinzessin erzählen sollte. Schließlich war die Wahrheit zu bitter. Also erzählte ihr die Traumwächterin von den Wasserfällen, den grünen Bergen im Osten und natürlich von den großen Städten der Traumwächter.

„Und was hast du dort gesehen?“, fragte Sunyva.

Mala erzählte weiter. Von Märkten, fremden Wesen und viel Tumult.

Sunyva hörte interessiert zu. Sie sog jedes Wort der Traumwächterin auf, schließlich gab es im Regenbogenreich keine Abwechslung und schon gar keine Tumulte.

„Kommt, genug jetzt!“, mahnte sie König Syvon.

„Was ist, Vater?“

„Es ist Zeit, wir sollten nach oben gehen“, sagte der Regenbogenkönig und schritt voran. Mala folgte ihm. Sunyva jedoch suchte nach einer Möglichkeit, wieder in ihr Gemach zurückzukehren, ohne dass die beiden irgendeinen Verdacht schöpften.

„Vater, ich habe etwas vergessen!“, rief sie ihnen hinterher. „Ich komme gleich nach, ich muss nur schnell etwas aus meinem Zimmer holen!“

Der König schaute sie fragend an. „Was?“
„Eine Überraschung für Mala. Bitte, kann ich sie holen?“
„Gut, geh“, gab der Vater nach.
Sunyva beeilte sich. Sie lief über die Flure des Regenbogenpalastes und achtete sorgsam darauf, dass ihr keiner der Bediensteten folgte.
Dann stürmte sie in ihr Zimmer. „Wir haben ein Problem!“, rief sie und knallte die Tür hinter sich zu. „Taaz, wo bist du? Wir haben ein Problem!“
Der Bursche ließ sich nicht blicken.
„Komm schon, ich habe keine Zeit für Spielchen, es ist wirklich dringend!“, Sunyva war aufgebracht.
Auf einmal verwandelte sich der Kronleuchter in die Gestalt des Jungen. Taaz hatte schon mehrmals sein Erscheinungsbild geändert, damit keiner ihn erkennen konnte.
„Mala ist hier und ich bin mir sicher, sie wird dich enttarnen! Du musst aus dem Palast verschwinden!“
„Wer ist Mala?“, fragte Taaz.
„Ich hab keine Zeit für Erklärungen. Beeil dich und verschwinde einfach!“ Sunyva machte die Balkontür auf. „Komm, verwandle dich und raus mit dir!“
Taaz schaute sie ungläubig an. Er konnte sich in Gegenstände verwandeln, aber nicht fliegen. Sunyvas Gemächer waren hoch über dem Boden.
„Raus mit dir, wenn ich‘s doch sage. Geh!“
Taaz zögerte. „Habe ich dich irgendwie aufgebracht?“, fragte er.
„Nein, hast du nicht, du sollst dich nur beeilen“, antwortete Sunyva
Taaz machte einige Schritte auf sie zu. „Wenn es um den Kuss geht, ich will mich bei dir entschuldigen. Es war nur ein Reflex!“
Sunyva errötete. „Nein, es geht nicht um den Kuss, und jetzt hau ab!“
Taaz merkte, dass Sunyva es diesmal wirklich ernst meinte und dass sie Sorge hatte, dass sie erwischt werden würden.

Er konzentrierte sich. Es dürfte doch nicht so schwer sein, sich in irgendetwas zu verwandeln, das keine Schmerzen fühlen würde, wenn man es vom Balkon schmiss. Also stellte Taaz sich eine Wolkenblume vor, besser gesagt die flauschigen Blüten dieser perlmuttfarbigen Blumen, die das ganze Wolkenreich bedeckten.

„Werf mich gleich einfach runter“, sagte er, bevor er sich umzugestalten begann. Es dauerte nicht lange und es gelang ihm wirklich, sich in eine Wolkenblüte zu verwandeln.

Sunyva hörte schon Schritte aus dem Gang kommen. Es war garantiert Mala oder ihr Vater. Sie eilte zur Blüte, hob sie hoch, rannte zurück zum Balkon und schaute hinab. Mit einer schwungvollen Bewegung warf sie die Blüte in die Wolken hinaus und beobachtete, wie die Blüte vom leichten Wind davongetragen wurde.

Gerade als Sunyva beobachtete, ob die Blüte wirklich sanft landen würde, ging die Tür hinter ihr auf.

„Dein Vater wartet auf dich, komm, lass uns gehen“, sagte Mala.

„Ja, ich komme!“

„Was ist mit dir?“, fragte Mala.

„Nichts, was soll sein? Was ist eigentlich mit dir? Die Geschichten, die du mir vorhin erzählt hast, sind dieselben wie vor drei Mondzyklen. Irgendetwas stimmt nicht, nur kann ich nicht verstehen, wieso du mich belügst“, antwortete Sunyva und blickte Mala ernst an.

Mala stockte der Atem. Die kleine Sunyva war nicht mehr klein. Sie hatte Mala doch durchschaut. Was sollte die Traumwächterin nun tun? Mala zögerte. Sunyva war in Gefahr. Doch sie hatte König Syvon versprochen, der kleinen Prinzessin nichts zu sagen.

Dieses Märchen findet seine Fortsetzung im folgenden Band.

Rotschopf und der liebe Wolf

Christine Erdiç

Es war einmal ein kleines Mädchen, das wurde von seiner Mutter zur Großmutter geschickt, denn diese lag mit einer Erkältung im Bett.

»Bring Oma etwas heiße Suppe, damit sie schnell wieder auf die Beine kommt, Rotschöpfchen«, sagte die Mutter und gab der Tochter einen Korb mit, in dem ein kleiner Topf mit Nudelsuppe stand.»Pass aber gut auf, dass dir die Suppe unterwegs nicht überschwappt!«

Rotschöpfchen machte sich auf den Weg, der nicht allzu weit war, aber durch einen dunklen Wald führte. Die Mutter sah ihr hinterher, so lange bis sie das rote Haar nicht mehr in der Sonne leuchten sah.

Fröhlich pfiff Rotschöpfchen ein Lied. Doch da kamen die garstigen Dorfkinder hinter den Bäumen hervor. Sie hatten sich dort versteckt und versperrten Rotschöpfchen nun den Weg.

»Haare, so rot wie ein Feuermelder«, sagte ein schlaksiger Junge mit vielen Sommersprossen und spuckte verächtlich durch seine Zahnlücke.

»Nein, das sind apfelsinenfarbene Haare«, spottete ein anderer.

Die Kinder grölten.

»Was hast du denn da im Korb?«, fragte ein dickes Mädel und stellte sich breitbeinig vor Rotschöpfchen hin.

»Das ist heiße Suppe für meine kranke Oma«, antwortete das kleine Mädchen leise.»Bitte, lasst mich durch.«

»Ha, Suppe für die Oma! Wollen wir doch mal sehen«, grinste der Junge mit den Sommersprossen und wollte nach dem Korb greifen.

Plötzlich erschien wie aus dem Nichts ein großer grauer Wolf vor den Kindern und zog die Lefzen hoch. Er zeigte dem Jungen seine scharfen Zähne und ließ ein tiefes Knurren hören. Schützend stellte er sich vor Rotschöpfchen und machte sich drohend zum Sprung gegen den Quälgeist bereit. Der löste sich nur langsam aus seiner Starre, doch dann rannte er mit kreidebleichem Gesicht um sein Leben und die anderen Kinder liefen schreiend hinterher.

Rotschöpfchen strich dem Wolf über den Kopf. »Dankeschön, lieber Wolf«, flüsterte sie.

»Was hast du in dem Korb«, fragte der Wolf.

Rotschöpfchen riss die Augen auf. »Du kannst sprechen?«

»Natürlich kann ich das, jedes Tier kann sprechen. Nur verstehen uns die meisten Menschen nicht«, brummte der Wolf und rollte mit den Augen.

»Im Korb ist ein Topf mit heißer Suppe. Die bringe ich der kranken Großmutter«, sagte die Kleine.

»Kein Knochen für mich?«, fragte der Wolf enttäuscht.

»Nein, den hat Mama leider vorher rausgenommen. Es ist eine feine Kalbsbrühe, damit Oma bald wieder auf die Beine kommt«, erklärte Rotschöpfchen.»Lieber Wolf, begleitest du mich trotzdem durch den Wald? Er ist so unheimlich und dunkel.«

»Ich begleite dich gern«, antwortete der Wolf, »aber dir droht hier keine Gefahr. Die Menschen sind viel gefährlicher als wir Tiere.«

Rotschöpfchen lächelte. »Da hast du wohl Recht.«

So geleitete der Wolf das kleine Mädchen sicher durch den Wald bis zum Haus der Großmutter. Dort wartete er geduldig vor der Tür und brachte Rotschöpfchen später wieder zurück bis zum Waldrand, wo die Wiese begann.

»Was war denn das für ein großer Hund eben neben dir«, fragte die Mutter, die vom Fenster aus alles beobachtet hatte.

»Das war mein Freund, der liebe Wolf«, sagte ihre Tochter.

Die Mutter dachte: »Mein Kind hat eine blühende Fantasie«.

Rotschöpfchen aber wurde von nun an öfter von dem Wolf begleitet. Die Dorfkinder trauten sich nicht mehr, sie zu ärgern, und fortan wurde das brave Tier immer mit leckeren Suppenknochen versorgt.

Der rote Diamant

Sebastian Görlitzer

Nach einer uralten Überlieferung, die man sich seit vielen Generationen erzählt, soll sich Folgendes im Jahre 1800 zugetragen haben. Ein roter Diamant, so sagt man, hätte magische Kräfte. Demjenigen, der ihn findet, würde ein Wunsch erfüllt. Jedoch muss dieser Jemand ein reines Herz haben. Wenn der gefundene Diamant hell aufleuchtet, dann – und nur dann – befindet er sich in der richtigen Hand.

Diesen Edelstein, so die Überlieferung, findet man in der Nähe der Chaufe Pont - d´Arc Höhle in Frankreich. Bislang haben aber nicht einmal die ranghöchsten Magier und Zauberer es geschafft, die Macht des Diamanten für sich zu nutzen. Sie alle scheiterten. Jeder, der versuchte, ihn für seine Zwecke zu missbrauchen, verwandelte sich selbst in einen Stein.

Auch der Weg war hart, lang und voller Hindernisse. Viele haben nicht einmal die Hälfte geschafft und versagt. Und nur wenige kannten diese Geschichte.

Eines Morgens ritt Hans, ein junger Mann, durch diese Gegend Frankreichs. Ein Knecht am Hofe des Königs war er und nicht auf der Flucht vor dem tyrannischen König, wie viele andere.

Diese Ausflüge waren für ihn sehr wichtig und er ritt so oft aus, wie er nur konnte. Nur so fühlte er sich frei.

Gegen Mittag kam er durch eine sandige Landschaft und entschied, eine Pause zu machen. Er stieg ab und ließ sein Pferd ruhen. Plötzlich hörte er das Heulen eines Wolfes, was aus der Nähe kam. Mit seiner rechten Hand an der Hüfte, wo er am Gürtel das Messer befestigt hatte, näherte er sich der Stelle, woher die Geräusche kamen. Dort fand er einen Wolf, dessen Pfote im Tellereisen steckte – einer gefährlichen Falle, die Menschen bei ihrer Jagd auslegten.

»Hab keine Angst, kleiner Freund«, beruhigte Hans ihn. Als er sich neben dem Wildtier hinhockte, nahm er sein Messer in die Hand. Der Wolf zuckte zurück. Scheinbar kannte er diese menschliche Waffe. Hans ließ von seinem Vorhaben nicht ab; mit der Klinge öffnete er das Tellereisen einen Spalt breit. Der Wolf zog seine Pfote heraus und ging zwar humpelnd, aber sofort auf Abstand zu der Falle.

Hans steckte sein Messer wieder ein.

»Mach's gut und pass das nächste Mal besser auf dich auf.«

Dann ging er zurück. Als er das leise Rascheln des Laubes hinter sich vernahm, drehte er sich neugierig um und sah, dass der Wolf ihm folgte. Zunächst zeigte er keine Reaktion. Erst als er sich eine Mahlzeit zubereitete, und sah, dass der Wolf es sich bei ihm gemütlich gemacht hatte, streichelte er über sein weiches Fell.

»Ich werde dich ab jetzt Amicus nennen, was Menschenfreund bedeutet, denn das bist du.« Mit seinem Messer teilte er den Braten in zwei gleichgroße Stücke, eins davon bekam Amicus. Das Messer hatte er zum zehnten Geburtstag von seinem Vater bekommen. Bei seinen Ausflügen nahm er es stets mit. Obwohl er es zur Verteidigung bisher selten gebraucht hatte, konnte das sich schnell ändern, wenn man so wie er oft allein unterwegs war. Räuber und Diebe lungerten an jeder Ecke, sagte sein Vater immer. Diese gutgemeinten Ratschläge fehlten ihm, seitdem sie nicht mehr gemeinsam ausritten. Sein Vater wurde vor einiger Zeit sehr krank, schaffte nur noch das allernötigste und die meiste Zeit musste sich Hans um Haus und Hof kümmern.

Nun war er nicht mehr allein. Amicus war bei ihm und zeigte ihm auf seine Weise Dankbarkeit.

Er schien von Seinesgleichen verstoßen worden zu sein, üblicherweise trifft man Wölfe ja nur im Rudel an.

Dieser Wolf fraß schnell, fast schon gierig.

»Du armes hungriges Wesen, wann wirst du das letzte Mal etwas gefressen haben?«

Der Wolf schaute zu ihm hoch. Verstanden hatte er wohl nichts, aber er schien an der Anwesenheit des Menschen Gefallen zu haben.

Nachdem sie beide gesättigt waren, stieg Hans auf sein Pferd und nahm die Zügel in die Hand. Er wollte weiter, damit er bis Sonnenuntergang wieder zuhause war. Er ritt zur Steinbrücke, die sich ganz in der Nähe befand. Sein neuer Begleiter wich dabei nicht von seiner Seite. Hans störte es nicht, er freute sich sogar darüber.

Sie kamen an der Brücke vorbei und plötzlich verhielt sich der Wolf merkwürdig. Er gab ein Knurren von sich, nahm dann eine Spur wahr und folgte ihr.

Hans, der schon weiter geritten war, kehrte um und schloss sich Amicus an. Es musste einen Grund haben, warum er einer Fährte folgte, dachte Hans und stieg vom Pferd ab.

Amicus lief schneller und Hans beschleunigte ebenfalls seine Schritte. Dann standen sie plötzlich am Eingang einer Höhle.

Hans band das Pferd an einen Baum, dessen Stamm breit und fest genug war. Dann betraten sie die Höhle. Langsam und mit bedächtigen Schritten folgte Hans dem Wolf, der die Offensive ergriff und voran ging. Sie drangen immer tiefer in die Dunkelheit hinein und Hans beschlich ein merkwürdiges, ungutes Gefühl. Am liebsten hätte er diesen Ort sofort verlassen.

Es sollte sich herausstellen, dass seine Vorahnung berechtigt war.

WUMM! Es krachte so heftig, als ob die Höhle zusammenstürzen würde. Grelles, blaues Licht erfüllte die Dunkelheit. Dann waren Schritte zu hören, die schnell näher kamen.

Hans blieb stehen und erstarrte, er war zu keiner Reaktion fähig. Der Wolf baute sich knurrend auf und schien zu allem bereit, um seinen Menschen zu beschützen.

Vor ihnen stand plötzlich eine Kreatur, die so gefährlich wirkte, dass man es nur so mit der Angst zu tun bekam. Es war eine Art Minotaurus. Sein Kopf und die Beine glichen einem Ochsen. Der Oberkörper war jedoch menschlich und um die Hüfte trug er einen Lendenschurz. Er war bewaffnet, was Hans nicht wunderte, weil er durch die vielen Geschichten über diese Wesen wusste, dass sie meistens mit einem Morgenstern ausgerüstet waren. Das Geschöpf wirkte gefähr-

lich genug, sodass auch der Wolf Angst zu haben schien, dennoch stand er weiterhin beschützend vor Hans.
Das Wesen ließ zunächst ein weiteres Mal seinen Morgenstern zwischen Mensch und Tier gegen die Höhlenwand preschen. Mit langsamen Schritten lief Hans rückwärts und versuchte die Höhle zu verlassen. Doch der Minotaurus sah dies und folgte ihm. Dabei ignorierte er den Wolf, der hinter ihm her lief. Hans tastete sich immer weiter vor und stand schließlich draußen vor der Höhle.
Das Sonnenlicht war so ungewohnt für den Minotaurus, dass er es kaum aushielt. Wutschnaubend ließ er seinen Morgenstern ein drittes Mal neben dem Höhleneingang aufschlagen – ein schwerer Fehler wie sich herausstellte. Erst bröckelten kleine Steine herunter, die keine weitere Gefahr boten. Doch dann stürzte ein großer Felsbrocken von oben herab, der den Minotaurus mit Wucht nach unten in die Tiefe zog. Es ertönte nur noch ein kurzer, schmerzerfüllter Schrei und dann war Ruhe. Hans schaute nach unten. Von dem Wesen sah man nur noch seine Füße. Begraben unter einem Felsen, lag er leblos dort.
Hans und Amicus ging es gut. Der Wolf hatte alles beobachtet und setzte sich nun zufrieden hin.
»Was ist das hier nur für ein Ort?«, fragte Hans und ging wieder zurück in die Höhle. Ganz am Ende, da, wo es nicht mehr weiterging, sah er das schwache Leuchten eines Edelsteins. Dadurch, dass das Tageslicht doch etwas hineinreichte, schimmerte das Rot des Steins so herrlich im Dunkel. Hans ließ sich hinreißen und berührte ihn. Unerwartet funkelte der Stein in einem hellen, rötlichen Licht auf, das er so vorher nie gesehen hatte.
»Wenn nur mein Vater gesund wäre. Dann könnte er diesen kleinen Schatz sehen.« Ohne zu überlegen, steckte er den Stein ein. Wenn sein Vater ihn nicht sehen konnte, so, dachte er, nahm er ihn mit, damit ihn sein kranker Vater sehen konnte.

Sie machten sich auf den Weg. Das Pferd war immer noch an Ort und Stelle – am Baum angebunden – und bereit, Hans zurück nach Hause zu bringen.
Am Ziel angekommen, legte sich Amicus gemütlich vor das Haus und Hans betrat das Elternhaus. Überrascht stellte er fest, dass sein Vater am Küchentisch saß und nicht mehr wie am Morgen krank in seinem Bett lag. Er sah so gesund aus, als hätte ihm nie etwas gefehlt, und trank gemütlich Kaffee.
‚Das ist doch nicht möglich!', dachte Hans. Voller Freude begrüßte er seinen Vater. Dann holte er aus seiner Hosentasche den kleinen, roten Diamanten heraus und reichte ihn dem alten Mann.
»Sohn, wo hast du ihn gefunden?«, fragte dieser verblüfft.
»In einer Höhle, nahe der Steinbrücke, Vater.«
»Dann sind die Geschichten, die man sich erzählt, also doch wahr!«
»Was meinst du?«
»Schon mein Urgroßvater erzählte die Geschichte vom roten Diamanten, die er an seine Nachkommen weitergab; einem Diamanten, der Wünsche erfüllen kann, wenn er in die Hände eines Menschen fällt, der ein reines Herz hat.«
»Deshalb geht es dir heute viel besser, Vater, so als wärst du nie krank gewesen?«
»Ganz richtig, mein Sohn. Du hast dir offensichtlich gewünscht, dass ich nicht mehr krank bin. Dafür danke ich dir.«
Hans überlegte. Hatte er sich wirklich gewünscht, dass sein Vater wieder gesund ist? Er wusste doch gar nichts von den magischen Kräften des Steines! Dann fiel ihm jedoch wieder ein, dass er insgeheim dachte, wie schön es wäre, wenn Vater zusammen mit ihm – seinem Sohn – diesen wunderschönen Schatz sehen könnte … Ja, das reichte wohl aus für die wundersame Heilung.
»Manchmal entstehen aus den kleinen Wünschen erst die großen. Aber nicht immer sind die großen Wünsche auch die bedeutendsten. Deswegen ist es sehr wichtig, aufzupassen,

was man sich wünscht«, sagte sein Vater, als ob er ahnte , was sein Sohn gerade dachte.
»Das ist wahr, Vater, darum werde ich diesen Stein gut verwahren.«
Sein Vater stand auf, holte aus seinem Zimmer ein altes Holzkästchen und gab es Hans mit den Worten:
«Da drin ist er sicher gut aufgehoben. Nimm es ruhig.« Hans bedankte sich, legte den Stein hinein, verschloss das Kästchen und stellte es oben auf das Regal in seinem Zimmer.
An diesem Tag wurde Vater und Sohn ein weiteres Mal bewusst, dass nichts im Leben wichtiger ist, als die Gesundheit. Sie waren glücklich, dass sie einander hatten. Und so lebte Hans noch viele gemeinsame Jahre mit seinem Vater.
Gemeinsam gingen sie aufs Feld und führten ein unbeschwertes Leben. Auch Amicus, der Wolf, wurde in die Familie aufgenommen.
Einige Jahre darauf brachte Hans das Kästchen mitsamt dem roten Diamanten zurück zu den Höhlen von Chaufe Pont-d`Arc und versteckte es dort gut. Sollte jemand mit einem reinen Herzen diesen Stein für einen Wunsch je wieder benötigen, bekäme er auch die Möglichkeit, ihn zu finden. Ebenso wie Hans zu seiner Zeit ihn entdeckt hatte.

Blutrote Stein und ein kaltes Herz

Sissy Gross

„Rubina, Kind, lass doch einmal von den Steinen ab, niemand will sie dir nehmen! Geh an die frische Luft, heute ist ein besonders schöner Sonnentag!“, forderte Königin Safira ihre Tochter auf. Sie ließ von der Zofe Mara alle Fenster öffnen, um den Sonnenschein hereinzulassen. Als diese nach einem Wink eiligst den Raum wieder verließ, wandte sie sich die Königin erneut ihrer Tochter zu: „Wie stellst du dir eigentlich deine Zukunft vor? Du begleitest Vater und mich auf keine unserer Reisen und Empfänge. Kein Prinz hält um deine Hand an, so wie du ausschaust. Möchtest du einsam alt werden?“

Für einen Augenblick ließ die Prinzessin von den Rubinen ab: „Mutter, alles was ich brauche, um glücklich zu sein, befindet sich in diesem Kästchen!“

„Was ist nur mit dir geschehen? Kannst du dich mir nicht anvertrauen? Sag doch, was dich bedrückt! Du warst ein so fröhliches Kind. Wie konntest du dich nur so verändern! Du bist mit deinem Herzen so weit von uns entfernt, dass ich Angst bekomme, dich ganz und gar zu verlieren! Und überhaupt, wessen Lumpen trägst du da, wo sind all deine schönen Kleider? Ich glaube, gekämmt wirst du von Mara auch nicht mehr. Schau mal in den Spiegel, wie eine Prinzessin siehst du nicht mehr aus!“

Seit einiger Zeit hatte Rubina nur noch Augen für diese Edelsteine, ein volles Kästchen besaß sie von ihnen. Wenn sie es öffnete, spiegelte sich blutrote Farbe in ihren Augen. Sie griff hinein, entnahm eine Handvoll und drückte sie wie besessen an ihr Herz. König Eduard und Königin Safira beobachteten die Entwicklung ihres einzigen Kindes mit großer Sorge.

„Es darf nicht sein, dass unser Mädchen nur in ihrem Gemach vor diesem Kästchen sitzt und sich am Anblick funkelnder Rubine ergötzt! Wenn nicht bald etwas geschieht, werde ich ihr den Thron nicht vererben!“, sagte der König.

„Bei nächster Gelegenheit werde ich Mara ansprechen, es könnte sein, dass sie irgendetwas weiß. Die beiden verstehen sich recht gut und Mara huscht neuerdings immer recht flink an mir vorbei, als ob sie ein schlechtes Gewissen hätte!“, redete die Königin auf ihren Gemahl ein.
Rubina mochte Süßigkeiten. Gerade hatte sie sich eine Schale voll in der Schlossküche zusammengestellt, als es an der Tür klopfte. Neugierig, wer denn in die Küche so höflich Einlass begehrte, öffnete sie und sah in das vergreiste Gesicht eines Mannes, dessen Bart zottelig herunterhing. Ein kräftiger Ast diente dem Alten als Gehhilfe, damit er sich auf einem Bein fortbewegen konnte.
„Wie kommst du hier herein? Was willst du?“, herrschte ihn Rubina an. Der alte Mann senkte seinen Kopf und bat: „Bitte gebt mir etwas Brot und Wasser. Ich habe seit Tagen nichts gegessen und bin durstig!“
Rubina stemmte die Hände in die Hüften und antwortete patzig: „Du bettelst um Brot und Wasser? Der Schmied hat Arbeit, geh hin und verdiene dir dein Brot. Von mir bekommst du nichts!“ Sie warf die Tür zu, den Bettler ließ sie einfach stehen.
Als die Prinzessin wieder ihre Kammer betrat, stand ihr Kästchen geöffnet und war leer. Ein markerschütternder Schrei gellte durchs ganze Schloss.
„Mutter, Vater, wo sind meine Rubine? Habt ihr etwa dem einbeinigen Bettler Einlass gewährt?“ Die Prinzessin verwüstete wie von Sinnen ihr Gemach. Die Königin kam herbeigeeilt und versuchte ihre Tochter zu beschwichtigen:
„Kind, so beruhige dich doch! Von welchem Bettler sprichst du? Sag nicht, du hast schon wieder einen Armen unseres Volkes fortgeschickt! Hast du keinen Funken Mitleid mehr im Herzen?“
Rubina hörte der Mutter nicht zu. Sie tobte weiter und schrie: „Du hast Schuld, alle Fenster wurden auf deine Anordnung hin geöffnet! Kein Wunder, jeder konnte hier einsteigen!“

Unbeherrscht schob sie die Königin aus ihrem Gemach und schloss sich ein.
Jetzt hielt es Safina nicht länger aus. Sie musste mit der Zofe unter vier Augen sprechen, sofort! Mara brachte es nicht fertig, der Königin ins Gesicht zu sehen. Doch sie musste ihr Schweigen brechen, denn schließlich sah sie ein, dass sich Rubina von Tag zu Tag seltsamer verhielt.
„Frau Königin, ich weiß, was unsere Prinzessin so verändert hat. Ihr wisst selbst, dass Eurer Tochter von je her jeder Wunsch von den Augen abgelesen wurde. Alles geschah immer nach ihrem Willen, so auch dies. Die Hexe Griseldes nutzte die Habsucht der Prinzessin aus. Für ein Kästchen glutroter Edelsteine, das sie ihr eines Tages unter die Augen hielt, verlangte sie alle Kleider, auch ihr dickes, glänzende Haar. Die Prinzessin war wie geblendet und wollte unbedingt dieses Kästchen mit seinem prachtvollen Inhalt besitzen. Alles andere galt nichts mehr. Deshalb ist kein ordentliches Kleid mehr in ihrer Truhe zu finden. Ihr Haar gleicht Zotteln. Auch mit gutem Willen kann ich es nicht mehr richten."
„Oh Gott! Wie kann dieser Zauber jemals gebrochen werden?", jammerte die Königin händeringend.
„Vielleicht kann ich helfen! Da ich unsere Prinzessin überallhin begleite, habe ich gehört, was Griseldes zur Aufhebung des Zaubers gesagt hat, zwar sehr leise, aber ich habe es genau verstanden. Mal sehen, ob ich mir alles gemerkt habe. Sie sprach also: ‚Solange du von deinem Hab und Gut nichts abgibt, wird der Zauber an dir haften wie Pech. Sieben Rubine sollst du an einen Bedürftigen geben, oder einsam und mit kaltem Herzen enden' ja, das waren ihre Worte!"
Die Königin senkte ihr Haupt. Die Hexe hatte auf ihre Art Recht. Rubina wurde nie ein Wunsch abgeschlagen und Teilen hatte sie nie gelernt. Einen großen Teil schuld gab sich Safina selbst. Blieb nur zu hoffen, dass sich eine Gelegenheit ergab und ihre Tochter gerettet werden konnte.
Der alte Bettler war unterwegs ins Dorf. Mit leerem Magen suchte er die Sträucher am Wegesrand nach Beeren ab, doch

die Kinder hatten schon fast alle abgelesen. Sein Weg führte ihn zum Schmied. Arbeit hatte er für einen Einbeinigen nun wirklich nicht, gab ihm aber Brot ließ ihn in der Scheune übernachten.

Am nächsten Tage saß der Bettler am Dorfbrunnen. Während er an einem Brotkanten kaute, zwickte ihn jemand in die Wade. Er drehte sich um und erkannte seinen alten Kumpel, den Fuchs. „Na, wen haben wir denn da? Trixer, dich habe ich ja eine Ewigkeit nicht mehr gesehen!"

Sie setzten sich ins Gras und erzählten, was sie zwischenzeitlich erlebt hatten. Letztendlich ging es um eine alte gemeinsame Freundin und der Fuchs fragte: „Sag mal, weißt du, ob die Elster geerbt hat?"

Der Bettler schüttelte den Kopf. „Von wem sollte Glitzerschnabel denn geerbt haben?"

„Mir ist da was zu Ohren gekommen. Hat mir vorhin der Igel erzählt. Eine Menge roter Steine soll unsere Freundin seit gestern besitzen und in Saus und Braus leben. Die teuersten Hüte zieren ihren Kopf. Nahrung sucht sie nicht mehr selbst, dafür hat die feine Dame Sperlinge, welche ihr das Futter besorgen! Tja, wenn nicht geerbt, dann hat sie wohl geklaut! Wäre ja nicht das erste Mal!"

„Angenommen, Glitzerschnabel ist gestern Morgen am Gemach der Prinzessin vorbeigeflogen, da kann sie durchaus Beute erspäht haben. Die Fenster standen sperrangelweit offen!" Der Bettler verschwieg, dass er am Schloss um Brot und Wasser gebettelt hatte und erzählte weiter: „Wenn ich es mir recht überlege … der Schmied erzählte, der Prinzessin wären all ihre Edelsteine abhandengekommen, keiner weiß etwas darüber!"

„Vielleicht weiß das grüne Eichhörnchen Bescheid, wo Glitzerschnabel die Steine versteckt hält? Du, Bettler! Wenn wir uns die Rubine holen, winkt uns eine sorgenfreie Zukunft! Wir könnten sie verkaufen! Was hältst du davon?", fragte der Fuchs listig.

„Nein, Trixer! Sollten wir die Steine finden, bringe ich sie zurück. Sie gehören uns nicht, außerdem wird man mit gestohlenem Reichtum nicht glücklich. Du kennst doch das Sprichwort: Wie gewonnen – so zerronnen! Ein bisschen Ehrlichkeit sollte es in dieser Welt doch geben!"
Ein heuchlerischer Blick traf den Bettler. Mit honigsüßer Stimme versuchte der Fuchs dem Bettler die ganze Sache doch noch irgendwie schmackhaft zu machen: „Schau mal! Ehrlichkeit! Das ist was für Dumme! Wer ist noch ehrlich heutzutage? Du bist einfach zu gut für diese Welt! Vielleicht bekommst du die Prinzessin zur Frau? Wäre das nichts für dich? Dann musst du nicht mehr betteln und nie wieder hungern. Das hört sich doch gut an, oder etwa nicht? Schön, wenn du sie nicht willst, dann werde eben ich Schwiegersohn des Königs!" Der Fuchs hielt sich vor Lachen den Bauch.
„Ja, ja, ich sehe schon! Bist und bleibst eine ehrliche Haut bis zum seligen Ende." Doch der Fuchs hatte seinen Namen zu Recht. Schon reifte ein Plan in seinem Kopf und er meinte: „Wir sollten das grüne Eichhörnchen fragen. Dann sehen wir weiter!"
Der Bettler nickte und beide machten sich auf den Weg zum Eichhörnchenbau im Wald. Im Baum war es nicht zu entdecken. Doch am Boden war er schwer beschäftigt und stöhnte: „Herrje, ich bin erschöpft. Wintervorrat heranschaffen kostet mich jedes Mal viel Kraft!"
„Gut, dich zu treffen, wir bräuchten deine Hilfe!" sagte der Bettler freundlich.
Das grüne Eichhörnchen erfuhr nun die ganze Geschichte und nickte.
„Sicher, da es sich in diesem Fall nur um Diebstahl handeln kann, bin ich dabei! Die Elster hat ihr Versteck in der Fledermaushöhle."
Es dunkelte, die drei liefen los. Die Höhle war nun sicher von ihren Bewohnern verlassen, denn abends flogen sie aus, um Nahrung zu suchen. Das Eichhörnchen erklomm behände die steile Wand zum Versteck, hievte Stein für Stein heraus

und warf sie auf den Boden. Flink sammelte der Bettler die leuchtenden Rubine ein und legte sie in sein Brotsäckchen, welches der Fuchs aufhielt.

„Herrje, ich bin schon wieder erschöpft! Aber was viel schlimmer ist, die Elster wird mich keines Blickes mehr würdigen, sollte sie erfahren, dass ich daran beteiligt war!“, klagte das Eichhörnchen, als es wieder bei den beiden angelangt war.

„Mach dir nichts draus!“, entgegnete der Bettler. „Auf solche Gestalten kann man getrost verzichten!“

Das Eichhörnchen verabschiedete sich von seinen Freunden und wollte sofort ins Bett. Trixer und der Bettler gingen zum Schloss. Die Fenster waren noch hell erleuchtet und standen offen. Die Prinzessin weinte zum Steinerweichen. Entschlossen pochte der Bettler ans Schlosstor. Ohne zu zögern wurde er von den Wachen eingelassen, als er ihnen das Säckchen mit den Rubinen unter die groben Nasen hielt und wurde zum Gemach der Prinzessin geleitet. Er klopfte an. Mit verweinten Augen öffnete Rubina die Tür.

„Ich komme nicht, um zu betteln. Ich bin hier, um etwas zu bringen, das Euch wichtiger ist, als alles andere auf der Welt!“

Mit diesen Worten öffnete er das Brotsäckchen, zeigte den Inhalt und sprach weiter: „Deine Rubine! Die Elster hatte sie gestohlen! Keine Angst! Zur Frau werde ich dich nicht nehmen, du denkst nur an Reichtum und hast du ein kaltes Herz!“

In diesem Moment trat die Königin hinzu und hörte die Unterhaltung. Sie hieß den Bettler näher zu treten. Einen Augenblick später saß er auf der Königin

Geheiß an einem reich gedeckten Tisch Endlich konnte er sich nach langer Zeit wieder mal satt essen.

Der König betrat aufmerksam geworden den Speisesaal. An ihm vorbei stolzierte die Prinzessin mit erhobenem Haupt auf den Bettler zu. „Wie kommst du darauf, dass ich dich zum Manne nehmen würde, dich, einen alten Bettler!“

Dem Alten blieb vor Schreck fast der Bissen im Halse ste-

cken. Er erinnerte sich an die Worte von Trixer. Rubina hatte Recht. Schließlich wurde eine derartige Belohnung niemals verkündet. Er wurde rot bis über beide Ohren.
Beinahe widerwillig überreichte die Prinzessin ihm jedoch ein Samtsäckchen, gefüllt mit sieben blutroten Rubinen. Die Zofe Mara führte ihre Hand. Allein hätte Rubina niemals auch nur einen Edelstein verschenkt. Damit war der Zauber endlich gebrochen. In dem Moment, als der Bettler die sieben Edelsteine in der Hand hielt, fiel von Rubina ein Schleier ab. Ihr Haar war wieder dick und glänzend. In Samt und Seide gehüllt stand sie da. All ihre herrlichen Kleider lagen an Ort und Stelle. Die Königin war erstaunt und glücklich zugleich. Mara zwinkerte ihr verschwörerisch zu. Safina hatte verstanden. Es war der Zofe zu verdanken, dass die Prinzessin endlich zur Vernunft gekommen war. Fröhlich lachend tanzte die Königstochter mit Vater, Mutter und Mara im Kreise. Der König und die Königin herzten und küssten
ihre wiedergewonnene Tochter. Hochzufrieden machte sich der Bettler begleitet vom Fuchs auf den Weg ins Dorf. Der Schmied bot dem Alten an, Mitbesitzer seiner Schmiede zu werden. Stolz war er auf sich – auf seine Ehrlichkeit! Die Bettelzeit gehörte ein für allemal der Vergangenheit an. Trixer, der Fuchs, bekam täglich ein feines Mahl. Dem grünen Eichhörnchen wurde bei der Anschaffung des Wintervorrats jedes Jahr tatkräftig von jungen Schmiedegesellen geholfen, die sich der Meister nun leisten konnte.
Glitzerschnabel, die Elster, aber war dermaßen beleidigt, dass sie mit erhobenem Haupte schnurstracks an ihren ehemaligen Freunden vorbeiflog, wenn sich ihre Wege kreuzten.
Als drei Monde vergangen waren, heiratete Rubina einen starken und schönen Prinzen und beide regierten weise und gerecht über ihre Untertanen.

Jutta E. Schröder

Die verschwundene Farbe

Andreas Petz

Vor einiger Zeit, da fiel die Farbe Rot in schwere Depressionen. Sie fühlte sich unbedeutend und klein. Sie fand, dass sich für sie, wo auch immer sie war, kaum jemand interessierte. Von Tag zu Tag steigerte sich in ihr das Gefühl, unnütz zu sein. Das ging so weit, dass die Farbe Rot eines Tages zu sich selbst sagte: »Die Welt würde ohne mich genauso weiter existieren. Vermutlich würde niemand mein Fehlen bemerken.«
Diese Aussage fand auch schnell Bestätigung, denn die Menschen liefen an allem, was rot war, vorbei, ohne der Farbe irgendwelche Beachtung oder Anerkennung zu schenken.
Das Rot wurde müder und müder und hatte so gut wie keine Lust mehr, weiter zu existieren. Als es damit begann, nach einer Möglichkeit zu suchen, aus dem Leben zu scheiden, wurde die Farbenfee auf die rote Farbe und ihren Zustand aufmerksam. Erschrocken dachte die Fee darüber nach, wie sie dem Rot aus den Depressionen heraushelfen und somit verhindern konnte, dass das Rot sein Leben beendete.
»Wie nur«, so fragte sich die Fee,»kann ich dem Rot helfen? Wie kann ich es überzeugen, dass es sehr wichtig ist und dass die dummen Menschen einfach viel zu sehr mit sich selbst beschäftigt sind, um an andere, geschweige denn, an Farben zu denken?«
Nach langem Nachdenken kam der Fee eine Idee. Das Rot fühlte sich gerade wieder einmal völlig zerschlagen, legte sich hin und schlief ein. Da erschien die Fee dem Rot im Traum und sagte zu ihm: »Hallo, Rot! Ich habe erfahren, dass du nicht mehr existieren willst, da du zu wenig Zuwendung bekommst. Stimmt das?«
Müde gähnte das Rot vor sich hin und bestätigte : »Ja, was soll ich noch hier? Die Welt dreht sich auch ohne mich weiter.«
Da sagte die Fee zum Rot: »Komm mit mir, ich möchte dir eine andere Welt zeigen, eine Welt ohne Rot. Du sollst sie einmal sehen.« Entkräftet, aber doch etwas neugierig, raffte

das Rot sich auf und ging mit der Fee.
Schon nach kurzem Weg kamen die beiden in eine Stadt. Ach, wie furchtbar sah es dort aus! Überall waren Autos und Lastwagen ineinander verkeilt und die Fahrer standen vor den Fahrzeugen und beschimpften sich.
»Aber was ist denn hier los?«, fragte das Rot die Fee und diese antwortete: »Och, nichts Besonderes, die Ampeln haben nur noch die Farben Gelb und Grün, deswegen wussten die Fahrer nicht, dass sie anhalten sollten.«
»Na, so eine Schlamperei!«, rief das Rot entrüstet.
Die Fee indessen nahm das Rot an die Hand und zog mit ihm weiter.
Sie kamen vor eine große Fabrik, vor der viele Menschen herumstanden und Schilder in die Höhe hoben.
Wieder fragte das Rot die Fee: »Was ist denn hier los?« und die Fee antwortete: »Och, nichts Besonderes, das ist eine Getränkefabrik, die ihren Namen in Weiß auf rotem Hintergrund gedruckt hatte. Da es kein Rot mehr gibt, kauft niemand mehr das Getränk und die Beschäftigten haben ihre Arbeit verloren.«
Das Rot erschrak und stotterte: »Aber warum tut denn niemand etwas dagegen?«
Da antwortete die Fee: »Was sollen die Menschen denn tun? Da du beschlossen hast, nicht mehr zu existieren, gibt es eben kein Rot mehr.«
Der Farbe Rot wurde flau im Magen. Noch bevor sie antworten konnte, war die Fee mit ihr schon weitergezogen.
Sie waren plötzlich mitten in der Stadt auf dem Marktplatz, wo viele Verkaufsstände Obst und Gemüse anboten. Aber kaum jemand kaufte etwas. In den Kisten der Stände lagen grüne Kirschen und grüne Erdbeeren. Die Obsthändler jammerten und beschworen ihre Kunden:»Wirklich, die Erdbeeren und Kirschen sind reif!« Die Kunden jedoch gingen kopfschüttelnd ihrer Wege und kauften nichts.
Das Rot war sprachlos.

Schon zog die Fee mit ihm weiter. Sie kamen an ein Krankenhaus und gingen in die Geburtenstation. Aber, so viel sich das Rot auch umschaute, es lag kein einziges Kind in den Bettchen.
»Was ist denn hier los?«, wunderte sich die Farbe. »Das kann doch nun wirklich nicht an mir liegen!«, behauptete es.
Die Fee jedoch antwortete: »Och, weißt du, es gibt keine roten Rosen und keine roten Herzchen mehr und so haben die Menschen aufgehört, sich zu verlieben, deshalb werden auch keine Kinder mehr geboren.«
Da nahm das Rot die Fee an die Hand und sagte in großer Aufregung zu ihr:»Lass uns sofort zurückkehren, ich werde gebraucht. Ich muss verhindern, dass es zu all' diesem hier kommt. Dass kann niemand außer mir.«
Als das Rot aus seinem Schlaf erwachte, machte es sich sofort an die Arbeit. Es eilte von den reifen Erdbeeren zu den Kirschen, von Reklametafeln hin zu den Rosen und es stieg sogar glücklich und kraftvoll bis zum Himmel hinauf und zauberte zusammen mit den anderen Farben einen herrlichen Regenbogen.
Nie mehr kam dem Rot der Gedanke, es sei unnütz.

Die AutorInnen

In alphabetischer Reihenfolge

Renate Anna Becker, Jahrgang 1949, geb. in Kevelaer, kam zum Schreiben, wie die Jungfrau zum Kind. Schon immer, von frühester Jugend an mit einer blühenden Fantasie gesegnet, vertrieb sie sich und ihren Geschwistern die Zeit damit, Geschichten zu erfinden und diese auch nach zu spielen. Kein Wunder, denn bis zum 6. Lebensjahr war sie auf die Enge eines Binnenschiffes beschränkt. Ihre Geschichten setzten sich in der Schule fort, in diversen Aufsätzen, die meist zu lang und am Thema vorbei waren. Es gab trotzdem gute Noten. Mit kleinen Zeichnungen wurden die Geschichten untermalt, was sich später als gut heraus stellte, denn Malen, Zeichnen und Schreiben sind feste Bestandteile des jetzigen Rentnerdaseins. „Butterstulle und Pflaumenmus“ und „Adrian Troy - Kämpfer des Lichts“ veröffentlicht.

Artur Belja ist ein lebensfroher Autor und Künstler, der seit jungen Jahren im Rollstuhl sitzt. Durch sein Handicap entwickelte er ein besonderes Gespür für die Feinheiten des Lebens, die er in seinen Geschichten und Bildern auf unvergleichliche Weise widerspiegelt.

Sally Bertram lebt und arbeitet in Wien. Im Alter von 12 Jahren veröffentlicht sie ihre ersten eigenen Gedichte und kleinen Geschichten in verschiedenen Zeitschriften. Heute schreibt sie unter anderem regelmäßig Kurzgeschichten für das Projekt „Jedes Wort ein Atemzug" vom Verein „Respekt für Dich“. Nebenbei ist sie als Übersetzerin (Englisch) tätig.
Veröffentlichungen:
2010 „Der Versuch eines normalen Lebens“ (Roman)
2013 „Mord nach Manuskript“ (Krimi)
2014 „Ideenreich“ (Gedichtband)
2015 „Nur ein Gedanke“ (Textsammlung mit Co-Autorin Karin Pfolz)

Nicole Bleck, 1967 in Essen geboren. Sie lebt seit 2009 mit ihrem Mann in der Dominikanischen Republik.
Im selben Jahr begann sie als Autodidakt mit der Fotografie. Sie ist ständig bestrebt, sich in der Fotografie und der Bearbeitung weiter zu entwickeln.
Nicole arbeitet als freie Fotografin und ist seit 2015 für die Covergestaltung im Karina Verlag tätig.
Unter www.hispaniola-fineart.com findet man eine Auswahl Ihrer Arbeiten.

Stella Delaney. Geboren im fränkischen Weinland, lebt Stella nach einem längeren Zwischenstopp in England inzwischen in der Schweiz - Winterthur.
Hauptberuflich arbeitet sie als Lehrerin für Englisch und Allgemeinbildung.
Ihre Werke lassen sich am besten als eine Mischung aus Spannungsliteratur und Beziehungsgeschichte beschreiben, gelegentlich düster und melancholisch, aber nie ganz ohne Hoffnungsschimmer. Mehr unter:
www.stelladelaney.net.

Werner Diefenthal. Geboren 1963 im Rheinland, wohnhaft seit 2000 in Oberfranken. Ursprünglich ein ehrlicher Handwerker habe ich lange Jahre im Qualitätsmanagement gearbeitet. Nebenbei habe ich angefangen zu schreiben, mein erster Roman »Das Schwert der Druiden« ist seit Herbst 2010 auf dem Markt. Vorher habe ich an einer Anthologie »Kleine Reisen« mitgearbeitet, dessen Erlös voll an ViaNiños e.V. ging.
Nach meiner Verrentung aus gesundheitlichen Gründen habe ich mich neu orientiert und konzentriere mich hauptsächlich auf das Schreiben. Mit meiner Partnerin Martina Noble habe ich mittlerweile 5 Bücher fertiggestellt. Die »Henker - Trilogie; Der Henker von Rothenburg« sowie die »O´Leary Saga«, bestehend aus »Engelsklinge« und »Todesatem«, ein dritter bzw. vierter Teil sind in Arbeit.

Veronika M. Dutz, geboren in Hanau. Nach ihrer kaufmännischen Ausbildung arbeitete sie in verschiedenen Bereichen. Literatur begeistert und begleitet sie schon ihr ganzes Leben. Sie reist leidenschaftlich gern, doch nie ohne ein gutes Buch im Gepäck. Sie ist eine der Gewinner des Astioks-Schreibwettbewerbs – »Anders sein«.
Infos unter: https://plus.google.com/115498548949862271987

Die Autorin **T.B. Ems** wurde 1960 in Esslingen am Neckar geboren. Sie wohnt seit 1983 in Baden Württemberg. Außer dem Schreiben widmet sie sich gerne ihren vier Enkelkindern. Sie hat sich mit einigen netten Autoren angefreundet und tauscht sich mit ihnen aus.
Ihr Hobby: Malen mit Acrylfarben auf Leinwand.
Bereits als Ebook erschienen:
»Trilogie Gilde der Hüter«
»INZEST! Carl und seine Töchter«
»Vampirprinz«
»Gefangen«
Der Psychothriller »Daphne die Psychopathin« wird demnächst auf den Markt kommen.

Christine Erdiç, wurde 1961 in Deutschland geboren. Seit 1986 ist sie verheiratet, hat zwei Töchter und lebt seit dem Millenium in der Türkei. Unter anderem gab sie Sprachtraining an der Universität von Izmir, machte Übersetzungen und verfasste Berichte für die Türkische Allgemeine, eine ehemalige Zeitschrift in deutscher Sprache und gibt heute noch private Deutschstunden.
Mehr über die Autorin und ihre Werke unter
http://christineerdic.jimdo.com/
Bisher veröffentlichte Bücher:
Nepomucks Abenteuer; Zauberhafte Gerichte aus der Koboldküche; Geschichten aus dem Reich der Hexen, Elfen und Kobolde; Glücksschmiede, Tipps für mehr Glück und Erfolg; Willkommen im Luhg Holiday; Mystica Venezia

Dagmar Finger. »Ich schreibe mit Herz und Seele für Herz und Seele«, sagt Dagmar Finger, von Beruf Erzieherin, über sich selber. Sie ist mit Prosa und Lyrik in zahlreichen Anthologien vertreten und hat Erfolg als Kinderbuchautorin. Auch in zahlreichen Theaterstücken zeigt sie sich für Text Regie und Kulissen verantwortlich.
Veröffentlichungen u.a.: Kinderbücher „die Tränen der Muschel“ und „Manchmal ist alles ganz anders“.
Kurzgeschichtenbuch „Seiltanz durch ein Jahr“
Beim Meerbuschliteraturpreis stand sie mit dem Gedicht. »So still« im Finale.
»Mit meinen Texten die Menschen erreichen, indem Emotionen und Fantasien den Weg in ihr Herz finden, das bedeutet für mich Schreiben«.
Ihr größtes Kompliment bekam sie mit den Worten:
»Sie schreibt nicht für Kinder oder Erwachsene, Dagmar Finger schreibt für Menschen«.

Sandra Karin Foltin wurde 1969 in Köln geboren. Wuchs im Rheinland auf, wohnt jetzt mit ihrem Mann und drei Kindern im Münsterland. Sie arbeitet als Krankenschwester, Freiberuflich hat sie eine eigene Praxis für Hypnose und Therapeutic Touch. Ihr Spezialgebiet ist die Arbeit mit Eltern autistischer Kinder.
Aktuell arbeitet sie an ihrem ersten Roman, dem Psychothriller ›Goldgräberin‹ und der Kurzkrimigeschichtensammlung ›Dorfgeschichten‹.
Zudem schreibt sie einige Kurzgeschichten für diverse Anthologien, deren Erlös für gute Zwecke gespendet wird.
Info: www.sandra-karin-foltin.de

Leopold Fröhlich. 1963 wurde er in Österreich, Nähe Wien, geboren.
Er arbeitet bei einer renommierten Maschinenbaufirma.
Seit 2012 schreibt er als *Leopold F* Romane und Gedichte, die er auf der Autorenplattform „Mystorys.de“ veröffentlicht.

Sebastian Görlitzer, am 02.07.1982 in Karl-Marx-Stadt geboren, lebt heute in seiner Geburtsstadt Chemnitz. Im Jahr 2002 schloss er seine Ausbildung zur Bürokraft erfolgreich ab und arbeitete danach für ein Jahr im Amtsgericht, als Justizangestellter im Schreibdienst. Außerdem arbeitet er ehrenamtlich beim Stadtteilmagazin (Marmorhut) und arbeitet ebenfalls ehrenamtlich in einem Alten- und Pflegeheim in Chemnitz sowie bei der Mobilen Behindertenhilfe.
Er schreibt unterschiedliche Geschichten, darunter auch Kurzgeschichten. 2014 ist sein Kinderbuch ›Benji der Braunbär‹ beim Karina-Verlag erschienen.

Maria Göthling wurde im August des Jahres 1954 in Worbis geboren. Aufgewachsen ist sie in Eichsfeld, im Dorf Weißenborn-Lüderode. Dort lebt sie mit ihrer Familie auch heute noch.
Maria Göthling ist es wichtig, mit ihren Geschichten nicht nur zu unterhalten. Sie hofft mit ihren Büchern Kinder und Erwachsene gleichzeitig anzusprechen. Ihr Wunsch ist es, die Generationen einander näher zu bringen. Besonders die Kinder will sie an den Erfahrungen, die sie im Leben gemacht hat, teilhaben lassen.
Veröffentlichungen: In ‚Eichsfelder Heimathefte' sind die Erzählungen: *„Heidi und das Christkind"*, *„Peterle"*, *„Glück gehabt"*, *„Der Lindenbaum und die Prinzessin"* und *„Der Lindenbaum"* erschienen. Im April 2015: *„Die Kinder der Pusteblume gehen auf die Reise", ein* Kinderbuch beim Fabuloso Verlag / Im September 2015: *„Hilfeschrei eines Autos"* in der Anthologie Nr. 5 der Creativo *„Wohin dich die Sehnsucht treibt"* / *Im* November 2015: *„Wo ist der Regen?"*, ein Kinderbuch mit Bildern zum Ausmalen, beim Fabuloso Verlag / Im Februar 2016: *„Die besondere Gabe"* in der Anthologie „Magisches, Mystisches" im Karina Verlag, Wien.

Sissy Gross, wurde 1951 in Essen geboren, wo sie heute auch lebt. Nach dem Hauptschulabschluss begann sie eine Textillehre in einem großen Unternehmen, nach der erfolgreich abgelegten Prüfung Wechsel zur Deutschen Bundespost. Später zur KV – Nordrhein. Seit ihrer Frühverrentung steht genügend Zeit zur Verfügung, um in die Märchen und Geschichtenwelt einzutauchen.
Bisherige Publikationen: Kleine Hexe Violetta Buntschuh, Pummel – Kleiner Teddy aus dem Zauberregen, Flatterhübchen Nell und Pummel ist wieder da (alle Sarturia®) Sissys Märchen und Geschichtenwelt www.mondglitter.de

Mein Name ist **Angelika Groß** - geboren 1953 in NRW - ich habe Kinder, einen Mann und mich. Auf meinem Grabkreuz wird eines Tages stehen: Angst war ihr ständiger Begleiter.
Ich lebe, wiederum auch nicht, kämpfte jeden Tag aufs Neue, fühlen, denken, wunderbar für mich ein seltenes Glück. Durch meine Angsterkrankung ist mein Leben sehr eingeschränkt. So habe ich eines Tages wieder meine Kreativität entdeckt. Das Schreiben, Malen, Fotografieren erfüllt nun mein Leben. Es hat ein neuer Abschnitt begonnen.

Verena Grüneweg lebt in Norden. Sie ist Mutter von zwei erwachsenen Töchtern. Seit vielen Jahren arbeitet sie hauptberuflich als Floristin. Das Schreiben ist ihre Leidenschaft. Ihre Geschichten und Gedichte umfassen Bereiche wie Fantasie, Erfahrungen und Frauenliteratur. Für sie sind ihre geschriebenen Worte „Seelenpflaster“. Viele ihrer Geschichten sind in etlichen Anthologien erschienen. Unter anderem in der Serie „Jedes Wort ein Atemzug“.
Veröffentlichungen:

- „Hexenschatten“, 2014, mit Karin Pfolz
- „Verloren im Leben“, 2015, mit Karin Pfolz
- „Malvadins Zauber ‚WUSCH‘“, 2015
- „Tödlicher Bestseller“,2016, Karin Pfolz

Marlies Hanelt. Geboren 4.12.1953 Berlin Charlottenburg. Schreiben ist für mich Leidenschaft pur, die ich auch exzessiv auf meinem Blog und Homepages mithin auslebe. Ich sage immer, wenn die Fantasien fliegen, besitzen sie Flügel. Man findet mich ebenfalls auf Facebook und Amazon.
2009/10 in fünf Anthologien für diverse soziale Projekte mitgeschrieben. 2015 erste Publikation im Genre Horror/SF beim Mondschein Corona Verlag. Ebenfalls 2015 erschien ein erotisches Horror e-book über Redlight Publishing. Weitere in den Genres Horror, Erotik, Crime - (als Serie), folgen.

Maria Hertting, in Berlin geboren und auch hier lebend, arbeitete als Lehrerin für Biologie und Chemie an einer Sekundarschule mit gymnasialer Oberstufe. Sie hat zwei erwachsene Kinder. Nach dem Tode ihres Mannes adoptierte sie im Jahre 2004 ihren Sohn Christopher, der damals 4 Tage alt war. Heute widmet sie sich nur noch ihrem Jüngsten und ihrer zweiten Liebe, der Schriftstellerei.
Veröffentlichungen: Zwei Romane und zwei Jugendbücher sowie diverse Kurzgeschichten in Anthologien.

Marena Jovic, wurde am 30. April 1970 in Wismar an der Ostsee geboren, in ihrem Elternhaus nahe ihrer Geburtsstadt. Das Lesen war eher ihre Leidenschaft, mit Schreiben hatte sie nicht viel am Hut.
Das änderte sich jedoch, seit sie eine Kurzgeschichte für die Anthologie »Sommer und mehr« des Autoren - Netzwerkes verfasst hat. Jetzt lässt sie eigene Ideen im Kopf entstehen und bringt diese auf Papier.
Infos zur Autorin: https://www.facebook.com/marena.jovic

Karin Kaiser wurde im Mai 1970 in Klausenburg in Rumänien geboren und verbrachte einen Großteil ihrer Kindheit und Jugend in Schwäbisch Hall. Schon seit ihrem 12. Lebensjahr träumte sie davon, Autorin zu werden und Menschen mit ihren Geschichten zu unterhalten. Zwischendurch hat sie als Fremdsprachenkorrespondentin und Übersetzerin gearbeitet (heute auch noch, aber selbstständig), geheiratet und eine Tochter und einen Sohn bekommen. Sie lebt mit ihrer Familie in Buchen im Odenwald.
Veröffentlichungen:
„…plötzlich Covergirl“, Februar 2014, Verlag: Roman Verlag (Imprint Stuber Publishing)
„Alicias Traum“, Oktober 2014, Karina Verlag
„Vampirherz“, April 2015
„Metamorphosis“, Oktober 2015, Fantasy Verlag (Imprint Stuber Publishing)
„Sommermuse“, Dezember 2015
„Venezianische Maskerade“, Januar 2016

Michaela Kaiser ist 1955 in Berlin geboren und lebte bisher überwiegend im Ausland. Ihr abwechslungseiches und abenteuerreiches Leben hat sie nun hinter sich gelassen und ist im schönenMünsterland seßhaft geworden. Verschiedene Puplikationen, Kurzgeschichten und biografische Romane, von ihr sind bereits erschienen, u.a. im Karina Verlag, bei ETS und im Verlag Roter Drache.
www.michaelakaiser.jimdo.com

Mag.a Bernadette Maria Kaufmann, geboren 1978 in Graz: Studium der Kommunikationswissenschaft an der Universität Salzburg. Freie Autorin und Publizistin. Verschiedene literarische und publizistische Veröffentlichungen. Derzeit Arbeit am nächsten Buch.

Beate Kidd wurde 1971 in Regensburg geboren und lebt mit ihrer Familie noch heute dort. Bücher haben in ihrem Leben schon immer eine sehr wichtige Rolle gespielt. Erste Schreibversuche unternahm sie mit nicht einmal 10 Jahren.
www.beatekidd.de
Veröffentlichungen Print:
Geschichten aus dem Funkelwald - Nillo und der Leuchtsirup
Geschichten aus dem Funkelwald - Nillo und die Rankelpflanze
Veröffentlichungen eBook:
Geschichten aus dem Funkelwald - Nillo und der Leuchtsirup
Stories from the Sparkling Forest - Nillo and the Luminous Potion

Florian Knisatschek, lebt auf einem alten Bauernhof in der Einsamkeit des südlichen Burgenlandes. Seine Texte sind witzig und ausgesprochen unterhaltsam.
Einige wurden durch von ihm geschriebene Drehbücher als Film umgesetzt, wie »Out of Wulkaprodersdorf«, »Waffenrad« und »Starring«.
Mit seinen Kurzgeschichten tourte Knisatschek von 2000 bis 2010 durch Österreich und erfreute die Hörer von Radio Orange.
Seine einzigartigen Texte sind nun gesammelt in dem Buch »Seltene Zwiebeln im Kongo« im Karina Verlag, Vienna erschienen.
Knisatschek ist einfach Knisatschek, mit seiner eigenen interessanten Welt und einer erfrischenden tiefgründigen Sicht auf die Dinge.
Mehr Infos: http://florian-knisatschek.webnode.com/

Markus Kohler. Geboren 1964 in Backnang/Baden-Württemberg und schon seit frühester Kindheit den Büchern und dem Schreiben zugetan.
Ich besitze ein Antiquariat „Markus Bücherkiste", in dem Events, wie Lesungen, Konzerte und Theater stattfinden. Bei so viel Umgang mit dem geschriebenen Wort blieb es nun mal nicht aus, auch selbst einmal die Griffel zu spitzen.
2016 folgen noch sehr viele Projekte, u.a. mein Märchen „Die Froschprinzen" (Karina-Verlag) und mein Thriller „Tod? Ich bin da!"
Des Weiteren werde ich in mehreren Anthologien zu finden sein.
Bisherige Veröffentlichungen:
Mitautor bei:
„Flügel-Trilogie",
„Winterliche Erzählungen",
9-teilige Serie „Farbspiel"
Autorenstammtisch- Das Buch – Band 1 (als Herausgeber)
(alle Karina-Verlag, Wien)
Böse Clowns, (Sarturia-Verlag)
Amper Kochbuch, (Edition Trailor-Spot-Verlag)
Fleisch 3, (ELDUR Verlag)

Ursula Kötz-Tintelnot. Ich stell mich mal vor: Ich schreibe, ja was denn sonst, wer heute nicht schreibt, hat seine Selbstachtung verloren, oder malt. Also, ich male auch, stehe ergo praktisch beidfüßig im Pfuhl der Gemütserforschung. Wenn ich nicht schreibe, oder male, höre ich Opern. Vorzugsweise Bel Canto; Bellini, Puccini Rossini, aber auch Verdi. Dabei lässt sich so herrlich weinen. Wenn euch das als Vorstellung nicht genügt und jemand wissen will, was ich schreibe, das ist auf meiner Seite nachzulesen. Also auf! Weg von der Langeweile, ab in:
http://ursulatintelnot.jimdo.com/meine-b%C3%BCcher/

Katharina Kraemer. Geboren 1964, aufgewachsen am Niederrhein lebt die Autorin mit ihrer Lebenspartnerin und zwei Hunden heute im Süden Ungarns. Eine Vielzahl an Geschichten ist entstanden, mal nachdenklich, mal humorvoll. Im Selbstverlag sind vier E-books erschienen. Einige ihrer Kurzgeschichten und Gedichte wurden in Anthologien in Deutschland und Österreich abgedruckt. »Der geschenkte Tag«, Anthologie von Verlag 3.0, Februar 2016, ist die bislang letzte Veröffentlichung in einer Anthologie. Die Fertigstellung ihres Romans (Biografie eines transsexuellen Lebens) ist für 2016 geplant.

Evelyn Kühne wurde 1970 in Radebeul bei Dresden geboren. Nach einer Krebserkrankung begann sie als Krankheitsverarbeitung mit dem Schreiben, für sie eine Art von Therapie. Sie verfasst Kurzgeschichten und Fantasy, momentan schreibt sie gerade an ihrem ersten Krimi. Heute lebt sie in einem kleinen Dorf in der Nähe von Meißen.

CF Lucas wurde 1974 als Sohn eines amerikanischen Diplomaten und einer deutschen Mutter in Bonn geboren und verbrachte einen großen Teil seines Lebens im angelsächsischen Ausland. Derzeit arbeitet er für einen großen Logistiker in seiner Heimatstadt.

Peter Marquardt, Jahrgang 1949, wurde in Berlin geboren. Er hat bei der Deutschen Reichsbahn gelernt und danach fünfzehn Jahre lang S-Bahnen gefahren. Während der Wendezeit absolvierte er die Meisterschule für Logistik und leitete in der Folgezeit verschiedene Materiallager.
Er sagt von sich selber: »Mir stecken so viel Geschichten im Hals, die müssen alle raus, bevor ich daran ersticke.« Derzeit steht sein erstes Kinderbuch, beim Karina-Verlag Wien, vor der Veröffentlichung.

Roland Moser, wurde 1961 in Thun/BE (Schweiz) geboren und ist im schönen Gürbetal/BE aufgewachsen. Seit 1980 lebt er wieder in seiner Geburtsstadt und arbeitet dort als Sachbearbeiter bei der Stadtverwaltung. In seinem Erstlingswerk mit dem Titel: »Bi z Gragges hinge« beschreibt der Autor Alltagsituationen von zwei älteren Leuten, Graggens, irgendwo im Emmental. In den berndeutschen Texten findet sich herrlicher Humor gepaart mit tiefsinnigen Gedanken wieder.

Dörte Müller (*1967) studierte Anglistik, Germanistik und Kunst. Sie arbeitet als Lehrerin und lebt mit ihrer Familie in den Niederlanden. Vor vier Jahren begann sie mit dem Schreiben von Kurzgeschichten und Büchern für Kinder und Jugendliche.
Veröffentlichungen:
Jugendbuch: Geschichten aus dem Leben eines Au – pairs (Golub Books/ 2014)
Kinderbücher: Lotte und Marie (AAVAA Verlag/ November 2014), Lisa im Land des Lesens (AAVAA Verlag/April 2015) Mein supercooler Freund Spikes (AAVAA Verlag 2015) Trixi auf Tour (Mondschein Corona Verlag 2015)

Sabrina Nikolai wurde 1987 geboren und wuchs in schwierigen Familienverhältnissen auf. In dieser Zeit, in der sie nicht wusste, wo genau sie mit ihren Gedanken und Gefühlen hin sollte, schrieb sie ein Tagebuch. Nach Jahren des Schreibens veränderten sich ihre Worte zu ersten Gedichten, in denen sich Melancholie und Hoffnung widerspiegeln. Aufgrund eines damaligen schlechten Umfeldes vernichtete sie ihre Exemplare und gab das Schreiben auf. Mittlerweile ist sie verheiratet und fing 2011 wieder mit dem Schreiben ihrer Gedichte an.
Ihr Betrag in der Anthologie "Ein weißes Blatt Papier" ist ihr Beginn ihre Gedanken zu veröffentlichen.

Freimund Pankow, geb. 1944 in Kassel, verheiratet, zwei erwachsene Kinder, 4 Enkelkinder, lebt als Lehrer i.R. in Göttingen.
Veröffentlichungen: Schultheaterstücke, Lyrik, Kurzgeschichten, Märchen in Anthologien und Online-Foren, der Lyrikband „Findlinge" erscheint demnächst im Lyrik Verlag Göttingen.

Ich, **Luzie Irene Pein**, wurde 1950 in Lippstadt, Nordrhein-Westfalen, auch "Klein-Venedig" genannt, geboren. Ein Sohn wurde mir geschenkt. Scheidung (2009) nach 36Jahren von einem alkoholkranken Mann, dadurch angefangen zu schreiben. Ich schreibe was mich das Leben gelehrt hat.
Veröffentlichungen 2009:
Einfache- Verständliche- Ehrliche Emotionen
2014: Lebendigkeit- Bedarf der Liebe
2016: Mein Buch der Geschichten und Gedichte 1
2016: Frösche – Hühner und andere Sati(e)re.

Ilona Penna, geboren am 19.09.1964 in Heidenheim an der Brenz. Später, als Mutter von sechs Kindern, hielt sie ihr facettenreiches Leben in lyrischen Versen fest.
Im Dezember 2014 eröffnete die alleinerziehende Mutter eine kleine Textagentur, in der sie verschiedene Artikel und kleine Fortsetzungsgeschichten wie z.B. »Fräulein Suppengrün ermittelt« schreibt, die in der 50+Life, Seniorenblick und Freizeit-Life, Südniedersachsen und Nordhessen veröffentlicht werden.
Fink Ferdinand, eine kleine amüsante Kindergeschichte, die sie im sozialen Netzwerk veröffentlichte, brachte ihr begeisterte Leser.
Heute schreibt sie zwischen Kindererziehung, Kochtopf und Job, Thriller mit sehr scharfem Pfeffer gewürzt.

Andreas Petz wurde 1962 in Stuttgart geboren. Zwei Jahre verbrachte er bei der Marine, die ihn um die halbe Welt führte. Anschließend bildete er sich nach der Tagesarbeit weiter und ist seit über 25 Jahren im Finanzbereich tätig. Andreas Petz ist geschieden, hat zwei erwachsene Kinder und lebt heute in Gammesfeld, dem Ort mit der kleinsten Bank Deutschlands.
Das Schreiben war schon immer ein Hobby von ihm, Gedichte, Liedtexte, Kurzgeschichten und Erzählungen. Mittlerweile sind schon einige Bücher von ihm erschienen, die gerne gelesen werden.

Karin Pfolz, Teamleader: Die Autorin und Malerin lebt und arbeitet in Wien.
Für ihre Kindergeschichten wurde sie 2011 und 2012 mit dem „Sparefroh-Preis-Österreich" ausgezeichnet. Sie unterstützt mit ihren Büchern die „Autonomen österreichischen Frauenhäuser", hält Gewaltpräventionsworkshops an Schulen und spricht in den Medien offen über das Tabu-Thema familiärer Gewalt. Zahlreiche Fernseh- und Radiointerviews begleiten sie auf ihrem Weg gegen Gewalt.
Seit 2014 ist sie Vorstandsvorsitzende des Vereins „Respekt für Dich – AutorInnen gegen Gewalt" und Geschäftsführerin von Karina-Verlag und Modern-Publishing, Vienna. Sie hat ebenfalls 2014 die Aktionen „Jedes Wort ein Atemzug" und 2015 „Nicht umsonst" ins Leben gerufen und leitet diese Projekte.
Veröffentlichungen:
„Manchmal erdrückt es mich, das Leben", Roman
„Du lügst dich durch mein Leben", Thriller
„Hexenschatten", Thriller
„Verloren im Leben", Thriller, gemeinsam mit Verena Grüneweg
„Nur ein Gedanke", Literatur, gemeinsam mit Sally Bertram
„Die Reise der Bücher", Kinderbuch, mit Ruth M. Fuchs und Bettina Lippenberger
„Gemalte Geschichten", Kinderbuch
„Kleine Mutmachgeschichten", Kinderbuch, mit Britta Kummer, Christine Erdiç und Heidi Dahlsen

„Olivenöl Kochbuch", Kochbuch, mit Rudi Treiber
„Vergessene Flügel", Thriller-Trilogie, gemeinsam mit 60 Autoren
„Jedes Wort ein Atemzug", Anthologie-Serie
„Tödlicher Bestseller", Thriller, mit Verena Grüneweg
„Kathy, das freche Schlossgespenst", Kinderbuch
http://karinpfolz.webnode.com
www.karinaverlag.at

Sandra Pulletz. Die Autorin wurde 1981 in Graz geboren, wo sie noch immer lebt. Seit einigen Jahren schreibt sie Kurzgeschichten, in denen sich meist alles um die Liebe dreht. Auch Kinder- und Jugendliteratur hat es ihr angetan. Derzeit arbeitet sie an ihrem ersten Jugendroman.
Facebookseite: www.facebook.com/sandra.pulletz
Homepage: https://sasapull.wordpress.com/

Die Autorin **Caroline Régnard-Mayer** lebt mit ihren beiden Kindern in Landau in der Pfalz. Nach der Diagnose Multiple Sklerose 2004 ist sie mittlerweile als MTLA berentet.
Seit 2009 wurde sie bekannt mit ihrem ersten Buch "Frauenpower trotz MS" ... aus dem Leben gegriffen! Mittlerweile kamen zum 2. und 3. Teil ihr Sammelband "Frauenpower trotz MS - Trilogie" dazu, auch "Mademoiselle klopft an meine Tür!" darf man nicht vergessen. Ein Buch über ihre Erfahrung mit der Krankheit Depression - ein Weg heraus, mit dem nötigen Ernst, aber auch Humor geschrieben.
Es sind alles Mutmachbücher, die Betroffenen und anderen chronisch Erkrankten und deren Angehörige mit Freunden einen neuen, eben ´anderen Weg` zeigen. Mittlerweile hat sich zwei Kochbücher geschrieben und das wichtigste Buch, ihren Ratgeber "Wir haben MS und keiner sieht es!", erschienen 2015. Es beschreibt die unsichtbaren Symptome bei Multiple Sklerose, informiert, klärt auf und hilft Betroffenen und Angehörige.
Autorenseite: www.frauenpower-ms.jimdo.com

Erich Röthlisberger, 1961, wohnhaft in Münchenbuchsee/Schweiz, begann vor Jahren als freier Mitarbeiter bei einer Regionalzeitung zu arbeiten. Das brachte ihn auf die Idee, aus seinen unterschiedlichen Reportagen ein Taschenbuch zu machen.
Er schrieb je ein Buch über die letzte Lebensspanne seiner Eltern. In letzter Zeit wurden einige Kurzgeschichten von ihm in Anthologien veröffentlicht. Schreiben ist, nebst dem Fotografieren eine seiner größten Leidenschaften.
www.fotoerich.ch

Ansgar Sadeghi wurde 1966 in Bonn (Deutschland) geboren. Sein Vater stammt aus dem Iran. Seine Mutter ist Deutsche. Nach diversen Nebenjobs und dem Studium der Erziehungswissenschaften begann er, als Texter und Onlinejournalist zu arbeiten.
Heute lebt er in Stolberg bei Aachen.

Marianne Schaefer wurde am 12.01.1938 in Landsberg/Warthe geboren. Nach der Vertreibung aus der Heimat verbrachte sie ihre Kindheit in Mittelfranken.
Sie arbeitete als Glasbläserin, Keramikmalerin, Verwaltungsangestellte und bis zum Ruhestand in einem Heim für geistig und körperlich behinderte Menschen. Sie ist verheiratet, hat drei Kinder, neun Enkelkinder und sieben Urenkel. Seit Jahren schreibt sie Geschichten für Erwachsene und Märchen für Kinder, die in verschiedenen Anthologien veröffentlicht wurden.
»Sami, der kleine Elefant«
»Annegret und der Zaubersee«
»Schneeflocken außer Rand und Band«
»Der zerbrochene Spiegel«
»Sieben goldene Tränen« erscheint in Kürze im Karina-Verlag, Vienna

Michael Schönberg, wurde 1955 in Düsseldorf geboren. Als sich das Ende der beruflichen Karriere abzeichnete, setzte er diese Gabe in Wort und Schrift um. So entstand der Roman »Blond ja. Dumm nein.«.
Für öffentliche Vorlesungen schrieb er Kurzgeschichten, die er dann in einem Buch veröffentlichte. Es erschien unter dem Titel »Michaels Kurzgeschichten«. Mit seinem Buch »Für die Liebe ist man nie zu alt« hat er sich einen Herzenswunsch erfüllt, um ältere Menschen zu ermutigen, vor der Liebe im Alter nicht zurückzuschrecken, da er selbst noch mal das Glück hatte, die Liebe neu zu erleben. Besondere Freude hatte er an der Mitwirkung bei der Buchreihe »Jedes Wort ein Atemzug« von Karin Pfolz im Jahre 2015. Insgesamt haben dort 143 Autoren/innen mitgearbeitet und kostenlos Kurzgeschichten zu Verfügung gestellt. Der Erlös aus diesen Werken unterstützt das Projekt »Respekt für Dich - Autoren gegen Gewalt«.
In drei Büchern, »Geschichten aus aller Welt, Teil 1 und 2« sowie »Thriller und Kriminelles » hat er seine Geschichten einbringen dürfen.
In Kürze wird sein zweites Kurzgeschichten-Buch »Kurzstrecke« erscheinen.

Elfride Stehle (Pseudonym) schreibt und veröffentlicht seit 2012 Gedichte und Geschichten in verschiedenen Anthologien.
Die 1949 in Cottbus geborene Autorin lebt seit 1974 mit ihrem Mann und ihren drei Kindern in Bautzen.
Inzwischen haben ihre Gedichte und Geschichten sogar schon den Weg in zwei Bücher gefunden.
Für Herbst 2016 plant Elfride Stehle ihr drittes Buch unter dem Arbeitstitel »Wenn Worte anklopfen…«. Wieder mit Gedichten und verschiedenen Geschichten. Auch ein Kurzgeschichtenband ist in Arbeit. Dem Schreiben von Lyrik bleibt die Autorin aber treu.

Asmodina Tear ist das Pseudonym einer jungen Autorin. Geboren 1985 in Helmstedt (Niedersachsen), wandte sie sich schon im Alter von 9 Jahren dem Lesen von Erwachsenen-Literatur zu, was mit 15 Jahren zu ihrer ersten Begegnung mit Anne Rice führte. Seit dieser Zeit waren Vampire ihre favorisierten Charaktere. Nach einer Ausbildung im Verwaltungsdienst und dem Erlernen von drei asiatischen Sprachen entschied sie sich endgültig für das Schreiben und verfasst sowohl Gedichte als auch Kurzgeschichten und Romane.

Werner Thieke wurde 1950 in Berlin geboren, fuhr in jungen Jahren zur See und hatte von 1988 an eine eigene Fleischerei. Nach einer Krebserkrankung gab er Ende 90 sein Geschäft auf. Angeregt durch ein Gespräch mit einem Krankenhauspsychologen begann er, zu schreiben.
Veröffentlichungen:
(siehe die Anthologien der Reihe »Jedes Wort ein Atemzug 2«, »Sonnen- und Reisegeschichten« und »Wintergeschichten« vom Karina Verlag), für wohltätige Zwecke.
2015 »Pia und die Feriendetektive«.

Rudi Treiber war Lehrer, ist Musiker, Maler, Olivenbauer und Schreiber - als Schriftsteller will er sich nicht bezeichnen – und dies alles mit einer Leidenschaft und Konsequenz, die viele verblüfft. Mit seinen Worten zeigt er die Fehler, Irrtümer und Irrglauben seiner Mitmenschen auf. Nimmt sich kein Blatt vor den Mund, um seine Meinung zu vertreten.
http://treiber.magix.net
www.ruditreiber.at
Derzeit sind im Karina-Verlag erschienen:
Das Diktat des Durchschnitts 2014
Das Olivenölkochbuch 2015
Das Liederbuch 2015

Alexander Urban. Seit ca. 12 Jahren widmet er sich vor allem dem Genre Horror, Fantasy und (Auto-) Biografisches ... und was ihm sonst noch so einfällt.
Wohnt im Ruhrgebiet und ist Single aus Überzeugung.

Petra Weise. Ich wurde 1954 in Freiberg/Sachsen geboren und lebe seit 1997 in Chemnitz.
Als Hausfrau und Mutter nutzte ich meine viele freie Zeit, um die „Schule des Schreibens“ in Hamburg zu absolvieren und Kurzgeschichten zu schreiben. 15 dieser Kurzgeschichten veröffentlichte ich im Jahr 2014 unter dem Titel „Eine verhängnisvolle Diagnose“ über den BoD-Verlag. Danach erschienen auf gleichem Weg „Mein Hund Benno“, „Liebeslügen“ und „Ein halbes Leben“.
www.petraweise.jimdo.com

Tamara Wiegand. Sie schreibt Lyrik, Krimis, Biografisches, Gay, Horror und Fantasy.
Kommt aus dem Ruhrgebiet und wohnt jetzt im Rheinland. Tamara Wiegand veröffentlichte bereits mehrere Kurzgeschichten in den Anthologien des Karina-Verlages.

Renate Zawrel, 1959 in Wien geboren, seit 1993 in Oberösterreich daheim. Seit 2016 Mitarbeiterin im Karina-Verlag.
Publikationen bisher:
Il Vesuvio (Novum Verlag),
Krimi-Trilogie DAMENDOPPEL (Sarturia),
Märchenhafte Schatzkiste (Sarturia),
Kurzgeschichten in den RESPEKT FÜR DICH-Büchern,
vertreten in allen Bänden der ‚Flügel-Trilogie‘ (Thriller),
sowie Mitautorin der Anthologie ‚Farbspiel‘ (alle Karina-Verlag, Vienna)
‚Bijela kuća-Schattenglück‘ (Neuauflage) und ‚Zuckerwatte und Christbaumherz‘ erscheinen 2016 im Karina-Verlag, Vienna

Farbspiel

Renate Zawrel

Weiße Lilien
umschmeicheln
das Gelb der Sonnenblume,
während der Rose Rot
das Violett
des Veilchens küsst.

Blau und Grün
stechen aus dem Regenbogen
da langsam verblassen
Grau und Schwarz
am Farbenhimmel.

Einzigartig und so vollkommen
ist dieses Meisterwerk,
es nährt den immerwährend Traum
ein Farbenspiel.

Weiß
Rot
Gelb
Blau

Die Serie

FARBSPIEL

Besteht aus neun Teilen. Jeder Teil enthält Geschichten über die jeweilige Farbe.

Gemeinsam wirken sie dann wie ein lesbarer Regenbogen im Bücherregal.

Folgende Farben enthält die Serie:

- Weiß
- Gelb
- Rot
- Violett
- Blau
- Grün
- Braun
- Grau
- Schwarz

Die Autorinnen und Autoren wünschen den Leserinnen und Lesern eine phantasievolle Reise in die Welt der Farben.

Ihr Team von
Karina-Publishing, Vienna

http://www.karinaverlag.at/